SAINTONGE
ROMANE

François Eygun
    Directeur régional des Antiquités

avec le concours, pour les chapitres sur les Baroques,
    les églises à coupoles et l'Aunis, de
Jean Dupont

Photographies inédites de Zodiaque

SAINTONGE

Traduction allemande d'Hilaire de Vos

Traduction anglaise de Paul Veyriras et Jo-Anne Knight

ROMANE

2ᵉ édition

MCMLXXIX ☩
ZODIAQUE
la nuit des temps

PRÉFACE

De toutes les provinces romanes de France, la Saintonge pourrait bien être la plus fascinante, la plus mystérieuse.

Sa richesse en monuments l'emporte sur toute autre; elle confond l'imagination. La moindre église offre au regard la somptuosité de sa façade que le vent d'Ouest, chargé de sel marin, a peu à peu rongée au cours de huit siècles d'exercice.

Cette abondance nous a conduits à multiplier la matière d'un tel ouvrage, modifiant pour lui en partie les normes habituelles de cette collection.

L'art roman de Saintonge reste un phénomène étrange, mal expliqué. D'où vient sa luxuriance, son exubérance qui s'achèvent en baroque à Rioux, Rétaud, Jarnac-Champagne ? Le fait est d'autant plus surprenant que les provinces voisines : Poitou, Angoumois, – de précédents volumes de cette collection l'ont montré – témoignent d'une tout autre tendance.

La mer ne rendrait-elle pas en partie raison d'une telle personnalité ? Des influences pouvaient venir de loin, à une époque où l'eau constituait une voie d'accès, non une coupure. Nous avons vu récemment qu'en Guyenne les chevets de Saint-Vivien et Bégadan prolongent en plein Médoc le rayonnement de l'art saintongeais, comme si la Gironde (moins large sans doute à l'époque romane qu'aujourd'hui, mais déjà importante malgré tout) n'établissait aucune solution de continuité entre les deux rives de l'estuaire.

Par la mer, les influences les plus lointaines ont donc pu s'exercer. Pourquoi en Saintonge plutôt qu'ailleurs, sur cette côte atlantique ? Au Sud, le désert des Landes interdisait tout établissement humain, donc toute expression artistique. En Bretagne et Vendée, les matériaux s'opposaient aux thèmes venus d'outre-mer, le rude granit ne permettant pas, à la façon du noble calcaire saintongeais, l'effervescence d'un minutieux décor.

Au terme de sa magistrale étude sur l'Art irlandais, qui constitue l'un des titres de gloire de cette collection, F. Henry avait suggéré l'influence possible des manuscrits irlandais sur la sculpture saintongeaise, à Corme-Royal et Avy notamment, ce qui, l'on s'en doute, ne saurait exclure d'autres apports. Mais enfin la subtilité irlandaise, sa maîtrise ornementale consommée ne trouvent-elles pas une manière de répondants au sein de l'art monumental de Saintonge ?

La qualité de ces édifices campagnards en dit long, en tout cas, sur le raffinement de la civilisation qui les vit naître, sur sa foi aussi, qui savaient enrichir la construction la plus modeste d'un décor admirable, à un instant où l'on prenait les mots à la lettre, où l'on tenait la plus simple église de village pour « maison de Dieu ».

AVERTISSEMENT

Une classification des églises de Saintonge ne peut être qu'artificielle, tant les sujets représentés ou omis sont variables ! Certains édifices pourraient être logés sous plusieurs rubriques.

Il ne s'agit là que d'un essai de mise en ordre pour donner plus de clarté à un ensemble touffu, mais non d'une division pédante par catégories intangibles. Nous ne devons pas oublier non plus que les monuments décrits ou cités ne sont qu'une partie, mais tout de même la plus remarquable et la plus caractéristique de la province.

TABLE

Introduction

PRÉFACE	*Dom Angelico Surchamp*	p. 6
AVERTISSEMENT	*F. Eygun*	8
L'ART ROMAN DE SAINTONGE	*F. Eygun*	13
PLANCHE COULEURS		17
BIBLIOGRAPHIE SOMMAIRE		22
CARTES DE LA SAINTONGE ROMANE	*P. Dubourg-Noves*	24
NOTES SUR QUELQUES ÉGLISES ROMANES	*F. Eygun*	28

Saintes

INTRODUCTION	*F. Eygun*	37
SAINT-EUTROPE	*F. Eygun*	39
COUPE		42
PLAN DE L'ÉGLISE BASSE		44
PLAN DE L'ÉGLISE HAUTE		48
TABLE DES PLANCHES		50
PLANCHE COULEURS		67
DIMENSIONS (SAINT-EUTROPE)		88
ABBAYE AUX DAMES	*F. Eygun*	89
PLAN		90
DIMENSIONS (ABBAYE)		97

Du Romain au Roman

INTRODUCTION	F. *Eygun*	101
THAIMS	F. *Eygun*	103
PLAN		105
BOUGNEAU	F. *Eygun*	107
PLAN		108
SÉMILLAC	F. *Eygun*	111
SAINT-THOMAS DE CONAC	F. *Eygun*	111
CONSAC	F. *Eygun*	113
TABLE DES PLANCHES		116

Vertus et Vices

INTRODUCTION	F. *Eygun*	135
FENIOUX	F. *Eygun*	137
PLAN		138
LANTERNE DES MORTS		142
AUTRES ÉGLISES	F. *Eygun*	144
CORME-ROYAL	F. *Eygun*	145
PONT-L'ABBÉ-D'ARNOULT	F. *Eygun*	146
TABLE DES PLANCHES		148
CHADENAC	F. *Eygun*	181
FONTAINE-D'OZILLAC	F. *Eygun*	183
VARAIZE	F. *Eygun*	183
SAINT-SYMPHORIEN DE BROUE	F. *Eygun*	184

Sujets religieux

INTRODUCTION	F. *Eygun*	189
MATHA-MARESTAY	F. *Eygun*	191
PLAN		192
MATHA-SAINT-HÉRIE	F. *Eygun*	194
TABLE DES PLANCHES		196
PLANCHE COULEURS		197
PLANCHE COULEURS		232
TALMONT	F. *Eygun*	233
PLAN		234
ÉCHILLAIS	F. *Eygun*	237
SAUJON	F. *Eygun*	239

MACQUEVILLE	F. Eygun	240
LE DOUHET	F. Eygun	242
COLOMBIERS	F. Eygun	243
GOURVILLETTE	F. Eygun	243

Têtes de chevaux

INTRODUCTION	F. Eygun	247
TABLE DES PLANCHES		248
SAINT-FORT ET LES EGLISES A VOUSSURES A TETES DE CHEVAUX	F. Eygun	257

Sujets satiriques

INTRODUCTION	F. Eygun	265
PLAN DE MARIGNAC		266
MARIGNAC	F. Eygun	267
AVY	F. Eygun	269
CORME-ÉCLUSE	F. Eygun	270
TABLE DES PLANCHES		272
PLANCHE COULEURS		273
PLANCHE COULEURS		299
NIEUL-LÈS-SAINTES	F. Eygun	301

Décor simple

INTRODUCTION	F. Eygun	305
BIRON	F. Eygun	306
ÉCHEBRUNE	F. Eygun	307
ÉCURAT	F. Eygun	307
PLAN DE GEAY		308
GEAY	F. Eygun	309

Les baroques

INTRODUCTION	F. Eygun	313
PLAN DE RIOUX		314
RIOUX, RÉTAUD, JARNAC-CHAMPAGNE	F. Eygun et J. Dupont	315
TABLE DES PLANCHES		316
PLAN DE RÉTAUD		334

Églises à coupoles

INTRODUCTION	F. Eygun	341
PLAN DE SABLONCEAUX		342
SABLONCEAUX	F. Eygun	343
GENSAC-LA-PALLUE ET SAINT-BRICE (CHÂTRES)	F. Eygun et J. Dupont	344
SAINT-ROMAIN DE BENET	F. Eygun	346

L'Aunis

INTRODUCTION	F. Eygun	349
ESNANDES	F. Eygun	350
SURGÈRES, VANDRÉ ET GENOUILLÉ	F. Eygun et J. Dupont	351
NUAILLÉ-SUR-BOUTONNE	F. Eygun	354

Édifices divers

INTRODUCTION	F. Eygun	359
PONS, L'HÔPITAL NEUF	F. Eygun	360
TRIZAY	F. Eygun	361
CLOCHERS	F. Eygun	362
TABLE DES PLANCHES		363

ENGLISH TEXTS	381
DEUTSCHE TEXTE	395
TABLE DES NOMS DE LIEUX	409

L'ART ROMAN DE SAINTONGE

Limitée par l'Atlantique et la Gironde, enserrée entre le Poitou et l'Angoumois, plus proche des routes maritimes que des grands courants de circulation, la Saintonge, qu'on ne peut séparer complètement de sa petite voisine l'Aunis, a réussi à édifier à l'époque romane un style bien personnel, sans toutefois s'isoler complètement de la grande famille artistique de l'Aquitaine septentrionale ni de la Guyenne où les sujets identiques se sont développés. Pour donner un cadre plus actuel, nous dirons que la Saintonge, limitée au Nord par l'Aunis, que nous étudions ici, et le Poitou, dont fait partie la vicomté d'Aunay, s'étend sur la plus grande partie de la Charente-Maritime et empiète sur la Charente à Cognac et Barbezieux pour rejoindre la Gironde au Sud par une bordure de landes.

Sous ce ciel si limpide et si bleu, exacerbé par le reflet de la mer voisine et de l'estuaire girondin, le soleil éclaire avec violence les monuments élevés dans l'excellente pierre blanche du sous-sol. Il avive les contrastes et favorise la netteté des sculptures et la précision des détails.

Heureux de vivre sous ce climat tempéré, sur un sol aux reliefs modérés que les vallées de la Seudre, de la Charente, de l'Arnoult, de la Seugne et de la Boutonne, égaient de leurs rives ombragées, avant de se terminer par des zones marécageuses, le peuple aquitain a exprimé sa joie à travers une décoration surtout végétale où l'acanthe traditionnelle, adaptée au goût des artistes, se répand à profusion en rinceaux harmonieux à travers lesquels dansent en farandoles éperdues ou circulent personnages rieurs et dragons généralement bons enfants.

Le souci didactique ou hagiographique passe au second plan dans cet art de gens aimables, à qui le terroir fertile savait distribuer outre une nourriture suffisante, les joies des vignobles généreux, les produits de l'Océan et des fleuves côtiers.

A de rares exceptions près, les églises saintongeaises sont de taille modeste et leur plan est simple, sensiblement le même aux XIe et XIIe siècles : une seule nef et un chœur en hémicycle plus ou moins profond selon la présence ou l'absence d'une travée droite, réunis l'un à l'autre par un transept en général peu saillant et qui n'est même parfois constitué que par la travée du clocher où la surélévation de la coupole marque une zone d'ombre.

Mais c'est surtout par l'extérieur que se distingue une église saintongeaise typique. Sa façade si particulière est souvent divisée en trois par de hautes colonnes, comme dans l'Ouest. La porte d'entrée à voussures est accompagnée de deux arcs latéraux aveugles plus ou moins importants et ornés, qui ont tendance parfois à diminuer, voire à disparaître complètement pour laisser plus d'importance au portail central, souvent très riche.

Au-dessus règnent une ou plusieurs arcatures superposées de hauteurs diverses, reposant sur de gracieuses colonnettes qui allègent les parties hautes terminées par un pignon ou horizontalement, et ces éléments peuvent soit s'insérer entre les contreforts-colonnes, soit les supprimer.

De même des arcatures entourent souvent les absides qui leur doivent leur grâce légère. Au centre de la façade comme autour du chœur, les fenêtres sont aménagées en accord avec l'harmonie de l'ensemble.

Nous soulignons qu'il s'agit bien d'arcatures décoratives et non de galeries comme aux églises pisanes d'aspect un peu analogue, car les deux termes sont parfois employés indifféremment par commodité.

Les auteurs qui crurent pouvoir établir des écoles d'architecture englobaient la Saintonge dans un vaste pays allant, à l'Ouest de la France, de la Bretagne aux Basses-Pyrénées. Si certains caractères se retrouvent bien dans ce territoire étendu et même jusqu'en Espagne, il n'en est pas moins vrai qu'au départ la structure des édifices de la province qui nous occupe est bien dissemblable de celle des monuments poitevins, aux dimensions volontiers bien plus vastes et aux plans complexes, à la décoration si adaptée aux formes architecturales dont elle dépend davantage. Les différences avec ceux de l'Angoumois, quoique les dispositions aient beaucoup d'analogie, sont aussi très sensibles et cette province est en quelque sorte à mi-chemin entre les deux tendances : importance des églises poitevines dont beaucoup ont nef, bas-côtés et chœur fréquemment à déambulatoire, exubérance d'une ornementation plus gracieuse et souvent plus riche en Saintonge.

Au cours du XIIe siècle, assurément, les influences réciproques vont jouer et se répandre bien au-delà de la petite province, mais si les façades de Villesalem ou de Notre-Dame de Poitiers, églises tardives, peuvent paraître à un observateur superficiel, des édifices saintongeais en Poitou, il est aisé de distinguer dans de tels ensembles, les apports charentais des motifs indigènes stables. Et le support architectural de Notre-Dame de Saintes qui a ses origines en Poitou et en Angoumois est complété par une décoration aussi admirable que minutieuse, qui est bien saintongeaise.

Rappelons ici, une fois pour toutes, que le toponyme latin *Aunedonacum* de l'« Itinéraire d'Antonin » a donné Aunay et que seule une habitude vicieuse a fait écrire Aulnay, qui viendrait d'Alnetum. Bien mieux, une décision récente a fait ajouter « de Saintonge » à cette ancienne vicomté poitevine. Mais faites comprendre cela aux administrations sans culture qui veulent réglementer la toponymie dont elles ignorent l'existence comme elles confondent département et province !

On s'étonnera donc moins de ne pas trouver ici la description d'Aunay lorsqu'on aura souligné que, jusqu'à la Révolution, sa vicomté relevait féodalement de Poitiers et que son église Saint-Pierre était une dépendance du chapitre de la cathédrale Saint-Pierre de Poitiers.

Ajoutons que cette église, trop grande architecturalement et surtout de plan trop distinct pour être saintongeaise, fut un prototype décoratif d'où partiraient de nombreux thèmes ornementaux ou iconographiques comme celui du Combat des Vertus et des Vices, qui se répandra à travers les deux provinces voisines et dans le Bordelais.

Ce sujet mystique et didactique a trouvé tant de correspondance dans les âmes saintongeaises qu'il a créé dans la province et au voisinage toute une chaîne de façades où il se retrouve joint au « mystère de l'Époux » avec les Vierges sages et folles qui ont frappé les imaginations des décorateurs de Fenioux, de Saint-Symphorien de Broue, d'Argenton-Château (Deux-Sèvres), de Blasimon (Gironde), suivant le grand modèle d'Aunay. M. Paul Deschamps a bien montré que le premier de ces sujets reste l'un des thèmes les plus remarquables de la région.

C'est le grand intérêt de ce voyage à travers la Saintonge romane de suivre les motifs choisis et leurs variations en correspondance avec le sentiment religieux.

Parfois, comme à Marestay, il semble que le sculpteur garde l'esprit hanté par les forces du Mal, comme s'il restait encore sous le coup des invasions normandes dont les récits ont frappé son imagination. La fin des temps est proche et la conversion s'impose.

Ailleurs, à Corme-Écluse (pl. coul. p. 17) ou à Marignac, l'artiste s'amuse à décrire un monde joyeux, en marche vers une sorte de paradis très terrestre, insouciant, quelque chose comme la cité du soleil, ce rêve des gladiateurs de Spartacus, toujours inscrit au fond des désirs humains.

Mais c'est aussi l'époque où troubadours et trouvères raillant volontiers les moralités pieuses vont jusqu'à les parodier, si bien que les graves vieillards de l'Apocalypse ne sont plus à Avy que des musiciens burlesques aux tignasses de bateleurs (pl. 165).

Évidemment aux temps romans les querelles de doctrines se sont multipliées. Après les imaginations mystiques d'un Joachim de Flore, disciple du poitevin Gilbert de la Porée, écolâtre de Saint-Hilaire puis évêque de Poitiers, de Béranger de Tours ou des *parfaits* cathares, pour ne citer qu'eux, une région maritime ouverte aux négociants, aux pèlerins, parmi lesquels ceux des chemins de Saint-Jacques, aux jongleurs, aux voyageurs épris de nouveautés, doit être perméable aux théories nouvelles, pieuses, utopiques ou railleuses.

C'est l'écho de ces idées qui peut se retrouver sur les images surprenantes inscrites aux façades ou sur les modillons des églises.

Et, un peu partout, c'est l'écho de l'existence courante, au rythme des ans et des saisons, que nous apportent les zodiaques, à Fenioux, à Cognac ou sur les modillons. L'homme des champs était, comme de nos jours, sensible à la température, aux joies d'une belle récolte, et les barils sculptés le disent bien.

Il est un sujet qui surprend nos modernes esprits et que l'on voit représenté sur un chapiteau de Saujon (pl. 122), sur un modillon de Saint-Fort-sur-Gironde, en Gascogne, à Loupiac, Cérons et Saint-Macaire, et sans doute ailleurs, car nous l'avons retrouvé sous le porche de La Graulière (Corrèze). Il s'agit d'un homme pliant sous le poids d'un énorme poisson porté sur son épaule. L'épisode de Tobie était déjà écarté par Dangibeaud et il ne saurait davantage s'agir d'une abstraction, mais on oublie qu'il s'agit simplement de la pêche du saumon. Le détail de ce spectacle étonnant est sculpté au portail de Sainte-Marie d'Oloron, à l'orée des gaves pyrénéens (cf. *Pyrénées romanes,* pl. 116). La remontée des saumons au moment du frai était alors un spectacle saisonnier merveilleux, une sorte de manne providentielle que nos pays trop civilisés ont à peu près intégralement détruite par des barrages sur nos rivières où les échelles à saumons, inscrites sur les plans, trop souvent ne sont que des détails théoriques, inaccessibles aux poissons qui viennent s'y assommer. Il faut voir dans les pays encore neufs cette ruée des énormes troupeaux marins vers les torrents où ils vont pondre, et l'abondance d'une pêche miraculeuse. Dans nos rivières il en était autrefois ainsi et l'on peut constater la satiété d'une pêche trop facile en lisant les contrats de louage anciens des seigneuries du bord de la Vienne limousine qui mentionnent combien de fois, au maximum, on pourra donner à manger de saumon dans la semaine (1).

Et puisque nous signalons un thème peu compris, examinons aussi un petit motif sculpté sur nos chapiteaux près de la mer où il fut pris (pl. 146). C'est cette manière de pyramide épointée répétée pour garnir quelques corbeilles, à Saint-Fort, et ailleurs. Les artistes avaient été frappés par cette sorte d'ornementation pour eux énigmatique, fixée sur les coquilles de moules, notamment, et se sont amusés à en décorer les corbeilles des chapiteaux. Or il s'agit d'un petit crustacé transformé par le parasitisme et qu'on nomme communément « balane ». Cet emprunt à la nature ambiante par des naturalistes romans intrigués est plein de saveur.

Mais revenons à des idées plus générales.

Seul l'excellent archéologue que fut Dangibeaud essaya de défendre l'originalité artistique de la Saintonge romane. Il avait à ce sujet publié un remarquable article dans le *Bulletin archéologique* de 1910, mais sa voix d'érudit provincial ne fut guère entendue et son texte si clair et documenté ne put se faire remarquer au milieu de la grisaille d'un recueil à l'aspect trop peu séduisant.

Aujourd'hui où l'illustration si fidèle et saisissante permet de mieux faire comprendre les réalités monumentales et décoratives, et de préciser les intentions de la pensée, nous aimerions rendre justice au jugement clairvoyant de ce grand archéologue saintongeais.

La province charentaise a connu des évolutions diverses et, au cours des deux siècles romans, des influences obligent à des comparaisons, parfois éloignées, ce qui permettra de procéder à des groupements d'édifices. Il faut essayer à propos de quelques monuments typiques de saisir les caractères qui se trouvent ainsi réunis.

Il y a eu des églises héritières de l'art carolingien prolongeant pendant le XIe siècle les traditions de petit appareil, comme à Montherault ou Saint-Thomas de Conac, et de sculpture archaïsante qui surprennent, ainsi à Bougneau, Consac. Ailleurs s'imposent les influences

Corme-Écluse
Détail des voussures du portail Ouest

poitevines naturelles à partir d'Aunay avec la répétition des mêmes motifs sur chaque claveau de la façade, celle-ci divisée en trois parties, en souvenir des arcs de triomphe romains logiquement repris pour les églises à bas-côtés, ne correspondant pourtant ici qu'à une nef unique ; puis cette partition illogique tendant à ramener cette tradition à un souvenir décoratif, nous la voyons en voie de disparition à Avy où les arcades latérales n'ont même plus de support extérieur (pl. 166). Cette habitude aura complètement disparu à Fenioux, dont le large et magnifique portail occupe toute la largeur de la façade (pl. 60), suivant un procédé qui se répandra volontiers.

Plusieurs auteurs ont cru trouver un prototype des églises et de la décoration charentaise en considérant l'importance historique de l'abbaye de Saint-Jean-d'Angély, dans la province. Ils pensaient que l'église de ce grand monastère, célèbre dans la chrétienté par sa relique illustre du chef de saint Jean-Baptiste, devait avoir obligatoirement servi de modèle à l'architecture et à la décoration pour les constructions du voisinage. De plus l'église bas-poitevine de Foussais s'orne, à sa façade, de remarquables bas-reliefs sculptés et signés par Giraud Audebert de Saint-Jean-d'Angély. Ce qui donnait à penser que cet artiste aurait pu être formé sur les chantiers de reconstruction de la grande église, entreprise en 1050, inachevée au XIIe siècle. Il ne paraît pas que les conditions dans lesquelles se trouvait le monastère au premier tiers de ce siècle eussent permis de grands desseins. Son abbé Henri (1104-1131), ancien prieur de Cluny, avait sans doute dû sa nomination à ses parents illustres, puisqu'il était cousin du duc d'Aquitaine et du roi d'Angleterre. Mais, ne pouvant se plaire là où il se trouvait, il passa sa vie « extra vagans » dans les sens les plus divers du terme, puisqu'après avoir voulu être évêque de Soissons, ensuite abbé de Burch, en Angleterre, puis archevêque de Besançon trois jours, évêque de Saintes où il ne fut maintenu que sept jours, il partit à nouveau en Angleterre pour terminer sa vie à Saint-Jean-d'Angély après de nombreuses péripéties (2).

Cette instabilité est confirmée d'ailleurs par le fait que les églises de la région ne paraissent pas composer une famille définie, mais peuvent toutes expliquer leurs caractères par les influences des autres monuments voisins et plus spécialement Aunay ou Saintes.

Saint-Jean-d'Angély est donc à supprimer comme prototype et Girard Audebert n'a voulu indiquer, au bas de son chef-d'œuvre, que le nom de sa petite patrie. Au reste sa sculpture s'apparente de façon saisissante à un bas-relief du cloître de Silos qui représente aussi la descente de Croix, mais avec un peu plus d'anges et moins de simplicité directe, dérivant peut-être d'un prototype commun. Mais nous voilà bien loin des bords de la Charente.

La floraison décorative qui, après le premier tiers du XIIe siècle, vient enrichir les églises saintongeaises, paraît issue à l'origine de la magnifique page ornementale inscrite à la façade, aux bandeaux extérieurs et chapiteaux de la cathédrale d'Angoulême. L'évêché de Saintes, en construisant les parties hautes de Saint-Eutrope, l'Abbaye aux Dames et peut-être les parties romanes, remplacées à l'époque gothique, de Saint-Pierre, s'inspira-t-il de ces ornements et les répandra-t-il dans la province qui les utilisera en les adaptant à son génie propre ? Sa sculpture en tout cas est beaucoup plus fine.

C'est à Saint-Eutrope de Saintes, dans la campagne qui a élevé le transept, pendant le troisième tiers ou le milieu du XIIᵉ, que nous pouvons déceler à la fois l'influence d'Angoulême et le départ d'une nouvelle manière d'interpréter et de développer ces rinceaux si particuliers et les entassements d'animaux dus assurément, à l'origine, aux étoffes ou ivoires orientaux, avant de passer dans l'art roman. Cette influence est évidente dans de nombreux édifices; citons ainsi les chapiteaux de Matha-Marestay ou de Colombiers. Cependant bientôt une autre emprise extérieure au diocèse et à la province se manifeste : c'est celle d'Aunay, qui va se répandre en Saintonge, mais cependant elle ne détruira pas la précédente. Elle s'y ajoutera et l'apport le plus remarquable sera celui des sujets moralisateurs, ce thème si particulier du combat des Vertus et des Vices, deux fois répété, sous des formes sculpturales bien différentes, à la façade et au portail latéral de cette magnifique église.

Si donc nous pouvons analyser les principaux éléments dont est formée la décoration saintongeaise, il apparaît que sur le fond des habitudes poitevines déjà développées au XIᵉ siècle et qui consistent le plus généralement à orner du même motif, répété autant de fois qu'il est nécessaire, chaque claveau des arcatures, vont se répandre, vers le second quart du XIIᵉ siècle, les nouveaux principes adoptés à la cathédrale d'Angoulême et ailleurs, ainsi à Saint-Benoît-sur-Loire, avec les séries de lions et oiseaux superposés ou non, animaux fantastiques et chimères diverses, aussi bien que sujets les plus différents encadrés par des rinceaux de lianes qui courent d'un bout à l'autre des arcs et vont en Saintonge envahir voussures et chapiteaux jusqu'à ne plus laisser place aux regards pour se reposer. L'esprit de simplification et de clarté du Poitou, déjà plus complexe en Angoumois, n'existe plus. Il est souvent difficile de distinguer au milieu de cette forêt vierge les petits sujets qui s'agitent dans cette surcharge décorative. Prenons les voussures de l'Abbaye aux Dames et examinons le thème des évangélistes : il ne se détache qu'à peine des volutes (pl. 33).

Cependant l'art déjà tardif d'Aunay, héritier des traditions poitevines, assagit cette exubérance. Il y a peu de rinceaux dans ce style, plus raisonnable, où les claveaux sont très ciselés assurément, mais chargés individuellement de motifs bien différenciés.

S'il y a des enroulements ornementaux, à la voussure du bas du portail du croisillon Sud ou à la fenêtre absidale, ils sont du type de ce qu'on a appelé, à contretemps, des rinceaux lombards, mais servent plutôt à cerner les sujets dans des sortes de médaillons qu'à les inclure dans leurs lianes.

Et il suffit de comparer les montants de la fenêtre absidale d'Aunay à la volute de l'arc de droite de Pont-l'Abbé-d'Arnoult, où danse une farandole éperdue (pl. 78), pour comprendre toute la différence de ces deux monuments si riches !

Il existe, avons-nous dit, bien des influences diverses qui se croisent dans la gamme infinie des sculptures saintongeaises, et l'on peut reconnaître à Corme-Royal des rinceaux à chimères transmis par l'art des manuscrits ou de l'orfèvrerie venue d'Irlande, parfois par l'intermédiaire d'Aunay; ainsi à Biron. Ailleurs, à Saint-Fort, dans la disposition des têtes de chevaux, dans les retombées d'une arcade centrale à l'abside de Marestay ou dans les modillons si chers aux artistes de la province, on trouvera une tendance qui n'est pas due seulement aux grands courants romans.

Si la propension générale est à la richesse et a l'exubérance, elle va jusqu'à une exagération de ces qualités. Les absides de Rioux (pl. 185) et de Rétaud (pl. 189), surchargées, en arriveraient même à un style baroque où la sécheresse du ciseau fait regretter la souplesse harmonieuse de motifs plus grassement traités.

Mais il existe aussi parfois un goût de la simplification et nous ne saurions trouver meilleur exemple que l'abside de Geay (pl. coul. p. 299) où la superposition des éléments d'architecture traités avec toute leur valeur constructive et sans fantaisie décorative, avec une rigueur presque cistercienne, produit une pureté de lignes, évocatrice des édifices antiques.

Tels sont quelques-uns des grands courants dont il faudra chercher les caractéristiques à travers cette jonchée de petites églises si charmantes et si nombreuses. Si nombreuses d'ailleurs, pour une terre aussi restreinte, qu'aucune province de France ne peut en dénombrer autant, et si proches les unes des autres que, si l'on en quitte une, on découvre l'autre tout de suite à l'un des proches tournants des routes sinueuses desservant la plaisante campagne saintongeaise. Il semble que chaque paroisse ait voulu rivaliser de richesse avec sa voisine en offrant à Dieu une demeure plus ornée et plus harmonieuse, véritable châsse mesurée aux dimensions de son terroir. Signe évident de la foi profonde qui animait ces terres fertiles et peuplées, aujourd'hui peu dévotes, en un temps où croire était aussi naturel que respirer. Il n'est point besoin de chercher à cette abondance de petits monuments d'autres explications.

De ce voyage aux merveilles de Saintonge reste une admiration profonde pour ces hommes qui ont su tirer de la pierre avec foi et patience l'idéal de beauté que portait leur esprit, sentiment mystique chez beaucoup, bien plus terre à terre chez d'autres, suivant leur spiritualité ou leur insouciance et leur tendance à une vie confortable et gaie qu'une nature aimable pouvait leur promettre.

Mais un autre sentiment s'impose aussi : c'est l'impression effrayante gravée sur ces pierres tourmentées et martyrisées, criant l'effroi des temps troubles, cruels et angoissés traversés par ces édifices, sculptés avec amour, et dont presque tous montrent leurs ruines, leurs mutilations, les traces d'un acharnement sauvage, au point qu'il n'en est pas d'intacts. La beauté ne pèse pas lourd devant les passions humaines !

On sent qu'après la terreur des Normands, des temps plus cléments, plus pacifiques, procurés par la paix et une autorité plus stable, avaient permis de se remettre à un travail qui ne fut pas éphémère. Si épisodiquement des conflits féodaux ont ramené des heures troubles, cela ne fut plus le bouleversement, la terre brûlée, les meurtres, le pillage qu'allaient rétablir encore les guerres anglaises, la haine et l'acharnement des guerres de Religion.

Le vandalisme hélas ! est de tous les temps : depuis ces époques de violence, il a été relayé par une forme insidieuse aussi dangereuse, celle de la fausse culture, de la sottise et de l'orgueilleuse ignorance, aussi sectaires. Trop souvent et quelles que soient les précautions prises, elles règnent encore dans nos édifices religieux, légués par la foi, la raison intelligente et mesurée, la « tradition » des générations successives. Car l'homme, quoi qu'en pensent trop d'esprits « éclairés », n'a point fait de progrès depuis des millénaires.

NOTES

1 *Le fait nous a été signalé en bien d'autres endroits, en Normandie, par exemple.*
2 *Musset*, Cartulaire de Saint-Jean-d'Angély, *dans* Archives historiques de la Saintonge et de l'Aunis, *t. 33, 1903, p.* XXXVI-XXXIX.

BIBLIOGRAPHIE SOMMAIRE

● L. *Audiat*, Abbaye Notre-Dame de Saintes, Histoire et documents, *dans* Archives Historiques de la Saintonge et de l'Aunis, *t. 12, 1883;* Saint-Eutrope et son prieuré, *ibid. t. 2;* Épigraphie Santone, *Paris-Saintes, 1871, in-8°.*
● *Boudet (Le frère)*, Histoire de l'Abbaye N.-D. de Saintes, *dans* Arch. Hist. de la Saintonge et de l'Aunis, *t. 12, 1884, p. 246.*
● P. *Bouffard*, Sculpteurs de la Saintonge romane, Paris, Horizons de France, *1962, in-4°.*
● *Briand (Abbé)*, Histoire de l'église Santone et Aunisienne, La Rochelle *1843, in-8°.*

● R. *Chappuis*, Églises romanes françaises comportant plusieurs coupoles, *dans* Bull. et Mém. Soc. Arch. et Hist. de la Charente, *1968, 31 p.;* Note sur l'église romane de Matha-Marestay, *dans* Bull. du Centre International d'Études Romanes, *1967, 7 p.*
● Congrès archéologique de La Rochelle, 1956. *Notices sur :* Saint-Eutrope de Saintes, *par* R. *Crozet, p. 97;* l'Abbaye aux Dames, *par* R. *Crozet, p. 106;* Rioux et Rétaud, *par* J. *Martin-Demézil, p. 126;* Saint-Pierre de Pont-l'Abbé-d'Arnoult, *par* C. *Daras, p. 139;* Saint-

Nazaire de Corme-Royal, *par C. Daras, p. 210;* Marignac, *par C. Daras, p. 236;* Saint-Pierre de Marestay, *par C. Daras, p. 290;* Echillais, *par P.Vicaire, p. 153;* Sainte-Gemme, *par P.Vicaire, p. 173;* Surgères, *par P. Vicaire, p. 272;* Sainte-Radegonde de Talmont, *par le chanoine Tonnelier, p. 183;* Saint-Pierre-ès-liens de Thaims, *par le chanoine Tonnelier, p. 196;* Saint-Romain de Benet et Sablonceaux, *par R. Crozet, p. 205;* Geay, *par J. Feray, p. 217;* Pons, l'Hospice des pèlerins, *par Marcel Aubert, p. 234;* Chadenac et Pérignac, *par F.-G. Pariset, p. 245;* Nuaillé-sur-Boutonne, *par E. Dahl, p. 297;* Fenioux, *par F. Eygun, p. 304.*

● *Congrès archéologique de Saintes, 1884;* de Saintes - La Rochelle, 1894; d'Angoulême, 1912, *t. 1 et 2.*

● *Connoué,* les Églises romanes de la Saintonge, *Saintes, Delavaud, 1952-1967, 5 vol. in-8°.*

● *R. Crozet,* Aperçus sur les débuts de l'art roman en Saintonge, *dans* Bull. Soc. Arch. et Hist. de la Charente, *Angoulême, 1962, in-8°;* le Voyage d'Urbain II en France, *dans* Annales du Midi, *t. 42, 1937, p. 92;* les Etablissements clunisiens en Saintonge, *ibid., t. 75, 1963, p. 575; voir aussi* Congrès archéologique *1956.*

● *C. Dangibeaud,* l'École de sculpture romane saintongeaise, *dans* Bull. Archéologique, *1910, p. 58 et s.;* De l'influence des façades saintongeaises, *dans* Bull. Soc. Arch. et Hist. de la Charente, *1916, in-8°, 57 p.;* le Plan primitif de Saint-Eutrope de Saintes, *dans* Bull. monumental, LXXI, *1907, p. 13 et s.;* l'Église Saint-Eutrope telle qu'elle était, *dans* Bull. Soc. Arch. de Saintonge et d'Aunis, *La Rochelle, 1908 (avec plans par Dupuy).*

● *C. Daras,* l'Évolution de l'architecture aux façades des églises romanes d'Aquitaine, *dans* Bull. Soc. Antiq. de l'Ouest, *1953, 22 p.;* Réflexions sur les statues équestres représentant Constantin en Aquitaine, *ibid., 1969, p. 151; voir aussi* Congrès archéologique 1956.

● *P. Deschamps,* le Combat des Vertus et des Vices sur les portails romans de la Saintonge et du Poitou, *dans* Congrès archéologique d'Angoulême, *1912, t. 2, p. 309.*

● Dictionnaire des églises de France, III, c, *par R. Crozet et Ch. Daras, Paris, Laffont, 1967, in-4°.*

● *M. Durliat,* l'Église de Peyrusse-Grande, *dans* Bull. Soc. Arch. du Gers, *Auch, Cochereaux, 1959, p. 95-105.*

● *F. Eygun,* Art des pays d'Ouest, *Paris-Grenoble, Arthaud, 1965, in-4°; voir aussi* Congrès archéologique 1956.

● *M. Gouverneur,* l'Abbatiale de Sainte-Marie des Dames, de Saintes, *dans* Recueil de la commission des Arts et Monuments historiques de la Charente-Inférieure, 1939. Visite-conférence du 1er juin 1939, *t. 21, 1939, p. 1 à IX.*

● *Grasillier,* Cartulaires inédits de la Saintonge, *Niort, 1871, in-8°.*

● *P. Héliot,* Note sur Saint-Eutrope, *dans* Bull. Soc. Antiq. de France, *1966, p. 181.*

● *F. Henry et G. Zarnecki,* Romanesques arches decorated with human and animal heads, *dans* Journal of the British archeological association, *Oxford University Press, 1957-1958, 34 p.*

● *F. Henry,* l'Art irlandais, *coll.* Zodiaque, *1964, 3 vol. in-8°, notamment t. 3, p. 290 et 295.*

● *Julien-Laferrière (Mgr),* l'Art en Saintonge, *1885, gd in-4°.*

● *E. Lefebvre-Pontalis, dans* Bulletin monumental, *1907, p. 13-31.*

● *É. Mâle,* l'Art religieux du XIIe siècle, *Paris, 1922, in-4°, notamment p. 438-439.*

● *E.-L. Mendell,* Romanesque sculpture in Saintonge, *New Haven, Yale Univ. Press, 1940, in-4°.*

● *G. Musset,* les Églises de Saintes antérieures à l'an mil, *dans* Mém. Soc. Antiq. de l'Ouest, *1884, p. 168-181.*

● *O'Connor,* The double-axe motif, *dans* American Journal of Archeology, *t. 24, 1920, p. 151-172.*

● *A. Rhein,* l'Église Saint-Eutrope, *dans* Congrès archéologique d'Angoulême, *1912, t. 1, p. 379.*

● *T. Sauvel,* Un plan inédit de Saint-Eutrope de Saintes, *dans* Revue de Saintonge et d'Aunis, *1935;* les Hauts-reliefs romans de Surgères, *ibid., 1936, p. 1-8;* Quelques sculptures perdues, *ibid., 1947;* les Sculptures de l'Abbaye aux Dames, *ibid., 1954;* les Lions romans de Chadenac et ceux de Saint-Aubin d'Angers, *dans* Bull. Soc. Antiq. de l'Ouest, *1949, p. 47-50 (numéro hors série).*

● *M. Texier (Dr),* l'Église de Bougneau, *dans* Bulletin monumental, *1940, p. 205-221.*

● *P.-M. Tonnelier (Chanoine),* Thaims, Saint-André de Lidon, *Saintes, Delavaud, s.d., 24 p., in-8° ill.;* l'Église Saint-Symphorien de Broue, *ibid., 1960, in-8°, 12 p.;* Talmont-sur-Gironde, *ibid., 34 p.;* Pons, *ibid., 1960, 20 p.;* l'Église d'Esnandes, *ibid., 1959, 16 p.;* l'Architecte Béranger d'après son épitaphe, *dans* Bull. Soc. Antiq. de l'Ouest, *1959, n° 4;* Pérignac, *dans* Semailles, *n° 29, 30 et 31, Saintes, Delavaud, 1955;* Varaize et Fontaine d'Ozillac, *ibid., n° 35 à 39, 1957;* le Roman de Saintonge en Bordelais, *Saintes, 1961, 16 p., in-8°.*

● *P. Vicaire,* les Monuments religieux du XIe siècle en Saintonge, *dans* Bull. Soc. Antiq. de l'Ouest, *1959, p. 6 (n° hors série).*

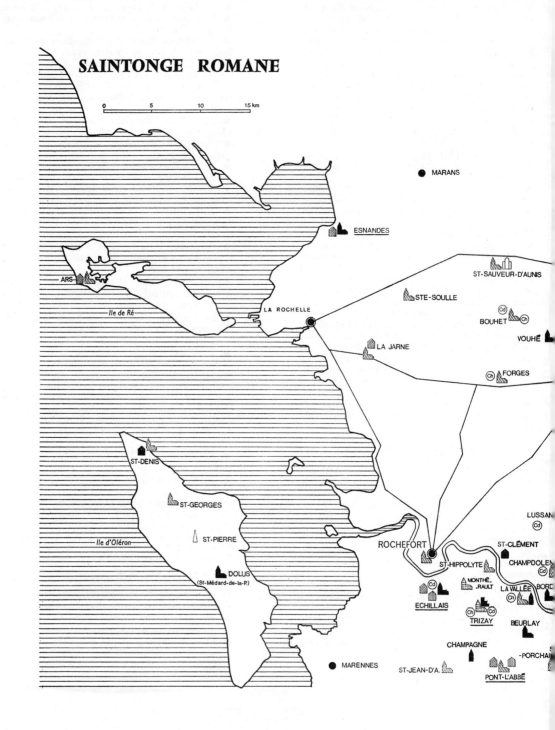

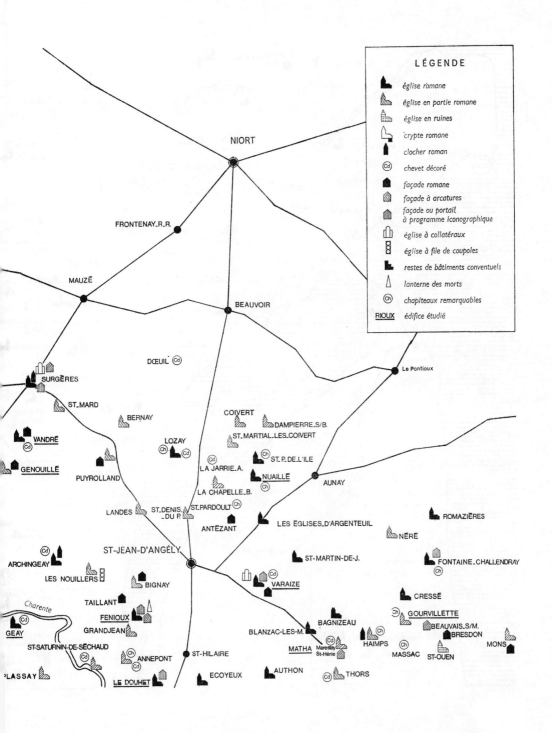

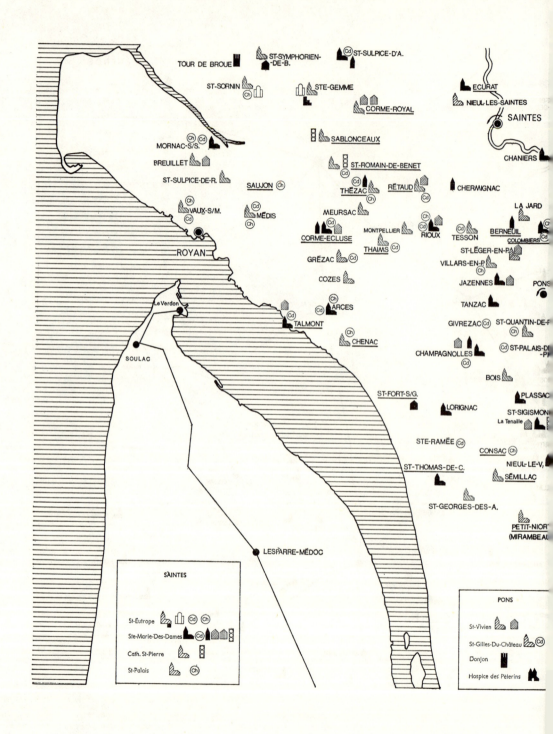

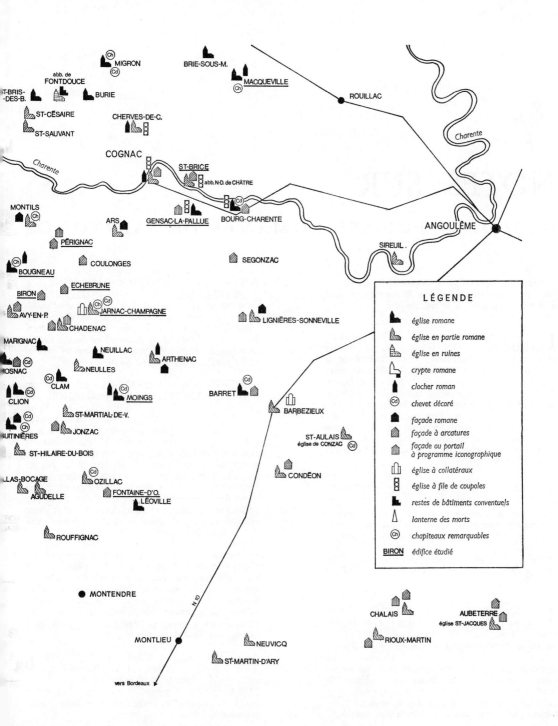

NOTES SUR
QUELQUES ÉGLISES ROMANES DE SAINTONGE

NOTA – *Nous ne mentionnerons le détail des plans qu'au cas exceptionnel où ils contreviendraient à la règle constante de la nef unique.*

1 *AGUDELLE. SAINT-EUTROPE. PRIEURÉ FONTEVRISTE FONDÉ* vers 1115 par Lambert, plus tard évêque d'Angoulême. Façade romane simple avec portail dont une seule des voussures est ornée de dents d'engrenage avec archivolte à pointes de diamant. Au-dessus étroit bandeau décoré, comme les corniches, d'un ruban plissé aplati. Fenêtre étroite enfoncée sous des voussures sculptées, la plus haute polylobée sous archivolte. Seules quelques travées de la nef conservées; le reste gothique.

2 *ALLAS-BOCAGE. SAINT-MARTIN. SEULE LA TRACE DE L'ARCHIvolte indique l'emplacement du portail détruit. Au-dessus, fenêtre du même type que celle de la précédente église, mais le motif à dents d'engrenage est reporté à l'étage et la sculpture est moins fine sous l'arc polylobé.* Ensemble moins détruit, chœur avec quelques chapiteaux, et modillons de l'abside amusants.

3 *ANNEPONT. SAINT-ANDRÉ. EN ARRIVANT PAR L'OUEST, L'ASPECT* paraît sévère; mais l'église a conservé l'essentiel de ses murs romans avec reprises gothiques, notamment un autel reposoir à l'entrée. Sous le clocher, coupole barlongue. Chœur en hémicycle. Les chapiteaux de la nef à décor de feuillages et d'animaux sont moins variés que ceux de l'extérieur; sujets des modillons : un joueur de harpe, des animaux, entre autres.

4 *ANTEZANT. SAINT-MAXIME. SEUL SUBSISTE L'ÉTAGE DU PORTAIL entre ses arcades aveugles. Les claveaux de l'entrée répètent le même sujet : sortes de bipèdes fantaisistes à tête d'oiseau, dansants. On retrouve aussi la petite feuille d'acanthe retournée en losange rappelant que le Poitou est proche. Le travail général et les feuillages ont souffert des temps troublés.*

5 *ARCES-SUR-GIRONDE. SAINT-PIERRE, ANCIENNE DÉPENDANCE* de l'abbaye de Vaux. Édifice assis sur l'une des dernières hauteurs qui dominent le fleuve, ce qui explique la relative complication de son accès auprès d'une source. L'église doit se trouver sur l'un des points avancés de la ville romaine centrée autour du fanum dit le Moulin du Fâ. L'entrée et la nef en berceau brisé, remaniées au XVIIᵉ siècle, aboutissent à un carré du transept délimité par des colonnes solides soutenant le clocher dont la voûte assez empirique rappelle l'arc de cloître. Chœur orné de sculptures curieuses : pèsement des âmes, animaux divers, démon à cheval sur un saurien et crocodile dévorant un damné, le tout présentement colorié brutalement. Le plus élégant est le chevet divisé par des contreforts-colonnes, entre lesquels des arcs brisés forment relief au-dessus des fenêtres sous voussures et archivoltes plein cintre. Modillons de la corniche et chapiteaux sculptés formant un décor gracieux, intéressant et vigoureux.

6 *ARS-EN-RÉ. SAINT-ÉTIENNE. TRÈS REMANIÉE, A CONSERVÉ un bras de transept Sud voûté en berceau brisé. A l'Ouest massif portail à voussures.* Décoration florale et géométrique, chapiteaux à animaux, bases enterrées.

7 ARTHENAC. SAINT-MARTIN. BIEN SITUÉE SUR LE BORD D'UNE pente; a conservé un portail large accolé de deux arcatures aveugles sous deux séries de corniches à modillons, la plus élevée coupée par une fenêtre sur le pignon. Clocher à coupole sur pendentifs. Très remaniée.

8 BAGNIZEAU. *SAINT - VIVIEN. BELLE ÉGLISE A SCULPTURES remarquables, d'une part aux chapiteaux qui marquent la rupture du chœur et de la nef, de l'autre au portail de la façade rectangulaire, dont les élégantes voussures, séparées par un cordon de billettes, portent, sur les claveaux répétés : la première, comme ses chapiteaux, des lions et monstres à queues de serpents, les autres des acanthes en S, copiant Aunay, enfin les archivoltes, des oiseaux contournés ou des têtes de chats de face côte à côte.*

9 BEURLAY. SAINTE-MADELEINE. TRÈS DÉTRUITE JUSQU'AU CLOcher; beaux chapiteaux dont l'un à entassement d'animaux, de type oriental cristallisé à Aunay et à Saint-Eutrope. Abside à arcature très équilibrée.

10 BLANZAC - LÈS - MATHA. *SAINT-PIERRE. RESTAURÉE A LA voûte du chœur; aux supports du clocher chapiteaux à animaux. Claveaux des voussures au portail ornés de figures géométriques, dents de scie, losanges. Archivolte à pointes de diamant.*

11 BOIS. SAINT-PIERRE. ROBUSTE ÉGLISE REMANIÉE, DÉCORAtion simple sur voussures successives. Crypteossuaire.

12 BORDS. *SAINT-VIVIEN. ÉGLISE TRÈS REMANIÉE, SCULPTURES à masques humains et démoniaques; ornements géométriques.*

13 BOURG - CHARENTE. SAINT-JEAN, PRIEURÉ DE L'ABBAYE DE Savigny. Cette belle église, de la série des églises à files de coupoles, rappelle singulièrement Châtres et Saint-Brice. Son portail, avec les deux arcatures aveugles, et son abside, avec l'arcature haute, sont bien de la région. La façade est sœur de celle de N.-D. de Châtres, si proche. Les quatorze arcs élancés du premier étage encadrant la fenêtre centrale sous le second étage, avec seulement 6 éléments, suffisent à donner une façade très riche qui n'a pas besoin de sculptures supplémentaires.

14 BRESDON. *SAINT-ALBAN. LE REZ-DE-CHAUSSÉE DE LA FAçade reste seul valable, avec ses rinceaux de feuillages peuplés d'animaux sur son portail. Celui-ci est accolé de deux arcs aveugles à voussures sculptées de rinceaux et de cercles entrelacés, séparés par des pilastres cannelés. Fines sculptures, animaux contournés, griffons, feuillages.*

15 BREUILLET. SAINT - VIVIEN. L'ÉGLISE EST SI MUTILÉE QUE la partie gauche est masquée par un contrefort utile, mais gênant. Large portail central surmonté de deux étages d'arcatures à décor sobre. Un oculus a peut-être remplacé une fenêtre.

16 CHAMPAGNOLLE. *SAINT-PIERRE. SI CETTE ÉGLISE DE BELLES proportions est bien typique, sa façade, dont le portail a été refait au XVe siècle sous sa galerie, reste un peu étriquée. L'abside, à arcatures au-dessus des fenêtres, et le clocher carré, bien décoré sur ses deux étages inférieurs, sont de belle venue. Ensemble peu sculpté malgré quelques modillons de type courant et les chapiteaux d'angle du transept.*

17 CHAMPDOLENT. SAINT-PIERRE. LE VASTE CHŒUR, SEUL ROMAN, conserve quelques chapiteaux ornés et extérieurement une corniche-arcature repose sur des modillons variés.

18 CHANIERS. *SAINT - PIERRE. L'INTÉRÊT DE CETTE ÉGLISE, pour le reste médiocre, est la disposition de son chevet tréflé avec un chœur vaste et deux absidioles latérales peu profondes.*

19 CHENAC. SAINT - MARTIN. SI L'ÉGLISE EST MODERNE, ELLE a remployé au chœur deux chapiteaux : à gauche Samson à cheval sur le lion traditionnel et en face une Assomption de type exceptionnel : la Vierge est enlevée au ciel dans une mandorle ponctuée, soutenue par deux anges, mais elle est à peine arrachée aux ténèbres de la mort et se cache les yeux de ses mains, déjà éblouie par la lumière du paradis. La sculpture est assez rustique.

20 CHERVES. *SAINT-VIVIEN. ANCIEN PRIEURÉ. COMME PRESque toutes les églises à files de coupoles, cette église, qui en contient trois sur la nef et une au Nord sous le clocher qui surmonte le transept, est peu décorée. Un chœur en hémicycle la termine.*

21 CLAM. SAINT-MARTIN. BELLE ABSIDE EN HÉMICYCLE AVEC contreforts-colonnes séparant les fenêtres à colonnettes.

22 CLION - SUR - SEUGNE. *SAINT ANDRÉ. ABSIDE ROMANE DONT la partie haute est doublée par un mur arcature reçu sur des culs-de-lampe.*

23 CLISSE (LA). SAINTE - MADELEINE. QUELQUES CHAPITEAUX à oiseaux, lions et serpents se battant contre un homme sont valables. Un grand portail à motifs géométriques s'ouvre sur la nef romane qui subsiste.

24 COGNAC. *SAINT-LÉGER. CETTE ADMIRABLE ÉGLISE, A COU*poles à l'origine, a été complètement remaniée à l'époque gothique. La façade comporte, outre deux étages d'arcatures romanes coupées par une rose gothique, un très beau portail qui a conservé notamment un admirable zodiaque plein de vie et de souplesse à la voussure externe. Les autres arcs restent ornés de motifs floraux connus à Aunay, Sainte-Gemme, etc., et de rinceaux encadrant les rouleaux et décorant l'archivolte.

25 *CONDÉON. SAINT-MARIEN. TRÈS ÉLÉGANT ET VASTE PORTAIL,* polylobé, directement au-dessus de l'entrée. Les autres voussures, qui furent soignées, sont très rongées par le salpêtre.

26 *CRESSÉ. NOTRE-DAME ET SAINT-SAUVEUR. ÉGLISE TRÈS* remaniée, récemment restaurée. Lors de sa construction, vers le début du XIe siècle, elle comportait une nef unique couverte de charpentes avec murs de petit appareil. Le transept fut ensuite voûté d'une coupole sur trompes. Chœur circulaire peu profond orné de quelques damiers; absidioles peu profondes, dont celle du Sud subsiste seule. Quelques entrelacs sous le clocher rappellent cette époque. Le désir de voûter nef et bas-côté fit doubler la muraille par des arcs et établir des piles cantonnées de demi-colonnes pour les arcades et les doubleaux. La décoration a comporté des lions adossés, un sagittaire et des feuillages. Extérieurement la façade est divisée en trois par des contreforts de colonnes en faisceaux. Porte à voussures très simples. Un bénitier quadrilobé avec bourgeons d'acanthe méplats sculptés extérieurement.

27 *FONTAINE-CHALANDRAY. FAÇADE TRÈS REMANIÉE AVEC* beau portail à voussures sculptées de motifs géométriques avec archivolte à pointes de diamant; petites pointes d'acanthes retournées de type poitevin. Au-dessus un remploi: large bas-relief de la Cène, douze personnages assis de face et, plus loin, à gauche, autre relief représentant dans une mandorle un personnage debout. Têtes mutilées par vandalisme. A l'intérieur aussi chapiteaux martelés. On reconnaît Daniel entre les lions.

28 *GIVREZAC. SAINT-BLAISE. PORTAIL SIMPLE, NEF ARCHAÏQUE* XIe, couverture de charpente, chœur à cul-de-four tombé. Extérieur à contreforts-colonnes et chapiteaux bien sculptés soutenant une corniche à modillons variés. Fenêtres archaïques, certaines à sculptures méplates sur les linteaux échancrés.

29 *GOURVILLETTE. SAINT-MARTIAL. PETITE ÉGLISE, PORTAIL* à motifs géométriques. A l'intérieur quelques chapiteaux à animaux et surtout sainte Madeleine vêtue d'un ample manteau, agenouillée, presque étendue aux pieds du Christ (voir p. 241).

30 *GUITINIÈRES. SAINT-ROMAIN. INTÉRESSANTE ÉGLISE DE* plan simple, chœur en cul-de-four, accolé au clocher couvrant la coupole sur trompes qui sert de transept. Berceau brisé sur la nef et doubleaux sur des chapiteaux simples, tandis que ceux qui ont servi aux arcades tendues le long de la nef sont historiés: lions, luxure, etc. A l'extérieur la façade à fenêtre haute sous corniche à modillons reste simple, mais le vaste portail s'orne aux angles qui séparent les voussures de motifs purement géométriques variés: nattes, fuseaux ou cercles enfilés, comme à Rouffignac, échiquiers sous les archivoltes à pointes de diamant. Malgré quelques chapiteaux plus vivants, l'esprit se lasse de cette dentelle ingénieuse, si bien que l'ensemble reste froid. Au contraire l'abside robuste, aux arcs jumelés à l'étage haut entre les contreforts, est gracieuse avec ses chapiteaux et modillons variés. Les guerres ont surchargé les murs de larges créneaux.

31 *HAIMPS. SAINT-SYMPHORIEN. VASTE ÉDIFICE TRÈS RECONS*truit conservant quelques beaux chapiteaux, dont un saint Michel terrassant le dragon.

32 *JARNE (LA). NOTRE-DAME. AU PREMIER ABORD ON POURRAIT* croire l'église, si soignée, beaucoup plus intacte qu'en réalité. Contentons-nous d'examiner son élégante façade divisée en trois par ses contreforts simples et contreforts-colonnes, pour nous rendre compte qu'elle est trop complétée par un arc polylobé faux et un clocher-arcade élégant, mais récent. Nous examinerons toutefois avec intérêt les modillons des corniches et les fines métopes de la seconde, pleines d'humour: lutteurs pour une belle, Samson à tête caricaturale, sirène, parmi d'autres.

33 *JAZENNES. NOTRE-DAME. ÉGLISE SIMPLE, SANS ORNE*ments notables autres que les coussinets que nous étudions à Marignac.

34 *LÉOVILLE. SAINT-CHRISTOPHE. ÉGLISE PEU DÉCORÉE A CHE*vet plat et triplet, fenêtres à voussures profondes et archivoltes.

35 *LORIGNAC. SAINT-PIERRE. LA RESTAURATION GOTHIQUE N'A* guère laissé que la façade à portail sous voussures de type géométrique, arcature et corniche. Un chapiteau historié reste valable près de l'entrée.

36 *LOZAY. SAINT-PIERRE. MASSIF ENSEMBLE AUPRÈS DU CLO*cher carré, encore alourdi par les murs de défense qui ont surélevé la nef et le chœur. Les grandes lignes sont conservées : berceau brisé et coupole sur trompes. Les chapiteaux malheureusement mutilés furent bien décorés. Le portail s'orne des larges fleurs connues à Aunay, Fenioux et ailleurs.

37 *MASSAC. NOTRE-DAME. PETITE ÉGLISE PARTIELLEMENT RE-*construite, mais dont le chœur a conservé quelques remarquables chapiteaux. Ici Abraham adossé à un damné que le démon dévore, protège un élu dans son sein et sur la corbeille accolée un ange accompagne le patriarche. Ailleurs un sagittaire, des lions et autres.

38 *MÉDIS. SAINT-PIERRE. ÉGLISE TROP RESTAURÉE, MAIS DONT* les voussures très élégantes du portail avec leurs arcs ornés de rinceaux, entrelacs avec marmousets, s'accordent avec l'esprit joyeux de Corme-Écluse ou de Marignac.

39 *MEURSAC. SAINT-MARTIN, AN-CIEN PRIEURE ROMAN TRÈS* modifié à l'époque gothique. Il conserve quelques chapiteaux et modillons intéressants.

40 *MIGRON. SAINT - NAZAIRE. TRÈS ABIMÉ, L'ÉDIFICE POSSÈ-*de un portail latéral à motifs ornementaux. La sculpture des chapiteaux intérieurs, avarice, centaure, lions, et celle des modillons restent intéressantes.

41 *MOINGS. SAINT-MARTIN. ÉGLISE SURTOUT REMARQUABLE PAR* son curieux clocher trapu à colonnettes couronnées de chapiteaux annelés (voir p. 362).

42 *MONTHERAULT. CETTE RUINE A L'ABANDON SE COMPOSE DE* deux parties : l'une, en petit appareil moins régulier que celui de l'époque romaine puisqu'il est relayé par endroits par de simples moellons, paraît avoir formé une nef éclairée latéralement par des fenêtres hautes et étroites, délimitées par des montants d'appareil bien taillé disposés en escalier vers le mur et soutenant les linteaux échancrés simulant joints et voussures. Au bas de la porte, elle aussi avec montants soignés de blocs calcaires, est couverte d'un large et fort linteau triangulaire. Cette partie est assurément l'un des plus typiques édifices religieux de la Saintonge préromane, proche de l'an mil ou début XIe. Cette nef, aujourd'hui à ciel ouvert, se prolonge par un chœur rectangulaire XIIe, de moyen appareil soigné, avec fenêtres à claveaux, archivolte et colonnettes. A l'Est, l'ouverture haute plein cintre avec voussure. Au Nord et au Sud, les murs, et plus encore les angles vers l'Est, sont étayés de contreforts bien appareillés. Un clocher-arcade a été ajouté entre les deux parties.

43 *MONTILS. ÉGLISE ROMANE TRÈS RÉPARÉE A L'ÉPOQUE GOTHI-*que. Quelques chapiteaux fantaisistes restent. La division tripartite de la façade par contre-forts-colonnes élevés n'a pas empêché l'arcature haute de se continuer malgré leur présence.

44 *MONTPELLIER - DE - MÉDILLAN. SAINT-MARTIN. SOUS UNE AP-*parence de dispositions anciennes, l'église gothique a conservé quelques parties préromanes et remplois, dont une Adoration des mages.

45 *MORNAC-SUR-SEUDRE. SAINT-NICOLAS. L'ÉGLISE DOMINE LES* marais de la Seudre dans un paysage assez triste; c'est un vaste édifice de prieuré dévasté par la foudre en 1943. Lors de la restauration du dallage, le sol a laissé apparaître dans le chœur une étroite chapelle paléochrétienne ouverte sur une voie antique, mais dans l'abside en hémicycle, polygonale extérieurement, les assises du siège de l'officiant (*Gallia* 1952, 1, p. 167-9). L'église avait déjà été reconstruite sur une autre. Large chœur roman à caractéristiques curieuses. Une grande arcature occupe le mur du chœur en hémicycle et repose sur des chapiteaux à galbe étroit et élevé, à décoration profonde et personnelle répandue sur les tailloirs et la corniche : feuillages et scènes diverses, Adam et Ève mangeant le fruit défendu, saint Nicolas (?), le tombeau du Christ (dont les Saintes Femmes ont été enlevées par un curé simplificateur). Les bases sont d'aspect et de décoration archaïsantes. Extérieurement l'arcature de l'abside a été très abîmée.

46 *NEUILLAC. SAINT-PIERRE. NEF ROMANE DOUBLÉE A L'ÉPO-*que gothique. A l'intérieur quelques chapiteaux valables. Extérieurement portail polylobé sous voussures moulurées, entre deux arcs aveugles. A la place de la corniche, bandeau formé de billettes verticales dans le mur. Seconde corniche à modillons et métopes bien historiés. A l'abside, alternance de fenêtres et d'arcs aveugles.

47 *NEUVICQ. SAINT-LAURENT. LES MURAILLES SUD SONT TRUFFÉES* d'inscriptions mérovingiennes extraites du cimetière environnant (*Gallia* 1965, 1, p. 356).

48 *NOUILLERS (LES). SAINT-PIERRE. ÉGLISE SÉVÈRE,* comme toutes celles à files de coupoles sur pendentifs. Salle rectangulaire à trois dômes coupée d'un mur droit, le quatrième s'étant effondré. Portail profond sous voussures simples séparé des arcades aveugles par des contreforts plats comme ceux des murs latéraux.

49 *PETIT-NIORT. PRIEURÉ SAINT-MARTIN. SUR CETTE ÉGLISE* préromane mutilée et remaniée, dont le décapage des murs de petit appareil donnerait de précieuses indications, remarquons la dalle ajourée ou « claustra » (pl. 59).

50 PLASSAC. *SAINT - LAURENT. ÉGLISE TYPIQUE SOBRE AVEC* comme seule fantaisie : une arcature du premier étage à cinq arcs polylobés.

51 PONS. SAINT-GILLES. PROTÉGÉE PAR LES DÉFENSES DU CHÂTEAU, la chapelle a conservé ses belles voussures où la décoration géométrique des claveaux répétés détermine un jeu d'ombres et de lumières plein d'agrément. Chapiteaux des supports à motifs animés, oiseaux et autres.

52 PONS. *SAINT-VIVIEN. ÉGLISE MODIFIÉE ET TRANSFORMÉE*, chapiteaux mutilés. La façade brisée par une haute fenêtre centrale flamboyante, a conservé néanmoins une partie de son arcature haute. Vaste portail dont les arcatures aveugles abritaient deux statues presque détruites.

53 ROUFFIGNAC. SAINT-CHRISTOPHE. ÉGLISE TRÈS RESTAURÉE. Reste la souche du clocher et un chevet plat à triplet. Entre les deux, berceau brisé couvrant le sanctuaire. Les chapiteaux de celui-ci sont historiés : Adam et Ève, Daniel et un reliquaire sur une colonne entre deux personnages à robes debout.

54 SAINT - DENIS - D'OLERON. LES RESTES ATTRISTANTS DU PORtail très mutilé veulent cependant être signalés. La décoration exceptionnellement fouillée répandue sur les colonnes – fleurs et feuillages, pointes de diamant des chanfreins – se détachant sur les revêtements montés en chevrons des arcs aveugles encadrant le portail central, fait regretter la destruction de ce que fut l'ensemble...

55 SAINTE-GEMME. PRIEURÉ DE LA CHAISE-DIEU, FONDÉ VERS 1079. De l'église primitive, construite avant 1098, ne subsiste que le mur Ouest du transept. Celui-ci, complété, sert de chevet plat pour l'église actuelle, réduite à une nef à bas-côtés précédée d'un porche, le tout roman. Des berceaux couvraient ce vaste espace; ils ont été très restaurés au XIXe siècle. Une crypte aujourd'hui comblée et sans doute détruite existait sous le croisillon Nord, donc au-delà de l'église actuelle. Le porche-narthex couvert d'ogives permet de penser à des remaniements partiels, mais le riche portail à décoration de fleurs et de feuillages inspirés d'Aunay, directement ou non, reste très beau.

56 SAINT - GEORGES - DES - AGOUTS. CETTE PETITE ÉGLISE A ÉTÉ réparée anciennement sur ses premiers éléments, simple comme ses chapiteaux à feuilles d'eau. Le portail est resté intact avec ses trois voussures à dessins géométriques difficiles à définir, l'un dérivé du motif en hache bipenne, le second en navettes traversées d'un ruban, le troisième en boudin croisé d'autres du même diamètre; archivolte en pointes de diamant. Le chapiteau de gauche porte la sirène que les poissons imprudents viennent mordre aux oreilles. Le tailloir de gauche est orné d'entrelacs rustiques, l'autre de damiers.

57 *SAINT - GEORGES - D'OLERON. CE QUI SUBSISTE DU PORTAIL* roman est remarquable malgré la réfection des voussures centrales car restent les deux arcs latéraux aveugles, entre les contreforts-colonnes. Les colonnes ornées, un peu à la façon baroque, de chevrons, losanges et motifs divers et celles simples du centre, se détachent sur l' « opus spicatum » du fond. Les chapiteaux à monstres et à feuillages sont d'une très grande élégance et ciselés jusqu'au détail des écailles des dragons. Une très belle statue en bois du XVIIe siècle représentant la Vierge veut être signalée.

58 SAINT - HIPPOLYTE - DE - BIARD. *ÉLÉGANTE FAÇADE OU LA* division tripartite des églises de l'Ouest s'arrête à l'étage; beau portail à voussure médiane polylobée, encadré de deux arcs brisés aveugles. La corniche qui domine l'arc soutient par quatre colonnes simples ou doubles une haute arcature étroite rappelant celle de Châtres, mais à un seul étage, sous un pignon triangulaire. Un chapiteau à masque de démon engoule la grosse colonne du bas. Chœur refait au XVe siècle.

59 SAINT-MARTIN-D'ARY. CETTE ÉGLISE ASSEZ RUSTIQUE A CONservé ses lignes générales caractéristiques de la Saintonge, qui la rendent plus intéressante que ses détails, d'autant que les quelques sculptures ont été martelées. Façade à portail central avec arcades aveugles de chaque côté, surmonté de sept autres à l'étage. L'abside, simple, n'a que de grands arcs à l'extérieur qui répondent à ceux de l'intérieur. Voûtes détruites.

60 SAINT-PIERRE-DE-L'ILE. *PETITE ÉGLISE BIEN MUTILÉE AVEC* abside romane simple; portail unique soigneusement sculpté de rinceaux gracieusement historiés, Nativité et autres sujets. Bandeaux à têtes de chats continuant les tailloirs ou marguerites. Berceau détruit. Les travées étaient marquées par des colonnes doubles reposant sur des consoles ornées de remarquables motifs : chevaliers à rondaches se combattant à l'épée ou à boucliers pointus attaquant un dragon écailleux, démon, motifs végétaux, marguerites. Les chapiteaux sont aussi fort bien ornés de sujets parfois singuliers comme de crânes d'animaux décharnés à becs de corbeaux. Bref ensemble fort original et intéressant.

61 SAINT - SIGISMOND - DE - CLERMONT. ABBAYE BÉNÉDICTINE de La Tenaille (Notre-Dame). Eglise très ruinée à file de coupoles. La première, réparée au XVIIe siècle, a été remontée en forme de pyramide et sommée d'une tenaille. Façade au rez-de-chaussée avec portail et deux arcades aveugles, dominés par deux étages d'arcatures, celle du bas moins haute que celle du sommet.

62 SAINT-SORNIN. *SAINT-SATURNIN. L'ASPECT DE L'ÉDIFICE, si modifié extérieurement et intérieurement, réserve la surprise d'une coupole raidie par huit nervures appuyées sur des chapiteaux ornés et rustiques, fixés aux angles des trompes et se réunissant autour du trou de cloche. Les fortes corbeilles qui soutiennent le carré du transept sont historiées ou ornées de palmettes. Leur facture est très curieuse et assez primitive; ainsi un personnage et deux lions qu'il maîtrise sont dégagés en réserve dans le calcaire creusé autour des corps et des têtes qui apparaissent ainsi comme nimbées ! Les tailloirs sont habilement ornés de rinceaux. Nef centrale à collatéraux étroits, voûtés en berceaux. Édifice tout à fait exceptionnel.*

63 SEGONZAC. EN ARRIÈRE D'UN MUR DE FAÇADE EN MOELLON appartenant au roman primitif mais embelli d'une porte, d'enfeus latéraux et surmonté d'une arcature aveugle à la fin du XIIe siècle, un clocher-porche à deux niveaux et chapelles latérales ouvre aujourd'hui sur une triple nef gothique refaite aux XVe et XIXe siècles. Ce monument, remarquable par sa structure et les chapiteaux de son premier étage, est surmonté d'un clocher carré à arcatures coiffé d'une flèche à écailles. Des fouilles récentes ont amené la découverte d'un chapiteau peint du XIe siècle et d'une cavité naturelle sous la nef.

64 VAUX-SUR-MER. *ABBATIALE SAINT-ÉTIENNE, FONDATION de Maillezais, vers 1075. L'église XIIe doit son aspect actuel lourd au fait que la nef a été entièrement détruite et que le clocher n'a plus que la base de sa souche primitive, rehaussée depuis. Il ne reste en outre que les amorces du transept et le chœur vaste avec sa travée droite. Il est éclairé de trois fenêtres ornées à l'extérieur, allégé par une élégante arcature haute et raidi par quatre contreforts-colonnes. De riches chapiteaux historiés, Lapidation de saint Étienne, berger (?) à l'ombre d'un arbre, sujet érotique, restent le témoignage d'un bel ensemble.*

SAINTES

La table des planches illustrant ce chapitre se trouve à la page 50.

LES GRANDES ÉGLISES ROMANES DE SAINTONGE

Pour qui parcourt la Saintonge, il est remarquable de constater que les églises sont nombreuses mais de proportions modestes. Pourtant la ville de Saintes, ancienne cité romaine de grande importance comme le prouvent les vestiges recueillis dans son sol et dans sa muraille, trop souvent maltraitée par des destructeurs sans culture, a été par son passé habituée à de vastes édifices, et les monuments antiques que les explorations n'ont cessé de découvrir, montrent que les temples étaient aussi ambitieux.

Or, presque seule, la ville de Saintes à l'époque romane avait gardé le souci de la grandeur. La cathédrale Saint-Pierre fut un édifice imposant dont, sous la reconstruction flamboyante, quelques éléments rappellent l'ampleur. Mais c'est autour du tombeau de saint Eutrope, l'évangélisateur de la province, que devait d'abord se maintenir son souvenir renouvelé plus tard par la découverte du chef du saint, puis se cristalliser le centre attractif de la province; à ce lieu de pèlerinage désormais célèbre, les bénédictins au XIIe siècle surent donner une ampleur remarquable et des dispositions ingénieuses exceptionnelles qui le rendirent digne d'être un grand relais de Saint-Jacques de Compostelle.

Au XIe siècle, la piété d'Agnès de Bourgogne, veuve de Guillaume III le Grand, duc d'Aquitaine et neveu d'Hugues Capet, remariée avec Geoffroy Martel, comte d'Anjou, qui sous ce prétexte s'empare de la Saintonge, détermina la fondation de l'Abbaye aux Dames, comme elle avait assuré la construction de Saint-Hilaire le Grand de Poitiers : d'où la ressemblance des deux monuments.

Une grande partie de l'église est toujours de ce temps, et son augmentation au XIIe siècle en fit, sous ses imposantes coupoles et sa façade ciselée autant qu'un ivoire oriental, un édifice majestueux et délicat.

Mais répétons ici encore qu'une tradition s'est perpétuée d'une manière assez factice. C'est celle de Saint-Jean-d'Angély qui dut sa célébrité au chef de saint Jean-Baptiste. Pour l'installer Pépin d'Aquitaine fonda le monastère en 817. Détruit en 860 par les Normands, on y aurait retrouvé à tort ou à raison la précieuse relique en 1010, ce qui aurait donné l'idée en 1050 d'entreprendre une nouvelle construction qui, par suite sans doute de la présence d'un abbé instable, restait inachevée lors du saccage du monastère en 1234. C'est seulement au milieu du XIVe siècle que fut élevée « l'une des splendeurs du monde », que détruisirent les huguenots en 1568, et la tradition de celle-ci a rejailli sur l'église qui aurait dû la précéder.

Ce n'est donc pas dans ces sanctuaires saintongeais que les architectes ont cherché leurs exemples, mais les sculpteurs y trouvent beaucoup plus de profit; ils s'inspirent aussi, nous le verrons au cours de ce livre, de l'art d'Aunay, qui est dans le proche Poitou, en l'adaptant à leur tempérament. Car c'est de grands modèles que dépendent les édifices secondaires et ceux-ci ne sauraient par définition constituer un prototype.

SAINT-EUTROPE

Le saint apôtre de la Saintonge à la fin du IIIe et au IVe siècle fut honoré assurément dès sa mort au siège de son évêché.

Sans doute, suivant l'usage antique, avait-il été inhumé le long de la voie romaine, puisque c'est près de la route de Saintes à Bordeaux et hors des murs du IVe siècle que nous trouvons fixé son culte.

Les origines de l'église Saint-Eutrope sont enveloppées de contradictions. Grégoire de Tours et Fortunat les expliquent chacun à sa manière (1).

Fortunat, chantant les fastes de l'évêque de Bordeaux, Léontius II (542-564), dit qu'Eutrope apparut en songe à l'un de ses clercs pour lui ordonner de rénover sa basilique ruinée par la vétusté. Une restauration suivit qui donnait une nouvelle jeunesse à l'édifice.

Or l'évêque de Saintes, Palladius (573-597), si l'on comprend bien les textes, voulut édifier un sanctuaire à saint Vincent, peut-être, en totalité ou en partie, sur la première église où reposait l'apôtre des Santons, puisque les travaux mirent au jour sa sépulture. Les fidèles s'enthousiasmèrent alors pour cette découverte et la nouvelle bâtisse garda son ancien vocable, ou bien fut dédiée alors au premier évêque de Saintes dont le culte avait peut-être faibli. Que restait-il de l'église de Léontius ? Avait-elle disparu à la suite des consolidations insuffisantes, masquées par la décoration célébrée par Fortunat, qui décrit les murs revêtus d'images représentant des figures ? Les petites dimensions d'un édifice funéraire furent-elles absorbées par un nouveau plus vaste ? Ou bien l'*ecclesia* primitive de Saintes, fondée par Eutrope, a-t-elle été confondue avec le tombeau du saint ? Il est vraiment impossible d'en décider formellement.

Ce qui paraît certain, c'est que le crâne mis au jour portait à ce moment une cicatrice, d'où l'on conclut que le premier évêque était aussi un martyr, et ses restes furent rassemblés dans une capsa de calcaire ou sarcophage réduit, retrouvé il y a peu d'années dans le sol de l'église basse (inscription gravée vers 600 : EVTROPIVS).

Nous ne savons rien d'autre sur ces constructions, certainement déjà très soignées, mais il est permis de penser qu'un élément décoratif du VIe siècle, découvert non loin, pourrait donner un échantillon des sculptures que l'on pouvait y admirer (2). Cette sorte de frise représente des entrelacs formant une bande, et une série de crossettes parallèles s'en détache. Ce motif rappelle des dessins très analogues que l'on peut remarquer notamment au musée d'Aquileia et datant sensiblement du même temps.

Désormais le sanctuaire de Saint-Eutrope restera fixé sur ce point et ses caractères généraux resteront à travers les siècles ceux d'une église funéraire et d'un lieu de pèlerinage.

La situation de l'édifice, en dehors des murailles de la ville, devait le rendre particulièrement vulnérable aux incursions sarrasines de 731, qui massacrèrent saint Anthème, et franques de Charles Martel qui, pour reprendre Saintes en 735, ne furent pas moins dévastatrices que les disputes de Pépin le Bref contre Waïfre, tué en 768, puis Hunald, en attendant le règne réparateur de Charlemagne. Ensuite, les guerres féodales reprennent, en même temps que les Normands apparaissent plusieurs fois après 845. Si les comtes de Poitou, ducs d'Aquitaine, ramènent un pouvoir fort, la Saintonge, sans cesse contestée entre eux et les angevins à la suite du remariage d'Agnès, veuve de Guillaume III comte de Poitou, duc d'Aquitaine, avec l'angevin Geoffroi Martel, reste le théâtre d'opérations militaires avec faveurs diverses de la fortune jusqu'au troisième quart du XIe siècle, ce qui explique son retard relatif dans les constructions romanes.

En fait, jusqu'à la fin de ce siècle, les textes ne nous apprennent rien de bien net sur les édifices qui se succédèrent en ce lieu.

Le Poitevin de Parthenay, Aimery Picaud, dans son « Guide du pèlerin de Saint-Jacques de Compostelle », à la suite d'une longue histoire légendaire d'Eutrope, nous parle d'une église importante, et, antérieurement à lui, le moine de Saint-Cybard d'Angoulême se souvient d'une crypte petite, mal ordonnée et d'une obscurité presque ténébreuse, ce qui doit se rapporter à l'édifice préroman dont il nous décrit rapidement la reconstruction à la fin du XIe siècle par les moines de Cluny.

A ce moment, la situation politique s'est stabilisée. Le comte de Poitou, Guy-Geoffroi Guillaume, a remis la main sur la ville en 1062. Puis au concile de Bordeaux, le 14 octobre 1079, Boson évêque de Saintes lui demanda l'établissement de religieux à Saint-Eutrope, église qui féodalement était tombée entre les mains du vicomte d'Aunay, et ce dernier accepte. Hugues, abbé de Cluny, obtenait alors au concile de Saintes que Guy-Geoffroy donnât l'établissement à son ordre par une charte qui fut remise le 11 janvier 1081, dans une chambre dépendant de l'église (3). Le grand ordre bénédictin allait répondre aux nécessités des fidèles en élevant, dans le dernier tiers du XIe siècle, un beau monastère autour d'une église vaste et harmonieuse, où pèlerins de Saint-Jacques et dévots de saint Eutrope trouveraient un monument pratique à la fois pour loger les foules et développer des cérémonies édifiantes, grâce à des dispositions particulières surprenantes, que nous allons esquisser avant d'essayer de les dater.

Tout fut repris depuis les fondations, dit le moine de Saint-Cybard qui décrit l'ampleur de la crypte, longue, large et spacieuse, que l'art du constructeur a su rendre à la fois puissante et lumineuse, grâce aux fenêtres ouvertes partout à l'entour.

Cette grande salle basse, à demi souterraine, était seulement le cœur d'un vaste ensemble qui va se développer au cours des XIe et XIIe siècles. La période flamboyante procédera ensuite à des remaniements et à la construction du clocher.

Mais les parties romanes ont été conçues avec largeur et ingéniosité, avec des étagements et des escaliers qui permettaient le déploiement de cérémonies et de processions à l'intérieur même du monument.

Ces dispositions savantes, assurément peu courantes, ne paraissent guère pouvoir être comparées, même de loin, aux plans primitifs de la cathédrale du Puy, ou à quelques églises étrangères à niveaux superposés pour lesquelles des accès, d'ailleurs plus simples, ont été prévus pour parvenir d'un palier à l'autre.

Ce grandiose édifice avait traversé l'incendie allumé par les huguenots en 1568, ainsi que la Révolution, mais en 1803, la toiture de la nef était en mauvais état et la voûte lézardée. Au lieu de réparer ces désordres légers, ce qui, selon Philippe de Brémond d'Ars, aurait pu se faire pour environ 1500 francs de l'époque, le préfet d'alors, Guillemandet, préféra autoriser la population à détruire cette moitié d'un chef-d'œuvre de type unique. La démolition fut exécutée rapidement et de rares sculptures échappèrent à cette transformation en carrière. Les chapiteaux qui sont conservés au musée font regretter par leur beauté et leur originalité ceux qui couronnaient les colonnes des quatre travées.

L'ensemble de l'édifice roman comprenait donc, lorsqu'il fut terminé, les articulations suivantes : une église basse ou crypte formée d'une nef à bas-côtés, avec déambulatoire et trois absidioles, et un transept à l'Ouest comportant aussi une absidiole sur chaque croisillon. Ces dispositions sont reproduites au premier étage et se superposent au plan du vaste sanctuaire à demi souterrain. Mais le but du constructeur fut évidemment de donner à ces deux paliers à niveau intermédiaire, une nef commune qui servirait de lien et de moyen d'accès soit au vaste chœur supérieur, soit à la crypte, grâce à des escaliers montants ou descendants, savamment disposés.

Aujourd'hui, depuis que les édiles saintongeais du Premier Empire ont remplacé par une place bête, le chef-d'œuvre subtil des architectes bénédictins romans – avec le même vandalisme que ceux de Cluny, qui détruisirent la majeure partie de leur admirable abbatiale pour créer une route inutile – il serait bien difficile de se rendre compte des dispositions anciennes sans l'habile et savante étude de l'archéologue Dangibeaud. Grâce à deux plans anciens, à une description à la fin XVIIe de l'ingénieur Claude Masse, et à quelques sondages pratiqués par l'archéologue saintongeais et son collaborateur M. Dupuy, ces excellents érudits nous permettent de comprendre cet édifice exceptionnel qui ferait la joie des touristes et des archéologues.

Pour expliquer l'aménagement des escaliers, supposons-nous sur le seuil de l'entrée, formant une marche par rapport au niveau de l'ancien sol que nous retrouvons à l'intérieur sur un petit espace, avançant de

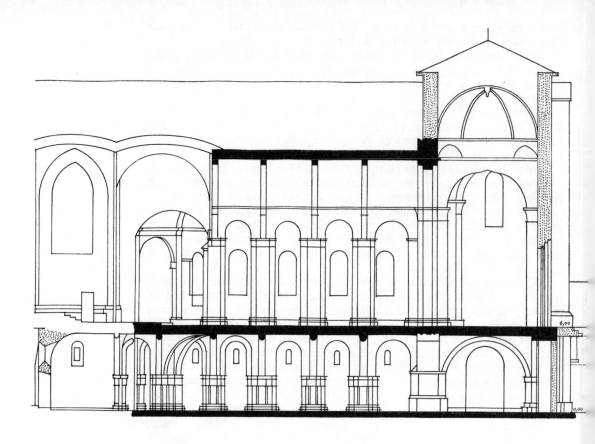

SAINT-EUTROPE
coupe longitudinale
d'après Dupuy

2 m à peu près sur la largeur de l'église à collatéraux séparés du centre par deux files de quatre piliers. On descendait alors par quatre ou cinq degrés sur le dallage qui en cet endroit et sur environ 6 m forme terre-plein de niveau avec toute la longueur des bas-côtés. A partir de là, mais dans la nef centrale seulement, autant de marches descendantes mèneront à 1 m plus bas à un nouvel étage, peut-être un peu en pente, qui conduit à l'escalier de la crypte 2 m au-dessous, cependant que des gradins latéraux, construits entre les trois derniers piliers de la nef, permettent de monter aux collatéraux d'où des degrés partent au Nord et au Sud pour accéder au transept situé à 6 m au-dessus du sol de base.

Par une singularité dont le sens échappe, l'escalier central descendant à l'église souterraine n'occupait que les trois quarts environ de la nef centrale, laissant au bas un bref couloir du côté Nord.

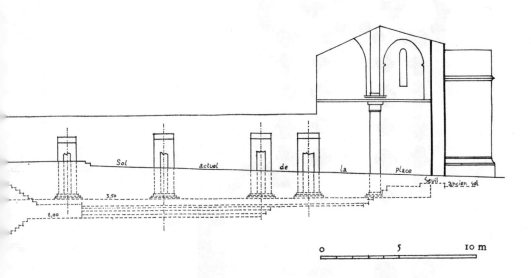

Cet ensemble si vaste, puisqu'il mesurait à l'époque romane, intérieurement, un peu plus de 150 m, n'a pu être exécuté très rapidement et il est certain que le style des chapiteaux, entre la crypte et le transept, a grandement évolué : un demi-siècle environ peut fort bien séparer leur mode décoratif. Cependant celui qui subsiste encore dans le bas-côté vers son extrémité Ouest, reste très simple avec ses feuilles d'eau et peu éloigné de ceux du XIe.

Avec M. Crozet, nous considérons que la description du moine de Saint-Cybard s'applique incontestablement à ce qui nous reste des constructions du XIe siècle, c'est-à-dire à l'église basse et aux parties hautes, de style très analogue, dont l'édification se continuait assurément.

Au cours des travaux pris, avons-nous dit, à partir des fondations (*a fundamentis*) l'habile maître d'œuvre nommé Benoît mit au jour le

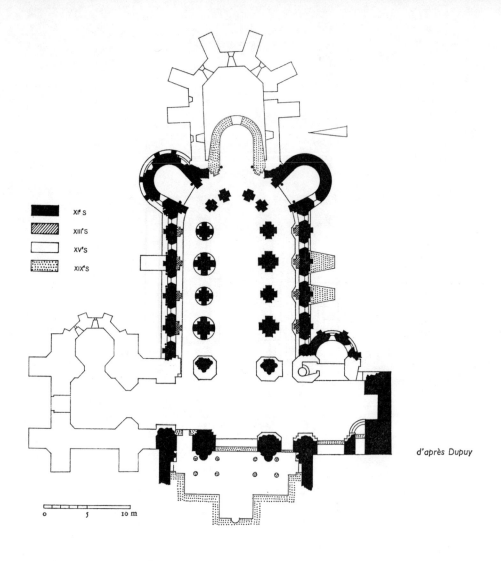

SAINTES
SAINT-EUTROPE
église basse

tombeau de Léontius, l'évêque de Bordeaux, cher à Fortunat. Il paraît bien que les ouvrages devaient avoir atteint une suffisante ampleur à la fin du XIe siècle, puisque à la venue du pape Urbain II à Saintes on pourra lui faire consacrer, le 20 avril 1096, l'autel du chœur de l'église haute et que l'évêque de Saintes, Ramnulfe, répétait cette cérémonie pour celui de l'église basse.

Bien que le passage de grands personnages fût l'occasion de semblables solennités et que, pour en profiter, l'on ait souvent considéré les travaux comme plus avancés qu'ils ne l'étaient, il fallait bien que l'église souterraine fût faite et que celle du haut eût déjà pris figure pour évoquer ainsi les deux autels superposés.

Par ailleurs, en cette même année 1096 avait lieu le transfert grandiose de la capse contenant les restes de saint Eutrope et qui subsiste toujours.

L'imposant sanctuaire à demi souterrain comprenait donc une large nef centrale de quatre travées droites (pl. 3), séparées des bas-côtés par des piliers courts et trapus composés d'un massif cruciforme (carré dans la partie tournante du chœur) terminé par quatre demi-colonnes engagées, quatre autres plus petites occupant les angles (pl. 2).

Alternativement, ces supports sont plus épais et plus minces que les autres, sans doute pour des raisons de solidité. Deux de ces derniers forment l'entrée du chœur en hémicycle, séparé du déambulatoire par quatre autres plus simples puisque quatre demi-colonnes seulement s'y rattachent. Les bases, une gorge entre deux tores fortement accentués, sont d'un type normal.

Des socles circulaires moulurés au chanfrein reçoivent le bas des piliers qui du côté Sud reposent directement sur le dallage (pl. 5). Peut-être s'agit-il de détails disparus aux restaurations gothiques. Ces empattements se retrouveront à travers tout l'édifice aux étages et le plan Dupuy les figure à la nef.

Les chapiteaux remarquables, avec des astragales accentués, présentent de grandes affinités. Qu'ils soient très sobres, surtout pour les moins épais, ou richement sculptés, leur schéma se réduit à deux larges feuilles d'eau terminées par un bouton ou une volute et séparées par un dé de forme variable. Mais pour beaucoup les feuilles sont chargées d'une décoration qui les divise en motifs plus petits (pl. 10), dérivés de la palmette ou de l'acanthe, semblant parfois couper horizontalement en deux la corbeille suivant un principe très fréquent au XIe siècle (pl. 6, 7).

Cette abondance décorative, qui est si différente des types presque carolingiens de Bougneau ou de Saint-Thomas de Conac, fait clairement apparaître, dès cette fin du XIe siècle, le tempérament exubérant de l'art saintongeais, encore un peu lourd et surchargé au point de rappeler des motifs de broderie. Surpris de ces modèles, on a même été jusqu'à émettre l'idée que la plupart de ces chapiteaux avaient été regrattés. Il reste assez de sculptures incontestables pour pouvoir s'y retrouver. Sur les tailloirs bien développés, reposent les terminaisons des voûtes de la nef et des bas-côtés, entre des doubleaux formés de gros boudins moulurés.

Dans les collatéraux, les supports sont remaniés au XIVe siècle, mais beaucoup plus élevés, ce qui raccourcit les retombées des arcs.

En fait, cette voûte qui, de l'entrée, paraît surbaissée, est un berceau à pénétrations, ce qui lui donne l'apparence d'une voûte d'arêtes. Elle est d'un modèle très habile par sa réussite, mais qui porte la marque d'essais. Il fallait à la fois former une base puissante pour supporter l'étage de l'église supérieure, le poids de la voûte, et prévoir les foules qui chargeraient les sols.

Ici on n'a pas voulu accepter la répartition des charges par des épis de colonnes vers le centre, mais on a cherché à garder la disposition d'une nef, en pensant à l'éclairer suffisamment par les collatéraux dont le plafond devait rester assez élevé, pour obtenir plus de lumière en même temps que son épaisseur s'en trouverait diminuée avec le poids.

L'équilibre du berceau central a été trouvé en surélevant, en tas de charge, la maçonnerie supportée par les piliers, jusqu'à faire partir de très haut le cintre des collatéraux qui venait ainsi contre-buter les reins du plafond au point le plus sensible (pl. 4). Les doubleaux latéraux renvoyaient la poussée à l'épais mur goutterot, encore renforcé à l'extérieur par le poids des hautes colonnes supportant une arcature, celle-ci soutenant avec le mur dominé par les modillons, la charge de la charpente.

Pour le déambulatoire, l'architecte soucieux de rendre plus solide un tracé délicat, a bien continué le même procédé. Mais si les trois travées centrales répondaient, à l'opposé du chœur, à l'entrée de l'absidiole Est et aux blocs massifs qui la séparent de ses voisines, les deux suivantes ont chacune vis-à-vis d'elles, à la fois l'ouverture d'une absidiole latérale et celle d'une fenêtre, qui devraient logiquement correspondre à une seule travée du déambulatoire, travée dont un côté du quadrilatère sera beaucoup trop large, donc faible, par rapport à celui qui lui fait pendant. A un arc, du côté du chœur, deux s'opposent donc vers l'extérieur et tous trois vont correspondre à trois pénétrations inverses dans la voûte, ce qui risque de rendre celle-ci très fragile.

Le constructeur a donc eu l'idée de lancer un arc en quart de cercle entre le pilier qui sépare l'absidiole de la fenêtre et le sommet du plein cintre qui lui fait face vers le chœur. Il divise ainsi la travée en deux; ces sortes d'ogives primitives soutiendront le plafond mais leurs courbes ne coïncident pas toujours exactement. On construira donc entre les deux une petite murette qui transmettra les poussées.

De même pour éviter que la clef de voûte de l'arcade du chœur ne soit déversée par cette sorte d'arc-boutant, le diamètre de la nervure sera réduit par rapport aux autres boudins et n'atteindra le claveau central qu'au sommet.

Ces procédés sentent le tâtonnement et sont assurément empiriques. Mais ils indiquent bien la profonde et prudente expérience du maître d'œuvre.

De la nef on pourrait croire que quatre arcs à section rectangulaire soutiennent un cul-de-four d'abside. Or il ne s'agit que de la terminaison des pénétrations destinées à l'éclairage, ainsi séparées les unes des autres et reposant sur les colonnes les plus proches de l'autel.

Les derniers supports qui séparent la crypte du transept ont été empâtés pour consolidation à l'époque gothique, en même temps que l'absidiole centrale et le bas-côté Sud ont reçu des modifications importantes que décèlent aisément la décoration ou son absence.

Le transept a été très modifié lors de l'installation du clocher sur le croisillon Nord. Cependant, quelques détails sont à remarquer. Le large pilier Nord-Ouest paraît intact dans son ensemble. Il limitait sans doute l'escalier de la nef à l'église basse, de ce côté. Il repose sur un socle circulaire suivant le parti pris général dans cette église au XIe siècle. Par ailleurs, il faut remarquer, en guise de chapiteau, la large frise sculptée sous tailloir qui représente une série de marguerites disposées côte à côte (pl. 9), comme sont accolés les médaillons ornant le linteau du portail de Moissac, assurément postérieur, mais où l'on a cru voir aussi l'inspiration de modèles antiques.

Certaines rosaces qui, sur un entablement de temple romain du musée, alternent avec des bucranes, sont cependant d'un type assez lointain. A Saint-Eutrope, le travail est moins fin, mais il est assez usé et reste très décoratif. Il faut remarquer le cœur des fleurs formé par une croix fleuronnée, de type héraldique.

Au reste, de larges rosaces se retrouvent un peu partout en Saintonge, à l'Abbaye aux Dames et en divers endroits, mais elles sont postérieures. Cette frise garnit la face Est du pilier et déborde sur le côté Sud. Au Nord, elle se continue par un motif bien différent mais aussi très soigné; en effet, le bandeau est sculpté de feuilles triangulaires d'acanthes séparées par des motifs en S spiralés, inversés et opposés (pl. 8). Entre la décoration et le tailloir, court tout le long un ruban plissé ou ondulé, plus large sur les marguerites.

Le pilier qui est en pendant au Sud, a été plus largement modifié, postérieurement, par un chanfrein très prononcé, et son ornementation mutilée.

Le chœur du premier étage répète dans son plan, avons-nous dit, les dispositions du rez-de-chaussée. Des trois chapelles rayonnantes, les deux latérales seules subsistent. Voûtées en cul-de-four, elles n'appellent pas de remarques. Actuellement, les réparations du XVe siècle ont remplacé la chapelle absidale et la partie tournante du déambulatoire, jadis à sept travées. Outre les forts piliers qui donnent sur le transept, il en reste deux files de quatre, et les collatéraux conduisent aux deux absidioles latérales.

On ne pourrait, malgré l'analogie des dispositions au sol, renouveler strictement à l'étage la description de la crypte, car l'élévation est bien différente, plus haute, plus aérée, comme il se doit, moins originale, car les problèmes de voûte n'étant plus les mêmes, sont conçus d'une autre façon : les piliers sont rectangulaires, flanqués de trois colonnes seulement, la face donnant sur la nef n'en comportant pas jusqu'à la hauteur des chapiteaux, ce qui devait faciliter l'installation des stalles. Cependant, les deux premiers à l'entrée du transept en possèdent quatre qui sont beaucoup plus épaisses, peut-être pour aider à supporter l'ancien clocher disparu ou à la suite de remaniements, comme pourrait le faire penser au Sud l'épaississement de la colonne Est; de même la sculpture des corbeilles indique une date plus tardive. Comme dans toute église ils reposent sur un socle, ici ovale, ailleurs circulaire, sauf du côté de la nef où pour correspondre à la face dépourvue de colonne, le cercle est coupé au niveau du pilastre.

Cependant, la voûte est un berceau brisé limité par une corniche et reposant sur des doubleaux. Entre ceux-ci et les supports on a donc fait transmettre les poussées par des colonnettes robustes dont la base s'appuie sur une console en encorbellement, prolongeant les tailloirs et les chapiteaux des piliers (pl. 12). Cette disposition, qui n'est pas unique, a conduit à orner ces éléments comme une frise continue, alors que les chapiteaux des colonnes gardent leur individualité.

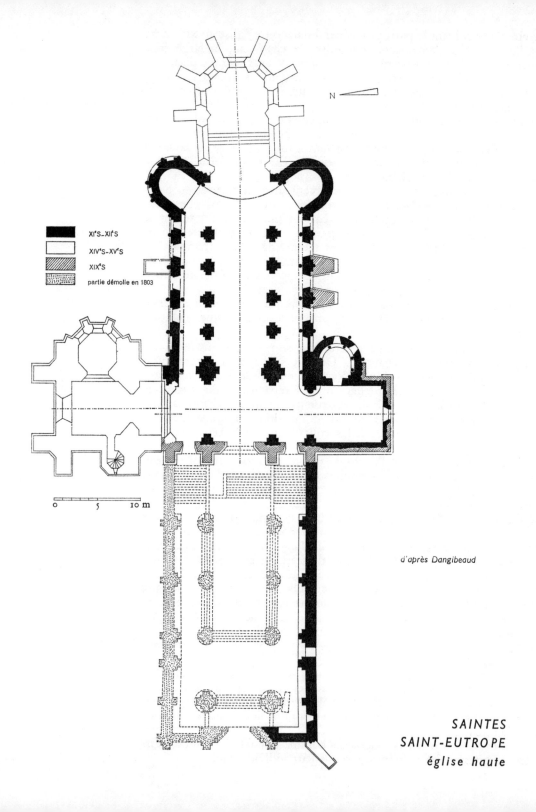

SAINTES
SAINT-EUTROPE
église haute

d'après Dangibeaud

XIe S _ XIIe S
XIVe S - XVe S
XIXe S
partie démolie en 1803

Disons tout de suite que, dans la nef, leur décoration n'est pas une rupture avec celle de l'église basse. Certains motifs sont assez comparables, mais l'introduction de sirènes, d'animaux affrontés, ainsi qu'une taille plus amenuisée des feuillages, indiquent la naturelle évolution de l'œuvre avec l'écoulement du temps. Telle frise à guirlandes végétales disposées en spirale attire spécialement l'attention, quoique sa technique, qui rappelle le trépan, ne soit pas sans analogie avec des feuillages de la crypte. Le XIIe siècle a amené insensiblement et sans rupture un renouvellement des procédés, des formes et des sujets.

Les arcs à doubles rouleaux nous font pénétrer dans les collatéraux éclairés par de larges fenêtres ébrasées, accolées de deux colonnettes soutenant leur arc surmonté d'un oculus qui monte jusqu'à la corniche bordant la voûte (pl. 11).

Celle-ci est un berceau en quart de cercle, ce qui n'est pas exceptionnel en Saintonge ni en Poitou. On veut quelquefois voir, dans ce détail d'architecture, la trace d'influences auvergnates, mais trop souvent ces comparaisons hâtives ne sont qu'une vue de l'esprit et il ne faudrait pas conclure trop vite.

Des doubleaux rampants, épousant la forme de la voûte, reposent à chaque extrémité sur des chapiteaux à feuilles d'eau très simples, soutenus par de hautes colonnes engagées. Les bases de celles appliquées à la muraille sont surélevées par des banquettes.

Le transept nous fait franchir un bond dans le temps par sa décoration bien plus récente, qui ne saurait être antérieure au second tiers du siècle.

Au point de vue architecture, son plan s'établit par une croisée à quatre piliers, ceux de l'Est plus importants, nous l'avons vu, formant un plan carré entre les bas-côtés du chœur et de la nef. Une coupole sur trompes, gravée de la date 1831, couvre cette partie centrale, tandis que des berceaux brisés voûtent les croisillons. Rappelons que celui du Nord n'est plus qu'une salle basse du beau clocher élevé par Louis XI en 1478 et qui se termine à l'Est par une chapelle gothique polygonale. Une seule travée romane, correspondant aux collatéraux, subsiste de ce côté, tandis qu'à l'opposite où se retrouve le détail parallèle, il est suivi d'un autre plus étroit, vers le Sud. Des berceaux brisés sur doubleaux les couvraient. L'absidiole Est demeure également intacte, éclairée par deux fenêtres; au-dessous de son cul-de-four, la muraille s'orne d'une arcature surbaissée avec chapiteaux à animaux affrontés et palmettes.

Les tailloirs portent des demi-disques.

Mais le grand attrait de l'ensemble est fourni par la riche ornementation que l'on admire aux chapiteaux de la croisée du transept et qui fait la célébrité de Saint-Eutrope.

La tendance de la sculpture saintongeaise est plus décorative qu'iconographique et c'est bien ainsi que nous pouvons définir celle que nous trouvons ici. Ces entassements d'animaux, oiseaux et lions, et de personnages (pl. 13 à 19) venus des étoffes et ivoires orientaux, se retrouvent dans l'art roman, ainsi à Saint-Benoît-sur-Loire, et ne sont pas une éclosion spontanée. Ils s'agitent au milieu d'une forêt de lianes exubérantes à petites feuilles d'acanthe, qui remplit le moindre espace vide.

(suite à la p. 85)

TABLE DES PLANCHES

SAINTES

SAINT-EUTROPE

1. Face extérieure Sud du chevet.
2. Crypte : vue de la nef centrale sur le collatéral Sud.
3. Crypte : la nef centrale.
4. Crypte : le collatéral Sud.
5. Un pilier de la crypte.
6. et 7. Chapiteaux de la crypte.
8. et 9. Crypte : deux frises sur les piliers du transept, côté Ouest.
10. Crypte : chapiteau.
11. Église supérieure : bas côté.
12. Chapiteau du transept et partie haute de la travée droite du chœur, côté Sud.
13. Chapiteau du transept : la Pesée des âmes.
14. Chapiteau du transept : Daniel dans la fosse aux lions.
15. à 19. Chapiteaux de l'église supérieure.
20. Musée archéologique : chapiteau provenant de Saint-Eutrope et représentant trois apôtres et le taureau de saint Luc.

ABBAYE AUX DAMES

P. 67 (Planche couleurs). Le chevet, vu du Sud Est.
21. L'église, vue du Nord Ouest.
22. Le clocher.
23. Vue perspective du portail Ouest.
24. Chapiteaux de gauche du portail Ouest.
25. Ensemble des voussures du portail Ouest.
26. Détail des voussures du portail Ouest : vieillards de l'Apocalypse et scène du Massacre des Innocents.
27. Chapiteau du faux tympan de droite.
28. Partie centrale des premières voussures du portail Ouest : scène du Massacre des Innocents, oiseaux buvant dans un calice, Agnus Dei et Main de Dieu portée par des anges.
29. et 30. Détails des chapiteaux du portail Ouest.
31. et 32. Détails des voussures du faux tympan de droite : la Cène.
33. Détail des voussures du faux tympan de gauche : le Christ et les apôtres.
34. Le croisillon Sud du transept.
35. La nef et le chœur.
36. La nef, vue du chœur.

14

15

16

17

18

19

20

24

35

Le principal chapiteau de chaque pilier présente tout de même un thème édifiant. Ici nous reconnaissons Daniel assis, les bras levés, dans la fosse aux lions (pl. 14). Deux de ces félins lui lèchent les pieds. Au-dessus, deux autres l'encadrent, celui de droite a été brisé à l'opposite vers le bas-côté. En face, saint Michel, au Jugement dernier, tient la balance que des démons debout, auprès de lui, voudraient faire basculer du mauvais côté (pl. 13).

Un dernier motif iconographique a été interprété, parfois, comme saint Thomas découvrant la plaie du Christ. Il faut y voir la suite de l'histoire de Daniel : les hommes qui, de chaque côté, parlent à un personnage couronné, assis, doivent être les témoins du miracle qui l'exposent avec agitation au roi de Babylone couronné (pl. 16).

Quand on examine attentivement ces sculptures, on sent bien que les personnages n'ont ici qu'un but secondaire. La sculpture est assez molle, exécutée sans grande conviction. Les animaux sont traités avec amour de même que les feuillages et les marmousets qui les accompagnent. Le tempérament du sculpteur le porte vers ces motifs qui l'amusent. Les lions à crinières disposées en mèches sont dessinés avec une ligne excellente et les aigles paraissent féroces (pl. 17). L'artiste s'égaie et soigne la beauté des courbes.

Les sujets didactiques existent ailleurs, mais nous comparerons surtout le Daniel avec celui de Matha-Marestay (pl. 97), admirable de vigueur et d'expression.

Cette sculpture saintongeaise nous rappelle de très près le décor de l'Angoumois. A la cathédrale d'Angoulême, qui dut être le prototype, dans la région, de ce genre si particulier, où animaux et rinceaux menus s'accordent si bien pour couvrir chapiteaux et frises, nous retrouverons les mêmes schémas, et bien fréquemment dans les églises voisines on pourrait se demander si l'on se trouve devant un chapiteau de l'Angoumois ou de la Saintonge, si la proximité du prototype et la robustesse plus grande dans les sujets de la première de ces provinces et une légèreté plus affirmée dans les rinceaux de la seconde ne donnaient un indice, souvent bien mince.

Saint-Eutrope, dans la sculpture de son transept, est donc une manière de relais de ce genre où les tendances de la Saintonge s'affirment et se retrouvent précisées, avec les modèles admirables où la province viendra s'inspirer.

Prenons au voisinage l'église de Colombiers, dont la plastique moins noble décèle un ouvrier plus vulgaire, nous y reconnaîtrons un pèsement des âmes, disposé bien différemment, mais aussi le même goût de la surcharge et des rinceaux (pl. 135).

A Matha-Marestay, c'est le Daniel dans la fosse qui apparaît dans une statuaire vigoureuse au milieu de lions aux figures sauvages et sinistres (pl. 97). Mais ce prieuré a subi des influences bien diverses et à l'abside plus tardive, l'art d'Aunay s'y reconnaît. Aux chapiteaux ces tailloirs sont ornés de rinceaux moins soignés, exécutés par une main plus rude.

Dans ces grands sujets, l'esprit décoratif, qui souvent envahit même les scènes iconographiques, a été reporté sur les parties hautes et les tailloirs, ce qui rend plus évidents les thèmes présentés sans surcharge de rinceaux.

Il faut remarquer d'ailleurs que la Saintonge n'a guère l'occasion, dans ses petits sanctuaires, d'utiliser des chapiteaux volumineux, puisque les transepts ouvrent sur une nef unique, sans bas-côtés, et que peu d'églises offrent des corbeilles aussi somptueuses.

Il en résulte que cette riche série de volutes s'étale plus souvent sur les façades comme à Notre-Dame de Saintes ou en des frises du type de Marignac.

Nous ne saurions trop regretter la disparition de la façade de Saint-Eutrope. Nous devinons, à travers les descriptions sommaires de Masse et autres spectateurs, qu'il devait s'agir d'un modèle d'allure générale connue, avec de longues arcades superposées, dans le genre de Parthenay-le-Vieux ou de Notre-Dame de Saintes, sous l'une desquelles se dressait le cavalier caractéristique. Des pilastres, comme à Fenioux, avec tourelles étroites ou poivrières de pierre, comme à Notre-Dame de Poitiers ou Saint-Jouin-de-Marnes, devaient encadrer le tout : un zodiaque y était figuré. Mais quelle allure pouvait représenter la sculpture ? Dérivait-elle de celle du transept ? Cela est bien probable, car la façade de l'Abbaye aux Dames n'est pas d'une période tellement éloignée.

Hélas, de la nef, nous ne savons pas beaucoup plus, puisque le seul chapiteau sur lequel nous pouvons épiloguer, est celui conservé au musée archéologique. On y voit trois personnages barbus et chevelus, enveloppés dans de longues robes et des manteaux étroits, pieds nus et portant chacun un livre, regardant un bœuf ailé entre les pattes duquel apparaît aussi un autre livre (pl. 20). S'agit-il du symbole de « l'oiseau de saint Luc » et des trois autres évangélistes ? C'est l'hypothèse qui vient le plus naturellement à l'esprit.

L'analogie des vêtements et de la taille de ces « évangélistes » avec ceux des personnages des chapiteaux du transept, fait penser que leurs dates de fabrication sont très proches et que la nef ne doit pas avoir été conçue à une époque très éloignée. Le peu qui reste du bas-côté Sud, beaucoup plus simple, ne permet pas une indication utile.

Extérieurement, ce qui subsiste en partie de plus suggestif est assurément le bas-côté Nord du chœur, qui souligne bien l'impression d'unité entre les deux paliers (pl. 1). Sous la corniche à modillons, ces hautes arcades plaquées contre le mur, s'inscrivent et se superposent l'oculus, la fenêtre de l'église, puis celle de la crypte.

L'absidiole du chœur procède du même esprit, adapté à un membre moins élevé et polygonal, ce qui donne autour des fenêtres entre de longues colonnes, une petite arcature légère dominant les grands arcs doublant les murs, encadrant ou non des fenêtres, alternativement. La décoration très sobre, losanges ou dents sur les voussures, pointes de diamant ou billettes sur les corniches et les archivoltes, chapiteaux unis à volutes d'angle, voire simples moulures, correspond très bien à la simplicité de la fin du XIe siècle.

L'ensemble est cependant très élégant et donne une impression de richesse. Nous n'insisterons pas sur le côté Sud, très restauré, où le parti pris est le même, avec une décoration plus modeste encore.

La souche du clocher primitif a été remplacée sur la croisée du transept. Nous devinons à travers les textes de Masse que son appareil était taillé en losange.

Concluons donc que Saint-Eutrope, édifice commencé aux dernières années du XIe siècle, fut achevé dans le second tiers du XIIe siècle et présente dans ses parties les plus anciennes, dès le début, une décoration riche, d'origine exclusivement végétale, qui exprimera au cours des travaux le goût plus varié du temps, pour finir par une fantaisie où se développent les courants venus de l'Angoumois et que la Saintonge adoptera.

Église construite par le grand ordre clunisien mais non du type qu'on lui attribue parfois, il sera naturel d'y retrouver une grande richesse d'ornementation, appliquée à un monument aux dispositions exceptionnelles, pleines d'intelligence et sachant répondre aux besoins du lieu : vénération d'un saint apôtre de la Saintonge et organisation de pèlerinages nombreux. En la défigurant par la destruction de la nef, l'Administration du Premier Empire a fait perdre à la province un curieux et très beau monument.

NOTES

1. H. *Leclerq*, Dictionnaire d'archéologie chrétienne et de liturgie, s. v. Saintes.
2. Gallia, *t. 25, 1967, fasc. 2, p. 253, fig. 29.*
3. *Richard*, Comtes de Poitou, *t. 1, p. 343 351.*

DIMENSIONS DE SAINT-EUTROPE

Église basse
Longueur de la croisée du transept : 8 m 10.
Longueur de la partie droite du chœur : 11 m 80.
Longueur du sanctuaire : 7 m 80.
Largeur du déambulatoire : 2 m 80.
Profondeur de l'absidiole Est : 5 m 05.
Longueur totale dans œuvre : 35 m 55.
Largeur de la croisée du transept : 7 m 30.
Longueur du croisillon Sud : 12 m 50.
Largeur du collatéral Sud : 3 m 40.
Largeur de la partie droite du chœur : 7 m 70.
Largeur du collatéral Nord : 3 m 15.
Largeur totale dans œuvre au niveau du chœur : 14 m 25.
Diamètre de la base d'une pile du chœur : 2 m.
Ouverture de l'absidiole Est : 3 m 80.
Ouverture de l'absidiole Nord : 2 m 50.
Profondeur de l'absidiole Nord : 4 m 50.
Hauteur des voûtes : 5 m.

Église haute
Longueur de la croisée du transept : 8 m.
Longueur du chœur roman : 21 m 30.
Longueur du chœur gothique : 12 m 75.
Longueur dans œuvre de la partie subsistante : 42 m.
Largeur de la croisée du transept : 7 m 65.
Longueur du croisillon Sud : 14 m.
Longueur du croisillon Nord : 16 m.
Longueur dans œuvre du transept : 37 m 65.
Largeur du collatéral Nord : 3 m 20.
Largeur du chœur roman : 7 m 80.
Largeur du collatéral Sud : 3 m 15.
Largeur totale dans œuvre au niveau du chœur roman : 14 m 15.
Largeur du chœur gothique : 7 m 40.
Diamètre de la base d'une pile du chœur roman : 1 m 70.
Diamètre de la base d'un pilier du transept : 2 m 95.
Profondeur de l'absidiole Nord : 4 m.
Ouverture de l'absidiole Nord : 3 m 70.
Hauteur de la coupole du transept : 14 m 20.
Hauteur de la voûte du chœur : 10 m 30.
Hauteur de la voûte du collatéral : 8 m 50.
Hauteur de la voûte du croisillon Sud : 13 m 30.

SAINTE-MARIE DE L'ABBAYE AUX DAMES

L'art roman, à son apogée, n'a rien produit de plus accompli que l'église de l'Abbaye aux Dames. Mais celle-ci n'est pas arrivée à la perfection du premier coup.

Nous sommes d'ailleurs bien mal renseignés sur les monuments qui se succédèrent pendant le haut Moyen Age sur la rive gauche de la Charente, c'est-à-dire à l'extérieur de la ville romaine. Les fouilles de l'architecte Gouverneur, lors de la restauration du sanctuaire vers 1939-1940, à la veille de la guerre, prouvèrent qu'en dehors de quelques murailles gallo-romaines sans rapport avec lui, aucun édifice religieux n'exista antérieurement à cet emplacement.

A travers les brumes du passé et les arcanes des cartulaires, nous devinons, aux environs proches, l'existence d'une première communauté de femmes à laquelle pouvait appartenir une église de forme ronde, « Sancta Maria Rotunda », hélas disparue, probablement située entre notre édifice et Saint-Palais, et où peut-être saint Martin, disciple de celui de Ligugé, aurait pu être enterré (?).

Il faut se reporter à l'époque où Agnès de Bourgogne, veuve entreprenante de Guillaume le Grand, comte de Poitou, s'était remariée avec Geoffroy Martel, comte d'Anjou – et, de ce fait, apportait assez singulièrement, pour un temps, la Saintonge à cette dynastie – pour voir sans doute regrouper les fondations éparses, et, avec l'accord de leurs divers ayant-droits, rénover l'antique moutier par la venue de religieuses bénédictines.

Sous les auspices d'Agnès, qui devait plus tard y prendre le voile, non sans garder certaines prérogatives mondaines, une grande église fut alors édifiée, dont nous savons qu'elle fut consacrée le 2 novembre

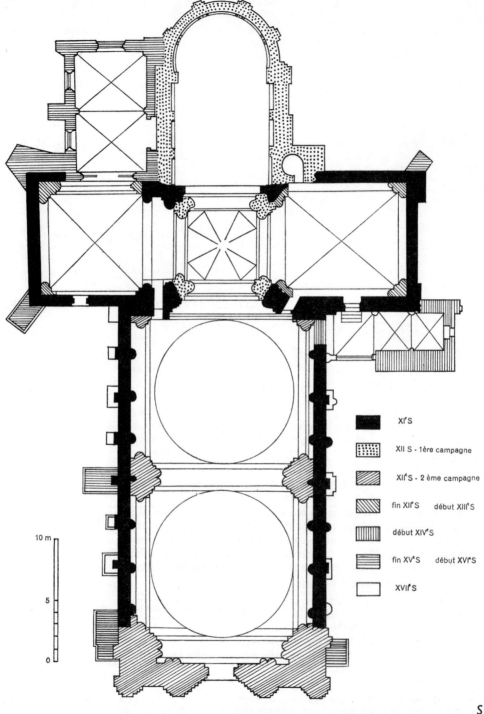

SAINTES
NOTRE-DAME

1047 avec une grande solennité, et en présence de nombreux seigneurs et prélats.

Ce vaste monument (la distance entre les côtés de la nef, à l'intérieur, mesure 15 m 68) dont les murs subsistent en grande partie, était d'un type assez classique dans l'Ouest de la France à cette époque. Il nous est bien connu grâce aux fouilles déjà citées.

C'est le plan basilical avec nef à collatéraux de sept travées, large transept simple, une absidiole par croisillon, avec une étroite croisée, chœur en hémicycle simple peu profond. Le bâtiment n'a pu être couvert que de charpentes : les murs goutterots peu épais, raidis de façon insuffisante par l'arcature qui encadre les fenêtres, et mal étayés par des contreforts, le petit appareil là où il subsiste, notamment au transept, quoique régulier et léger, n'auraient pas résisté à la poussée des voûtes assurément plus pesantes.

Ces charpentes semblent avoir été peu élevées à l'Est, si on constate la faible hauteur où subsistent les chapiteaux du temps de la construction, au carré du transept.

L'aspect général de cet édifice, avec ses dispositions simples, son petit appareil et les fenêtres à claveaux étroits, sa couverture en charpentes, prolongeait au XIe siècle les traditions de la construction carolingienne. Ce que corroborent quelques détails sculptés : un chapiteau de la croisée du transept et quelques remplois de la façade en forme de marguerites ou de nattes.

C'est, au moins pour ce que nous pouvons en constater encore, la caractéristique d'une église, un peu plus vaste seulement, élevée au même moment sous les mêmes auspices de la comtesse Agnès, Saint-Hilaire-le-Grand de Poitiers, dont les vastes croisillons et, peut-être, des parties de la nef subsistent, conservés malgré ses adjonctions postérieures.

Mais des modifications importantes devaient être apportées au sanctuaire, avec le désir de l'embellir et de se mettre au goût du XIIe siècle : l'allongement du chœur et de la nef, le problème de la voûte, l'établissement d'un somptueux clocher, la reconstitution d'une façade digne du goût de la Saintonge pour la sculpture, les caractérisent.

Peut-être l'abondance du recrutement obligeait-elle aussi à son agrandissement.

L'identité de l'architecte chargé de cette rénovation est connue depuis longtemps par son épitaphe en vers hexamètres, copiée par D. Estiennot en 1675, retrouvée lors des restaurations, puis étudiée par le chanoine Tonnelier (1) :

A BERENGARIVM TEGIT HIC LAPIS INCINERA
                                        TUM
ARTE MONASTERIVM CVI FVIT EDIFICA
QVEM PETRA DEFVNCTVM CELAT COELARE VOLE
                                        BAT
PETRAS CVI PETRVS PETRA DEO ANTE FAVE

Hélas cette pierre recouvre les cendres de Béranger.
C'est par son art que ce monastère fut construit.
Celui qu'une pierre recouvre maintenant qu'il est mort voulait sculpter les pierres. C'est par sa pierre que Pierre auparavant rendait gloire à Dieu.

Il faut donc en conclure qu'il mourut avant d'avoir pu sculpter l'édifice élevé vers le second quart du XIIe siècle. Le Pierre qu'il aurait aidé auparavant à glorifier Dieu, serait l'évêque de Saintes, Pierre de Confolens, qui éleva la cathédrale entre 1117 et 1127. Après sa mort, suivie d'une succession d'évêques sans relief, Béranger serait passé architecte de l'Abbaye aux Dames, et mort vers le milieu du XIIe siècle.

Reste à savoir quelle fut sa part dans la construction qui reste debout. D'après le plan de l'architecte Gouverneur relevé en 1939, il semble donc que le travail commença par l'allongement du chœur et la réfection des absidioles, aujourd'hui détruites; une travée droite, voûtée en berceau brisé d'environ 8 m, précède maintenant l'hémicycle reporté 4 m plus loin et recouvert d'un cul-de-four. De hautes fenêtres l'éclairent. Il a fallu les restaurer intégralement. Leur ébrasement intérieur s'ouvre par deux colonnettes qui supportent l'entrée de l'arc. Elles sont encadrées de plus par des arcades qui reposent sur des colonnes avec chapiteaux placés comme les précédents, au niveau des impostes.

Les dispositions pour élever le clocher durent suivre de peu ces travaux, puisque l'escalier pour y monter paraît prévu en même temps dans l'angle Sud-Est du chœur et du croisillon.

En même temps il fallait épaissir considérablement les piliers d'angle du transept pour supporter cette lourde tour et sa flèche. Ainsi les massifs primitifs furent doublés par des piliers, contre lesquels s'adossaient les colonnes à chapiteaux ou tailloirs, destinés à recevoir les doubles rouleaux du carré, entre lesquels seront lancés les éléments de la coupole octogonale sur trompes (pl. 35).

Les croisillons durent probablement attendre l'époque gothique pour être voûtés d'ogives (pl. 34). Rien ne permet de penser qu'au XIIe siècle un berceau les ait recouverts.

Mais le problème le plus délicat devait être le voûtement de la nef puisqu'on partait d'un édifice léger, soutenu par des colonnes simples ; et les murs gouttereaux, même doublés par une arcature, ne pouvaient répondre aux exigences du temps, à savoir remplacer le bois par la pierre incombustible, en évitant les poussées des berceaux. La surélévation des murs, sans procédé confortatif, montre à l'extérieur les niveaux de petit appareil et quelques modillons du premier monument, ce qui ne donnait pas la solution.

Le fait certain, c'est que la longueur de la nef fut portée à deux fois sa largeur sensiblement, soit un peu plus de deux carrés égaux. Peut-être songea-t-on d'abord à conserver le plan basilical, si fréquent dans l'Ouest pour de grands édifices, puisque deux fois deux demi-colonnes furent appliquées contre la nouvelle façade, mais leur axe commun ne coïncide pas avec celui des colonnades primitives de la nef et les fouilles n'ont pas révélé de supports correspondants, malgré l'arrachement que l'on remarque au sommet des fûts accolés à l'envers de la façade.

D'ailleurs, il eût fallu reconstruire ou étayer singulièrement les murs gouttereaux pour adopter ce parti. Celui de couvrir par deux coupoles, selon un procédé cher à l'Angoumois et au Périgord, l'espace si évidemment adapté, s'imposa donc. L'abandon du projet de trois vaisseaux coïncida-t-il avec la mort et la succession de Béranger, ou l'avait-il déjà adopté et entrepris ? Il est difficile de le dire.

Il faut aussi se souvenir que le plan établi au XVIIe siècle par le minutieux topographe Masse, note, outre la base continue qui les étrésillonnait, l'emplacement des colonnes disparues alors depuis six siècles. Paraissaient-elles dans le dallage ou leurs files étaient-elles encore utilisées sur une certaine hauteur pour guider l'ordre des cérémonies ? L'énigme reste entière.

Toutefois, puisque deux coupoles vont se succéder, elles exigent géométriquement la place de deux diamètres, déjà déterminés par la largeur de la nef, plus celle des épais doubleaux qui, à l'Est, à l'Ouest, et au milieu, les supporteront, ce qui dépasse la longueur de la nef du XIe siècle et obligera à reconstruire la façade occidentale un peu plus loin, en cette période médiane du XIIe siècle où l'art de la province est à son apogée.

Ces lourds pilastres, accolés aux murs, allégés par des colonnes engagées, sont assurément l'inconvénient de ce genre de voûtement (pl. 36). Toutefois, ils sont construits à une époque où l'expérience du procédé est faite et permet d'en masquer les encombrements autant que possible.

Le passage au transept, qui n'a pu maintenir l'arcade haute continuant les collatéraux ici absents, malgré les petits couloirs qui utilitairement les remplacent (on ne voit pas la raison pour laquelle celui du Sud est oblique par rapport à l'axe de la nef), forme ainsi un lourd massif appareillé qui rejette au loin la présence du chœur et en diminue en apparence les proportions.

La décoration des chapiteaux, à feuilles d'acanthe dentelées du XIIe sortant de gaines unies, s'accorde bien avec les feuilles d'eau restées du XIe siècle et couronnant l'arcature : celle à végétaux légers des archivoltes, l'échiqueté à la base des coupoles, tout cela reste élégant et plein de discrétion.

Avant de quitter l'intérieur si sobre du monument, regrettons l'absence des coupoles elles-mêmes qu'il faut imaginer, puisqu'elles tombèrent après un incendie en 1648, et furent maladroitement remplacées alors par une voûte d'ogives qu'on acheva de détruire lors des restaurations en 1937.

Avant d'étudier les riches parties décoratives de l'extérieur, remarquons encore la sobriété interne réservant à Dieu seul l'attention des esprits, qui se concentrent mieux dans un cadre harmonieux et sans fantaisie dispersante.

Sommairement, nous ferons aussi le tour de l'édifice où nous constatons partout où subsiste la structure laissée par l'édifice du XIe siècle, une ligne très sobre : sur les murs gouttereaux, doublés par une arcature qui forme des contreforts légers, alternent au Sud piliers et colonnes engagées. Souvent, ces supports trop légers ont dû être doublés ou repris.

A l'hémicycle, les fenêtres (celle de l'axe plus grande) ont été reconstruites et sont encadrées aussi par une arcature moulurée dont les supports s'unissent en formant contreforts-colonnes avec ceux plus épais qui montent jusqu'à la corniche simple du sommet. Au-dessus, un petit mur supporte encore la toiture (pl. coul. p. 67).

Nous avons remarqué les proportions restreintes du carré du transept, rétréci par les lourds piliers soutenant une coupole sur trompes. Le puissant clocher, qui repose sur ces massifs, est assurément majestueux (pl. 21). Il faut l'examiner du Sud-Est, derrière l'abside, et voir la ligne des colonnes de celle-ci se poursuivre par celles qui atteignent la tour. Un étage carré, limité par une corniche à modillons moulurés, repose sur la souche de même forme, mais il est orné d'arcades plein cintre sous lesquelles s'ouvrent, vers l'Est, trois fenêtres. A l'intérieur de cette salle, dans les angles, quatre trompes permettront de soutenir le socle sur lequel s'établira la tour, octogonale à la base, cylindrique en haut, largement éclairée par huit fenêtres doubles et que couvrira une flèche conique couverte d'écailles.

Cette admirable silhouette est répétée sur les angles extérieurs de l'étage carré, comme un écho affaibli, par de petits pyramidions en forme de clochetons cannelés à flèches en écailles terminées par un bouton, et à dimensions encore réduites par trois colonnettes de même profil qui les flanquent. Ces répliques élégantes et ingénieuses stabilisent les trompes et les angles de la construction.

L'ensemble est soigneusement orné, sans surcharges. C'est le type de ces clochers très originaux, quoique assez rares, de l'Ouest, à flèche en cône relativement court et un peu ovoïde, que l'on retrouve à Notre-Dame la Grande et qui exista jadis à Montierneuf de Poitiers, où il est partiellement détruit. Ces flèches à écailles furent probablement plus nombreuses et on les retrouve en Angoumois, par exemple, mais souvent plus simples et plus aiguës; elles servent plus souvent encore de couronnement aux clochetons de façades ou d'escaliers, comme à Notre-Dame la Grande ou à Lusignan, ou sur les lanternes des morts, comme à Fenioux (pl. 66).

Une décoration géométrique, losanges, dents de loup, besants vigoureusement découpés, cerne les voussures des arcades et des fenêtres, uniques ou jumelées.

Tous ces arcs reposent sur des chapiteaux plus simples au second étage, plus ornés sur le premier où ils reposent à l'extérieur sur des colonnes jumelées. Les motifs sont ceux de l'art saintongeais du XIIe siècle : feuillages, volutes où jouent des chimères ou de petits personnages; ici un homme en tunique pourfend d'une épée un monstre, là un aigle aux ailes étendues garnit la corbeille, ou bien c'est une néréide à deux queues, ou des lions à face humaine; ailleurs les Saintes Femmes au tombeau, le Pèsement des âmes, et ce motif cher à l'iconographie saintongeaise : un unijambiste qui enfonce sa jambe de bois dans la gueule d'un monstre.

Cependant ces sujets se détachent plus clairement et sont d'un art plus apaisé que ceux de la façade.

Remarquons enfin qu'un dernier reflet du décor antique, si florissant au temps du Saintes gallo-romain, se retrouve dans les cannelures sculptées sous les bases de colonnes des fenêtres ou sur les pyramidions.

Les grandes lignes de la façade sont celles de beaucoup d'églises de l'Ouest, qu'elles soient à collatéraux ou à une seule nef. En effet, elles sont encadrées par de hautes colonnes, et deux autres les divisent en trois registres entre lesquels sont lancés deux étages de voussures (pl. 21).

Au rez-de-chaussée, une porte centrale est ainsi accompagnée de deux fausses portes, et à l'étage une seule fenêtre centrale éclairait l'église.

La décoration, telle que nous la connaissons actuellement, et encore très riche, n'est cependant pas intacte : les pignons ont été refaits en grande partie, à la suite de l'incendie de 1648.

Par ailleurs, les mutilations des huguenots et l'état d'abandon et de vétusté où le monument a été laissé à la suite de la Révolution, sa transformation en bâtiments militaires au XIXe siècle, qui ont obligé à une restauration très détaillée, devenue indispensable pour reboucher par exemple les portes et fenêtres ouvertes dans les arcades latérales aveugles, ont à peine laissé subsister des traces de la décoration jadis sculptée sur toute la façade et dont de pauvres documents, des dessins vagues et une photo insuffisamment précise par suite des mutilations, ne sauraient rendre un compte exact. L'aspect général devait être assez analogue aux dispositions de Civray, avec des statues garnissant les écoinçons des arcades et occupant celles-ci parfois sur deux registres; mais il est difficile de préciser. Une seule de ces statues sans tête est aujourd'hui fixée à l'angle Sud du pignon et nous ne saurions même pas dire si celui-ci était triangulaire ou horizontal.

Cependant, il est un sujet disparu dont l'existence, sinon l'emplacement, est certain. C'est le cavalier si fréquent aux façades des édifices de l'Ouest, qui continue à faire couler beaucoup d'encre. Si Notre-Dame est spécialement intéressée dans cette polémique, c'est qu'un texte du cartulaire de l'abbaye mentionne au milieu du XIIe qu'un personnage, du nom de Guillaume David, spécifie qu'il veut être enterré « *sub Constantino de Roma qui locus est ad dexteram partem ecclesie...* ». En fait, le cavalier, dont l'existence est attestée notamment par une photographie du cabinet des Estampes antérieure aux restaurations, se voyait sous l'arcade du premier étage, à gauche, ce qui semble prouver que la dextre de l'église est prise dans le sens liturgique et héraldique, inverse de celui du spectateur. Il s'agissait donc bien du « Constantin de Rome », acception sans doute courante pour rappeler la statue de bronze de Marc-Aurèle qui se dresse toujours sur la place du Capitole, prise alors par les pèlerins pour celle du premier empereur chrétien.

Les mutilations diverses et les restaurations qui ont essayé de garder à l'ensemble de la façade sa physionomie générale ont, du moins, laissé la riche ornementation des voussures et des chapiteaux qui les soutiennent (pl. 23). Nous regarderons plus spécialement l'arcature intérieure, celle du premier étage offrant une décoration géométrique relativement simple et sans intérêt iconographique avec chapiteaux à feuillages.

La porte aux voussures multiples se développe harmonieusement entre les deux arcatures latérales aveugles à un seul rang de claveaux sous une archivolte.

L'iconographie, à défaut de celle qui fut détruite par les huguenots, s'est réfugiée dans les voussures, les unes à section carrée, les autres cylindriques, ce qui permet une disposition plus facile de la sculpture (pl. 25).

Au centre, quatre rouleaux sont séparés par des tores ciselés richement (pl. 28). Directement au-dessus de la porte, la première voussure figure la main divine bénissant ceux qui entrent. Elle est encadrée d'un nimbe porté et accompagné par six anges ailés, nimbés et gracieusement vêtus.

L'étage au-dessus porte l'Agneau et la Croix entre les quatre symboles des évangélistes. Puis toute une archivolte est consacrée au massacre des Innocents où alternent bourreaux avec des épées, enfants martyrs et mères suppliantes et échevelées. Les vieillards de l'Apocalypse, alignés, un par claveau (p. 26), dominent cet ensemble magnifique à détailler, mais un peu confus par la minutie des sculptures, presque aussi chargées qu'un ivoire oriental avec les rinceaux multiples entre les voussures, parmi lesquels courent et se disputent dragons, animaux et putti.

Toute cette ciselure se continue sur les chapiteaux, assez chaotiques par leur encombrement, où hommes, lions et oiseaux luttent suivant une composition très saintongeaise (pl. 24, 29, 30).

Les arcs latéraux ne comportant qu'une rangée de claveaux et l'archivolte sont plus aisément discernables. Celui du Nord doit représenter sans doute l'Ascension sous une disposition exceptionnelle adaptée au sens de l'arc.

De ce fait, le Christ, figuré horizontalement, mais reconnaissable au nimbe cruciforme, y est entouré d'anges dans des rinceaux (pl. 33).

Au Sud, la Cène, avec un poisson sur la table, est plus aisément identifiable (pl. 31 et 32), mais comme le nombre des claveaux dépasse celui des assistants, il a fallu ajouter quelques sujets complémentaires, atlantes ou grotesques fantaisistes. La nécessité de reboucher les fenêtres percées dans les arcatures aveugles a obligé à restaurer intégralement les petites corniches qui rejoignent les tailloirs des chapiteaux.

Il faut remarquer le profil au menton un peu fuyant des physionomies sculptées, ainsi très caractéristiques.

Tel est cet édifice dont la construction, héritière tardive, à ses débuts, des procédés antiques avec son modeste appareil, a su, au fur et à mesure de son développement, assimiler les découvertes de l'art roman pour s'achever par une fleur admirablement épanouie, cette rose mystique où un sculpteur, à âme de ciseleur ou de miniaturiste, a su faire vivre dans la pierre de taille tant de scènes tirées des Évangiles ou de l'Apocalypse. Et avant de quitter ce monument attachant, si dévasté jadis, signalons la remarquable tête de Christ retrouvée au cours des travaux et fixée maintenant devant le pilier Sud-Ouest du transept.

La richesse et l'amour de la minutie décorative se retrouveront à un certain point dans quelques églises dépendantes de l'Abbaye aux Dames : Corme-Royal et Pont-l'Abbé-d'Arnoult par exemple.

NOTE

1 L'architecte Béranger d'après son épitaphe, *dans* Bulletin de la Société des antiquaires de l'Ouest, *1970*.

DIMENSIONS DE L'ABBAYE AUX DAMES

Extérieur

Largeur de la façade : 17 m 70.
Largeur du portail, voussures comprises : 6 m.
Largeur du portail à l'entrée : 2 m 50.
Profondeur du portail : 2 m 50.
Largeur des faux portails : 3 m 40.
Longueur hors œuvre : 60 m.

Intérieur

Première travée Ouest de la nef, dans œuvre : 15 m 77.
Deuxième travée Ouest de la nef, dans œuvre : 16 m 20.
Croisée du transept : 7 m.
Longueur du chœur : 16 m 75.
Longueur totale dans œuvre : 55 m 72.
Largeur de la nef dans la première travée : 15 m 68.
Largeur du chœur à l'entrée : 8 m.
Longueur du croisillon Nord du transept : 12 m 20.
Longueur du croisillon Sud : 11 m 90.
Largeur des croisillons : 9 m 70.
Longueur totale du transept : 31 m 10.
Hauteur de la coupole tronquée de la première travée Ouest : 13 m 80.
Hauteur de la voûte du chœur : 11 m.
Hauteur de la coupole à la croisée du transept : 15 m 40.

DU ROMAIN AU ROMAN

La table des planches illustrant ce chapitre se trouve à la page 116.

DU ROMAIN AU ROMAN ET L'IMPRÉGNATION CAROLINGIENNE

Il serait bien difficile de donner une classification des églises par leur âge. Beaucoup ont été fondées aux premiers siècles du christianisme, mais le développement du culte, les malheurs des invasions normandes, les guerres féodales, les hasards des incendies, la mode enfin, ont amené à relever les ruines, à développer ou agrandir de modestes sanctuaires.

Il faut penser aussi que les architectes ont presque toujours cherché, par souci utilitaire et économie, à conserver les parcelles des murailles qui pouvaient entrer dans leurs nouveaux desseins. Il suffit d'examiner la base du mur de Fenioux pour voir le petit appareil servir d'assise aux édifices préromans et romans qui ont succédé.

D'autres églises conservent, sous leur pavage, le plan de la modeste *cella* paléochrétienne ou mérovingienne. Ainsi à Mornac-sur-Seudre, où nous avons seulement pu obtenir que la petite nef avec, dans son hémicycle, le siège de l'officiant, fussent noyés dans le sable, mais non qu'ils soient visibles.

L'église de Thaims est l'exemple d'un édifice chrétien fondé dans le balnéaire d'une villa romaine, qui a conservé en remplois dans sa maçonnerie l'image des idoles : Bacchus, dieu du panthéon classique, Épona, divinité rustique... Les arcatures de la construction primitive ont été englobées dans les maçonneries mérovingiennes et carolingiennes et le tout aboutit à un chœur roman délicatement historié.

Il y a en Saintonge d'autres édifices dont le parfum d'archaïsme surprend au premier abord, mais explique l'unité de base de leur architecture et de leur décoration très stylisée, surtout dérivée des feuillages antiques, avec de rares animaux méplats ou des entrelacs : ainsi Bougneau,

Saint-Thomas de Conac et Sémillac. Ces types, tous situés vers la Gironde, n'ont pas été uniquement limités à cette région et nous en avons retrouvé de plus ou moins analogues en divers endroits de la Guyenne et au Sud du Massif central. Assez différente dans son architecture est la petite église de Consac, elle aussi très primitive.

Nous sommes bien loin des sculpteurs de l'Abbaye aux Dames ou de Fenioux, mais l'ingénieuse rudesse des colonnades de Bougneau n'est pas sans grâce.

Au bord de la route de Saintes à Talmont, au-dessus des marais verdoyants de la Vieille Seudre, l'humble église de Thaims paraît très simplement être l'une de celles qui perpétuaient la foi chrétienne à travers la campagne (pl. 37). Elle n'attire pas, à première vue, par la richesse apparente de sa structure. Pourtant elle est l'un des rares sanctuaires de Saintonge qui ait laissé sa trace dans les textes. Nous savons par le pseudo-Turpin que Charlemagne y passa, et le cartulaire de Notre-Dame de Vaux nous apprend qu'elle fut donnée à cette abbaye, elle-même dépendance de Saint-Pierre de Maillezais, vers 1096, par Boson Bérenger et Guillaume Bernard en présence de l'évêque Ramnulphe.

Mais son intérêt principal se révèle tout autre : elle a subi au cours des âges les vicissitudes nombreuses auxquelles son terroir a été soumis et en porte précisément le témoignage émouvant, depuis que les premiers fidèles gallo-romains installèrent le culte naissant dans l'une des salles de leur villa. Comme en beaucoup d'endroits, subsiste une partie du balnéaire sous-jacent, connexe à d'autres éléments d'habitation; il a été mis au jour par le chanoine Tonnelier, qui a étudié son église avec une grande et clairvoyante érudition. Tout près devait se trouver l'antique laraire désaffecté. De ses ruines oubliées proviennent sans doute cette plaque de calcaire représentant Épona, déesse protectrice des écuries, tenant un cheval par la bride, et ce bas-relief de marbre blanc, usé par le vent de mer, qui depuis des siècles était fixé au Nord de la façade avec l'illusion fallacieuse de figurer le martyre de saint Pierre ! une connaissance archéologique plus certaine permet d'y reconnaître une œuvre antique de bon style, le pressoir de Bacchus, qui sert de piédestal au dieu

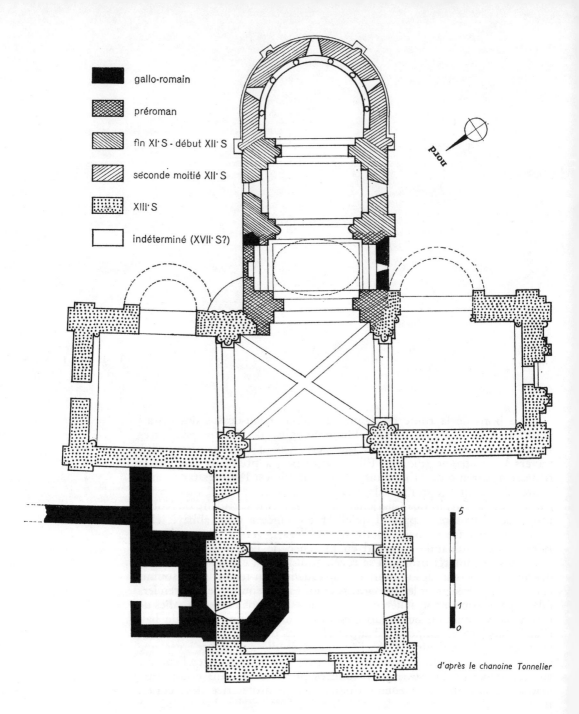

païen. Son levier est actionné par des bacchantes aux robes flottantes portant des thyrses enrubannés, Silène et un génie ailé comme la Victoire de Samothrace. Au bas, des esclaves puisent le vin.

Thaims, situé alors au bord du littoral envasé depuis, fut-il le port de Tamnum dont on cherche toujours l'emplacement ? L'hypothèse fragile reste non vérifiée.

Selon une économie fréquente, on a gardé dans les murs des édifices du Moyen Age les éléments solides de ceux qui les précédèrent. C'est pourquoi nous retrouverons sur une hauteur qui atteint et parfois même dépasse 2 m 50, la muraille romaine parfois noyée dans les maçonneries postérieures, mais qui reste visible tantôt à l'extérieur, tantôt à l'intérieur.

Du côté Nord du clocher, en particulier, en dehors, une arcature à claveaux étroits extradossés sur pilier de petit appareil allongé, et qui se retrouve du côté Sud, sert de support à la maçonnerie carolingienne surmontée d'une souche romane couronnée d'un glacis amenant à un étage polygonal restauré sous les vestiges d'une flèche détruite.

L'étape mérovingienne, qui a dû être nécessitée par l'étroitesse du premier local, n'est plus guère représentée que par des remplois portant des graffiti, mis sans ordre et dont l'un représente un animal contourné, l'autre, plus compliqué, figurant saint Pierre dans sa prison, à côté d'un gardien assis, puis libéré avec un geste de joie. Le patronage de l'église étant celui de saint Pierre aux Liens explique ces dessins énigmatiques au premier chef, et qu'on voit près du sommet du mur Est du croisillon Nord, au pied duquel ont été retrouvés des sarcophages de même époque.

Cette série de périodes diverses se complète encore lorsqu'on veut définir le plan de l'église : une nef de deux travées, suivie d'un transept, autrefois chapelle en hémicycle, le tout refait au XIIIe siècle, voûté en berceau brisé (1), sauf la croisée couverte d'ogives. Nous n'y insisterons pas. Le clocher dont nous avons déjà parlé, voûté d'une coupole ovale sur arcs destinés à doubler les murs minces, repose sur la première des deux travées droites du chœur, comme à Bougneau. Terminées primitivement en demi-cercle, elles furent prolongées à partir du milieu du XIIe siècle par une troisième en hémicycle. Lors de cet allongement tout le chevet a été revêtu d'une gracieuse galerie simple sous une corniche à modillons, mais la reprise de la partie tournante se reconnaît à l'appareil.

A l'intérieur, l'ornementation des tailloirs et des chapiteaux mérite qu'on s'y arrête tout d'abord. Sous le clocher, l'arc d'entrée du chœur est supporté par des impostes ou tailloirs seulement gravés de nattes ou d'oves schématiques.

Il est assez difficile de préciser la date de ces dessins préromans, sommaires, cependant la natte est un motif très employé à la période carolingienne.

La travée droite du chœur (pl. 39) possède, sous le doubleau qui la sépare du clocher, deux lourdes corbeilles à décoration méplate sous abaques striés aussi sommairement. Ces sculptures ne doivent pas être de beaucoup postérieures aux tailloirs précédents. L'une représente l'Agneau pascal sous un monstre dont la même tête sert à deux corps allongés, l'autre deux lions (?) affrontés.

Les divers chapiteaux des travées droites sont d'un type plus courant dans la première moitié du XIIe siècle en Saintonge, avec leurs rinceaux de feuillages (pl. 41) ou leurs chimères dévorant les hommes, ou leurs animaux stylisés. Un seul, appelé par le chanoine Tonnelier « La chasse du seigneur », figure au centre un cavalier tirant à l'arc un lion qui fuit et se retourne. La face latérale gauche représente un personnage vêtu d'une longue robe à larges manches avec sur ses épaules deux faucons et, à droite, un autre (peut-être le même), plus court vêtu, tient deux rameaux que l'on peut interpréter comme l'offrande symbolique d'une terre à l'église.

Les chapiteaux subsistants de l'hémicycle sont d'un travail plus raffiné, en correspondance avec l'élégante clarté du chœur. L'un d'eux figure Daniel qui tire la langue aux lions, et un autre montre les Saintes Femmes au tombeau (pl. 40). Celui-ci est disposé ouvert au centre, sous une arcade romane : deux encensoirs reposent sur le couvercle pour rappeler un détail du jeu de la Passion le Samedi saint. Peut-être aussi est-ce sous l'influence du théâtre que l'ange qui désigne du côté droit le vide du tombeau, est barbu et que les Saintes Femmes ont une coiffe à mentonnière pour cacher cet attribut masculin des acteurs chargés de les représenter.

En arrière de l'angle, un soldat contorsionné est censé dormir, appuyé sur sa main. Ce sujet connu un peu partout avec des modalités diverses, se rencontre relativement souvent en Saintonge; nous l'avons relevé au clocher de l'Abbaye aux Dames, à Chadenac, à Mornac-sur-Seudre où il a été mutilé, à Saujon, mais celui du chœur de Thaims avec son raccourci et sa finesse est très remarquable.

Ainsi donc, au bord du littoral santon, ce petit sanctuaire affirme la permanence du christianisme depuis que les dieux païens furent renversés de leurs autels, jusqu'à l'heureuse restauration qui a si bien mis en valeur ses caractéristiques.

NOTE

1 *La voûte a été refaite à l'aide d'un monument romain ruiné.*

BOUGNEAU ET LES ÉGLISES DU XIe SIÈCLE, PRINCIPALEMENT SÉMILLAC, SAINT-THOMAS DE CONAC, CONSAC

Lorsqu'on cherche à classer les églises de la Saintonge d'après les variantes de leur décoration ou leurs particularités, il est un groupe qui se distingue aisément, car il diffère tellement de l'idée courante qu'on se fait de l'art habituel à la province qu'on n'a guère songé à l'intégrer, ni même à l'étudier. Le plus typique exemple de cet ensemble si spécial a cependant été décrit (1), mais isolément, et sans lui chercher de comparaisons qui puissent permettre de le situer.

En sortant de Pons, petite ville dominée par l'imposante masse de son donjon, pour se rendre à Cognac, se présente à 3 km, un peu surélevé par rapport à la route, le cimetière de Bougneau encombré de tombes, autour desquelles les herbes folles poussent drues. A son extrémité la plus éloignée, se détachant sur un rideau d'arbres, apparaît la masse lourde et vétuste d'un sanctuaire, modeste dépendance de Saint-Florent de Saumur, et antérieurement de Saint-Étienne de Baignes, près Barbezieux.

A première vue c'est le type des petites églises romanes des Charentes, disposées comme un jeu de constructions : un clocher carré, contre lequel on a élevé à l'Est un chœur actuellement rectangulaire à l'extérieur, à l'Ouest une nef primitivement simple.

L'époque gothique a compliqué ce plan d'un escalier masquant la moitié Sud de la tour et de deux chapelles seigneuriales, situées le long des deux premières travées de la nef que termine un élégant portail flamboyant.

Lorsqu'on pénètre dans l'édifice on s'aperçoit qu'il possédait à l'époque romane un transept dont subsiste le croisillon Nord et que,

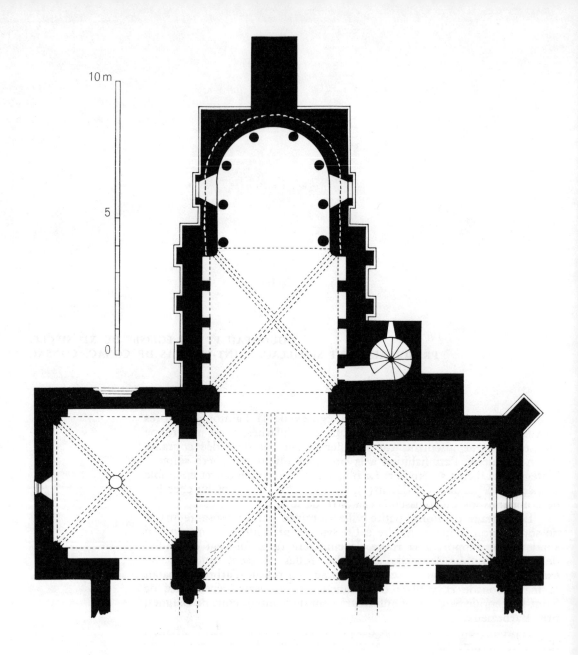

BOUGNEAU

de ce même côté, le mur simple avait été remplacé par un collatéral dont ne restent plus que les piliers extrêmes ; tout le reste, mur et pilastres, probablement détruit aux guerres anglaises, fut remonté tardivement.

Mais le grand intérêt de l'église réside dans le chœur et dans son avant-chœur qui forme le rez-de-chaussée du campanile. L'ensemble est très riche et de lignes fournies (pl. 42). Si, extérieurement, l'abside en moyen appareil soigné est sensiblement rectangulaire, elle englobe un hémicycle de petit appareil, crépi depuis la restauration de 1913 et doublé par deux arcatures superposées. Celle du bas est composée de sept arcs plein cintre reposant sur huit colonnes monolithes sensiblement cylindriques, aux chapiteaux soigneusement ornés de feuilles dérivées des palmettes, avec tailloirs de même inspiration ou bien moulurés, sculptés de rinceaux d'acanthes ou d'entrelacs (pl. 43). La console ainsi déterminée supporte six autres colonnes de même type avec trois grands pleins cintres s'ouvrant sur trois fenêtres (2) à larges ébrasements, et séparés par deux arcs en mitre aux biseaux ornés aussi de palmettes.

La décoration est, à cet étage, de même genre, sauf sur un chapiteau où se font face deux lions méplats au-dessus de rais de cœur occupant aussi le biseau de l'abaque.

Plusieurs corbeilles ont été refaites complètement, ce qui se voit, mais il semble que la copie ait été fidèle puisqu'une photo montre un chapiteau en place contre lequel est appuyé un autre enlevé et reproduit plus loin. Quoi qu'il en soit, la restauration, pour l'époque, paraît respectueuse, rend bien compte de l'état avant crépissage et montre beaucoup d'unité.

Tout cela est très archaïque et de tradition préromane, comme aussi les bases, spécialement celles de l'étage, hautes et plusieurs fois baguées. Le même caractère se retrouve sous le clocher, autour des deux fenêtres dans la travée droite, qui est aussi remarquable avec ses arcatures inférieures plus hautes, soutenues par des pilastres cannelés dont l'extrémité est interrompue au-dessus de la base par un cadre rectangulaire entourant deux fuseaux entrelacés qui se recoupent en diagonales. Ce motif, fréquent à l'époque mérovingienne, gravé sur les boucles de ceinturons ou sur un graffito de Ligugé, sculpté sur les parapets de Sainte-Sabine (824-887), les ambons carolingiens de l'Ile-Barbe, à Lyon, à Saint-Maurice d'Agaune, s'est parfois prolongé en Saintonge romane dans des types surannés, comme à Mornac-sur-Seudre (3). Au cours de la restauration les cannelures de parties usées des pilastres n'ont même pas été reprises, ce qui eût été moins osé ou moins délicat que pour les corbeilles du sanctuaire où un peu plus de moelleux et de patine seulement eussent été les bienvenus. A proximité du donjon des sires de Pons, si douloureusement défiguré, on ne pouvait sans doute demander mieux !

La limite du chœur est déterminée de chaque côté par un pilastre reposant sur le premier chapiteau et montant d'un seul jet jusqu'à un tailloir mouluré qui continue la corniche servant de base à la voûte en cul-de-four. L'entrée de celle-ci n'est pas un doubleau.

Cette partie tournante est masquée à l'extérieur, avons-nous dit, et consolidée par un massif rectangulaire soigneusement appareillé, délimité au sommet latéralement par une corniche ou chanfrein mouluré soutenu par des modillons à copeaux, séparés par une sorte de métope que supporte un bandeau sous lequel court une cordelière. A vrai dire ce que nous appelons des métopes pour en définir l'emplacement forme plutôt un ruban, orné au ras du mur de cercles enlacés ou chaîne, motif aussi bien connu à l'époque mérovingienne qu'à l'époque romane (4).

L'opposition de l'abside carrée et du chœur circulaire s'explique aisément lorsque nous savons par les restaurations de 1913 que le mur intérieur peu solide était fait de moellons aujourd'hui regrettablement masqués par un crépissage abusivement lissé au lieu d'en avoir cerné les éléments. Cette maçonnerie est incompatible avec le massif rectangulaire de moyen appareil si régulier qui englobe l'hémicycle. Une telle chemise extérieure, procédé connu ailleurs pour étayer par le poids des angles et raidir une abside défaillante (5), a, de plus, été contrebutée à l'Est par un épais contrefort qui a bouché la fenêtre absidale. A Saint-Thomas de Conac, église comparable dont nous parlerons plus loin et dont le sanctuaire est aussi en petit appareil, sans doute mieux établi, il a suffi de consolider ainsi la travée droite et de chaîner la partie circulaire par des parpaings à hauteur des arcs des fenêtres pour reprendre au-dessus le mur ruiné avec des moellons beaucoup moins bien échantillonnés qu'au bas où leur structure solide avait résisté.

La restauration de Bougneau s'est effectuée à l'époque où les modillons à copeaux, d'origine arabe, si rares dans les Charentes, mais très employés en Auvergne et en Poitou, ont été utilisés pour la nouvelle corniche. Peut-être cette forme orientale est-elle en rapport avec les pèlerinages passant à l'hospice de Pons ? Quoi qu'il en soit, ils indiquent une période romane plus tardive que celle où s'édifiait le chœur en hémicycle.

Au-dessus de la corniche, un petit mur d'appareillage inégal supporte la toiture. Il semble avoir été établi lors de la restauration de 1913, ou avait antérieurement servi à buter la toiture de dalles inégales primitives alors remplacées par une toiture en tuiles (6). Vers l'Est une petite corniche de billettes joint les bases du pignon.

Autre détail exceptionnel en Saintonge, les fenêtres latérales sont encadrées par une arcade supportée par un contrefort large de moyen appareil, construit en même temps que l'abside et dont rien n'apparaît dans le chœur. Une archivolte saillante cerne le haut des claveaux. Les tailloirs se poursuivent en corniche un moment sur le plat du mur. Cela n'a rien à voir avec les ouvertures que l'on remarque dans la région, percées parfois dans certains contreforts, mais sans saillies sur le plat du mur, détail qu'on retrouve même à Peyrusse-Grande (Gers). Mais un exemple très semblable est visible à Montcaret (Dordogne), église du XIe siècle, elle aussi de tendance archaïsante avec ses chapiteaux antiques remployés (7).

On pourrait croire extérieurement à ces niches d'autels que l'on rencontre dans l'Aisne, à Berzé-le-Sec, Courmelles ou Nouvion-le-Vieux, mais celles-ci ont leur marque et leur correspondance à l'intérieur de l'église.

Lors de la réparation au XVe siècle, une voûte d'ogives recouvrit cet étage du clocher roman, fermé par un berceau antérieurement, ce qui explique la situation actuelle des ouvertures géminées vers la nef correspondant à une charpente plus élevée, et l'avant-chœur.

A l'extérieur, le couvre-joint de la première toiture apparaît nettement à une hauteur supérieure, au-dessus des pentes de la couverture actuelle et de la porte accédant aux combles et aujourd'hui ouverte dans le vide.

Décoration et disposition fort belles, mais massives, sont étranges sous ce ciel clair de Saintonge. Le clocher forme une tour carrée avec trois étages en retrait les uns sur les autres par l'intermédiaire d'un glacis.

Au rez-de-chaussée, faces Nord et Sud, trois contreforts terminés par des tailloirs supportent des arcs soutenant une muraille, ce qui produit un relief latéral et encadre deux fenêtres simples. Trois ouvertures plein cintre au premier étage, sauf à l'Ouest, jadis masqué par la toiture, aèrent le palier. Le sommet en possède aussi trois à l'Est et à l'Ouest, deux seulement très espacées sur les autres faces. A ce niveau les arcs sont à double rouleau.

Actuellement une toiture presque plate, en pavillon, recouvre cette construction sévère, alourdie par les modifications de la période gothique, la tourelle carrée de l'escalier qui masque l'angle Sud-Ouest, moitié de ce côté jusqu'au second étage, et le croisillon du transept refait en même temps que la chapelle seigneuriale.

Nous passerons rapidement sur le reste de l'édifice repris et peut-être agrandi au XIIe siècle d'un collatéral dont subsiste, de ce temps, seulement une modeste travée avec deux chapiteaux : l'un orné sommairement d'un petit personnage, bras et jambes écartés, et l'autre, lui faisant face à l'angle du transept, présentant un cheval de même style rustique.

Le chœur et sa travée droite sous le clocher sont donc les éléments exceptionnels qui surprennent tant par leur disposition que par leur décoration; et nulle part, en Saintonge romane, si ce n'est à Thaims, nous ne rencontrerons pareil parfum d'archaïsme. Mais on ne peut juger cet ensemble avant de l'avoir comparé à d'autres églises dont la parenté est évidente.

Sémillac

Dans le voisinage nous parlerons de Sémillac, humble petit sanctuaire maintes fois mutilé, mais où le chœur, semi-circulaire, aujourd'hui refait, se trouvait précédé par une travée droite à arcatures sur pilastres dont ne subsistent plus que les abaques, fixés au mur (pl. 44); au-dessus, la seule fenêtre est encadrée dans une colonnade d'étage dont les éléments légèrement galbés soutiennent par l'intermédiaire de chapiteaux et de tailloirs archaïques trois arcs accolés au mur de fond et dont celui du centre, plus important, sert de voussure à la fenêtre. La nef, très simple, mais qui peut nous donner l'exemple de celles de ce type qui ont disparu, est ornée de grands arcs sur pilastres qui encadrent les fenêtres dont le cintre est, à l'extérieur, formé d'un linteau échancré, sculpté d'ornements traités sans grande finesse, arceaux entrelacés ou pointes de diamant, feuillages. Modèles témoins d'une époque primitive et semblant indiquer des souvenirs antérieurs, comme à Givrezac.

Saint-Thomas de Conac

Mais une autre église dont le chœur est plus ample et mieux conservé dans son état primitif à l'extérieur, quoique plus restauré à l'intérieur, va offrir d'autres sujets d'étude. Il s'agit de Saint-Thomas de Conac. Là encore, seuls le sanctuaire et la travée droite, plus large, qui le précède, nous touchent, n'ayant pas été refaits intégralement.

La décoration à deux étages d'arcades reste la même avec de menues variantes : ainsi les cintres des fenêtres du chœur ne sont pas rejoints par des arcs en mitre, mais l'intervalle de leurs ébrasements voisins n'est comblé que par le rapprochement de leurs gros chapiteaux qui se touchent (pl. 48).

Par ailleurs l'arcature à pilastres simples de la travée droite s'élève à la même hauteur que celle de l'hémicycle aux colonnes dominées par de larges corbeilles, dont celles qui sont anciennes offrent le même style qu'à Bougneau, au point de paraître sortir du même atelier. Une inscription mutilée occupait la tranche de tailloirs successifs. La restauration moderne, trop peu respectueuse, n'a pas laissé la plupart des pierres anciennes, mais les a remplacées par d'autres bien plus géométriquement régulières, détruisant ainsi toute possibilité de retrouver la date d'une dédicace qui eût été précieuse ! Les architectes sont trop rarement des archéologues et ne consultent pas ceux-ci volontiers, qui leur indiqueraient des détails pourtant essentiels à sauver !

Nous verrons que le type des chapiteaux non refaits de Saint-Thomas est aussi à rapprocher de quelques autres ici et là, mais auparavant il faut souligner la corbeille si remarquable sur laquelle sont sculptés des pélicans qu'accompagnent leurs poussins (pl. 49). Leur dessin de grand style rappelle celui des aigles carolingiens déjà héraldiques avant la lettre.

A l'encontre de Bougneau, nous l'avons dit, l'abside est restée en demi-cercle et la partie tournante est visiblement en petit appareil assez régulier, montant jusqu'à la base des fenêtres et même pour l'une d'elles à la naissance des impostes. Au-dessus, un moyen appareil destiné à chaîner, puis des moellons hétéroclites terminent la muraille. Tout ceci paraît indiquer de fortes réparations, en même temps qu'on installait des contreforts. La travée rectangulaire est en appareil moyen dès le sol et sur une hauteur plus grande qu'à la partie circulaire de trois éléments; au-dessus, des moellons continuent la maçonnerie. Deux ouvertures en plein cintre éclairent le chœur.

Si tous les arcs sont à claveaux étroits, les deux fenêtres latérales intactes du chevet sont légèrement enfoncées par rapport au mur, si bien qu'elles paraissent légèrement extradossées par une archivolte à billettes, particularité déjà rare dans l'Ouest à ces périodes anciennes. Latéralement, elles sont encadrées par des bandes méplates qui se retrouvent à Peyrusse-Grande (Gers), avec des dessins analogues traités identiquement. Le motif représente ici des cercles à lignes doublées et disposés concentriquement, s'entrelaçant (pl. 45); dans l'un des bandeaux la ligne se replie à l'extrémité, de chaque côté, pour retraverser tout le décor (pl. 46) (8). Ailleurs ce sont des gerbes baguées et s'étalant en palmettes; toutes, superposées horizontalement et contrariées, sont encadrées d'un filet qui se poursuit sur tout le bandeau (pl. 47) (9).

Ces dispositions diverses d'architecture et de décoration ne sont pas uniques. Nous en trouverons ailleurs d'analogues, voire d'identiques. Au Nizan (Gironde), même plan et même élévation du chœur en hémicycle à deux arcatures superposées, avec la travée droite à pilastres simples au bas supportant l'étage de colonnes. La décoration est archaïque également, mais de type différent avec d'étranges chapiteaux à volume cubique. Les églises de Cazaugitat (Gironde), de Saint-Georges de Montagne, de Noaillan, n'ont qu'un étage d'arcatures, mais aussi présentent une sculpture de type plus courant et plus tardif. D'ailleurs la double arcature est rare; si elle existe en haut comme à Perse ou à Nant (Aveyron), le rez-de-chaussée est simple et inversement.

Il est enfin un édifice plus lointain, celui de Peyrusse-Grande qui, au chœur central, malheureusement trop remanié (10) présente, spécialement au point de vue décoratif, des analogies saisissantes. Le chœur n'a qu'un rang d'arcatures, mais la sculpture en gouttière des corbeilles est identique à celle des chapiteaux et des tailloirs de Bougneau ou de Saint-Thomas de Conac. Là aussi il y a deux étages de feuillages dérivés de la palmette. D'autres présentent un épannelage très différent, circulaire au tronc, conique en bas, cubique au-dessus. Ce genre de modelé pourrait d'ailleurs être retrouvé assez loin, toujours avec des motifs archaïques, comme à Saint-Pierre de Nant (Aveyron) et à Saint-Oustrille en Graçay (Cher), voire à Saint-Pierre de Roda (Catalogne) ou plus loin.

Que conclure de cet ensemble si particulier de caractères : l'archaïsme, la décoration du chœur, pilastres et colonnes, physionomie et sculpture des chapiteaux, bordures extérieures des fenêtres, sinon que nous sommes au début de l'art roman, qui n'a pas encore rompu avec la période carolingienne. Bien entendu, il n'y a pas de textes sur ces églises, mais peut-être un lien monastique (11) peut-il faire envisager une parenté artistique. On trouverait dans les Charentes des traces de ces procédés chers au XIe siècle qui prouveraient que leur diffusion fut plus large que les souvenirs encore présents ne le laisseraient croire. Les vestiges de telles dispositions à Notre-Dame de Cressac (Charente), Poullignac, Saint-Paul-de-Boutteville (dédié en 1029) ou les chapiteaux de la crypte de Richemont, près Cognac, peuvent fournir de précieux jalons.

Ajoutons que Boutteville, dépendance de Savigny, au diocèse de Lyon, fut fondé par Geoffroy, fils de Guillaume Taillefer, comte d'Angoulême, qui y fit enterrer sa femme Pétronille en 1041. Et Saint-Thomas de Conac était donné en 1070 à la même abbaye par Amblond, chanoine de la cathédrale de Saintes. Nous pouvons donc constater une intense activité autour de nos monuments, mais aucune mention n'est faite de leur structure. Si une influence clunisienne peut bien avoir joué à un moment donné, il semble que des traditions carolingiennes restent sous-jacentes de façon proche. Nous nous trouvons ici encore dans la situation de Robert de Lasteyrie (12) ayant à juger des chapiteaux de Vignory, pensant que certains pouvaient être du XIe siècle, mais que d'autres n'étaient peut-être que des remplois antérieurs.

Ainsi constatons-nous que le tailloir qui surmonte à Bougneau la corbeille aux lions méplats affrontés (13) a été coupé au ras du mur pour être réutilisé dans l'ensemble.

Consac

Le décor méplat s'est trouvé employé en Saintonge, plus amplement, au moins dans l'église de Consac, si rarement citée. Son mur Sud en maçonnerie courante est éclairé de petites fenêtres à linteaux échancrés. Sa nef, unique à l'origine, a été doublée à l'époque gothique tardive et nous n'en parlerons pas davantage, mais le carré du transept est délimité par les quatre piliers primitifs soutenant la coupole sur pendentifs, lancée sur les arcs à double rouleau reposant sur de hautes colonnes à curieux chapiteaux, épannelés avec un sentiment tout géométrique. Les deux angles extérieurs de la corbeille sont tranchés de l'abaque à l'astragale, déterminant ainsi par ces sections deux triangles isocèles et trois trapèzes, celui du centre symétrique, les autres droits du côté du dosseret (pl. 50 à 58).

Les astragales sont de formes très variées, billettes, cordelières simples ou doubles, encadrant des successions de losanges ou de motifs divers. Les tailloirs qui débordent sur les pilastres s'ornent là aussi d'anneaux enlacés (pl. 51), avec ou sans axe central (pl. 55), entrelacs (pl. 57), échiquiers (pl. 52), demi-cercles contrariés (pl. 56) ou triangles superposés (pl. 54), voire un cheval méplat lui aussi (pl. 58). La même grammaire décorative sera répandue sur les autres faces de la corbeille avec des étoiles (pl. 51), des roues dentées (pl. 56), des lignes ondées (pl. 55, 56). C'est une sorte de compromis entre le dessin d'une marqueterie mauresque et la fantaisie des entrelacs mérovingiens. Les triangles isocèles de la corbeille sont garnis tantôt de feuillages (pl. 50, 55, 56, 57, 58), tantôt de lignes géométriques (pl. 51, 52, 53, 54).

On peut assez mal juger de la finesse du travail, tellement la sculpture a été empâtée par des couches successives de chaux intempestive, mais l'invention des motifs reste incontestable.

Avant de conclure sur cet art roman du début, citons encore cette pauvre ruine de Monthérault, sans décoration, qui laisse apparaître – pour combien de temps ? – sur son mur uni de petit appareil le linteau en bâtière d'une antique ouverture.

Et faisons état du Petit-Niort où un décapage donnerait peut-être matière à réflexions, en dehors de celle qui nous fait apprécier la dalle découpée avec fantaisie de sa fenestrelle (pl. 59), dont on peut ainsi comparer les dessins géométriques à ceux des chapiteaux de Consac.

Tel est donc cet art du XIe siècle en Saintonge, si peu connu et qu'il faut comparer à quelques monuments épars ici ou là. Cet archaïsme, ces entrelacs inscrits à Bougneau (comme à Mornac-sur-Seudre plus tardif) rejoignent à l'art roman le souvenir des styles antérieurs, parfois enfouis dans le sol et restés ignorés (14).

NOTES

1. *Photo du Dr Texier, dans* Bulletin monumental, *1940, p. 210.*
2. *Celle du centre bouchée par le volumineux contrefort d'axe.*
3. *Voir notamment* Bull. Soc. Antiq. Ouest, *1964, p. 393 396.*
4. *Voir E. L. Mendell,* Romanesque Sculpture in Saintonge, *Newhaven-Londres, 1940, p. 114, et George et Guérin-Boutault,* Églises romanes d'Angoulême, *p. 128, fig. 170.*
5. *Procédé employé notamment à Nanclars (Charente), à Cazaugitat (Gironde).*
6. *Cet emploi de dalles apparaissait encore lors de la réfection de 1913, spécifie le Dr Texier, dans* Bulletin monumental *1940, p. 208.*
7. *Voir P. Mesplé,* Les églises romanes du S.-O. à fenêtres percées dans les contreforts, *dans* Bull. mon., *1958, p. 163.*
8. *Mendell,* op. cit., *p. 113-114, fig, 44 et 45.*
9. *Mais la pierre de grès rouge dans laquelle sont gravées les sculptures de Peyrusse déroute au premier abord.*
   R. de Lasteyrie, L'architecture religieuse en France à l'époque romane, *Paris 1929,* p. 608 et 823, *considère qu'il serait peut-être téméraire de faire remonter cette église à l'époque carolingienne, mais que certains détails en sont inspirés. P. Deschamps confirme cette datation : voir P. Mesplé,* Bull. mon., *1958, p. 165.*
10. *M. Durliat,* L'église de Peyrusse-Grande, *dans* Bull. Soc. Archéol. du Gers, *1959, p. 95-105.*
11. *Arch. Historiques de Saintonge et d'Aunis, t. 30 et 33, p. 17, 18, 21, 30, 31, 33, 35 : Boniau, Bonialis, Bougno.*
12. *De Lasteyrie : vide supra, n. 9.*
13. *Des lions méplats adossés se voient aussi sur un chapiteau, par ailleurs bien plus orné, de Saint-Pierre de Nant (Aveyron).*
14. *Le sous-sol du chœur de Mornac conserve, enfouis dans le sable, les restes du primitif monument religieux, signalé par le chanoine Tonnelier et que nous avons publié dans* Gallia, *t. 13, p. 167-169.*
    Nous avons aussi attiré l'attention sur ces curieux édifices dans F. Eygun, Art des pays d'Ouest, *Paris, Arthaud, 1965, in-4°, p. 86 et suiv.*

TABLE DES PLANCHES

THAIMS

37 L'église, vue du Nord Est.
38 Le transept Sud.
39 Le chœur.
40 Chapiteau du chœur : les Saintes Femmes au tombeau.
41 Autre chapiteau du chœur à décor végétal.

BOUGNEAU

42 Ensemble du chœur.
43 Chapiteau du chœur.

SÉMILLAC

44 Mur Nord du chœur.

SAINT-THOMAS DE CONAC

45 Décor de la fenêtre absidale, côté Sud.
46 Décor de la fenêtre axiale du chevet.
47 Décor de la fenêtre du chevet, côté Nord.
48 Vue d'ensemble du chœur.
49 Chapiteau du chœur orné d'oiseaux.

CONSAC

50 à 58 Chapiteaux de la croisée du transept.

PETIT-NIORT

59 Claustra de la fenêtre du mur Nord.

39

BOUGNEAU

40

41

SEMILLAC

SAINT-THOMAS-DE-CONAC

48

49

CONSAC 50

52

53

54

57

58

VERTUS ET VICES

La table des planches illustrant ce chapitre se trouve à la page 148.

LES FAÇADES AYANT POUR SUJET PRINCIPAL
LE THÈME DU COMBAT DES VERTUS ET DES VICES

L'allégorie saisissante du combat des Vertus et des Vices, décrite par les sermons de Tertullien et de Prudence, s'est répandue par les manuscrits qui ont matérialisé le thème à travers des miniatures élégantes : l'*Hortus deliciarum* d'Herrade de Landsberg et divers livres catalans ont ainsi transcrit sur le vélin ce que les sculpteurs d'Aunay ont réalisé sur deux de leurs portails. Celui de l'Ouest, traité de façon moins architecturale, a séduit plus particulièrement les artistes épris de grâce et de souplesse. C'est donc de là qu'ont dû partir les dessins répandus à des exemplaires nombreux en Saintonge, Poitou et Bordelais, de Fenioux, Argenton-Château à Blasimon, et rendus suivant le tempérament des artistes, ici plus sentimental, là plus hiératique, plus agité ou plus rustique.

En même temps un autre sujet, aussi didactique, s'est allongé souvent aux voussures voisines pour servir de complément aux idées de lutte du chrétien contre ses défauts, c'est la parabole des Vierges sages et des Vierges folles attendant la venue de l'Époux céleste.

C'est tout le canevas d'un sermon qui peut être développé avec simplicité et clarté et que complètent aisément les sujets sculptés au voisinage : Agneau pascal, anges adorateurs, saints divers. Toute la poésie de la sculpture saintongeaise s'est épanouie dans ces inspirations mystiques.

Et certes, si de nombreuses églises ont accepté ces représentations, à tel point qu'on en a fait parfois l'une des caractéristiques de la Saintonge, il faut penser que ces édifices présentaient bien d'autres motifs d'intérêt. Mais celui-ci a été soigneusement étudié par Émile Mâle et Paul Deschamps, ce qui a aidé à le mettre en relief.

La sculpture a presque partout installé sous les voussures des portails ces élégantes combattantes; cependant à Pérignac (1), elle les a logées sous les arcades rajoutées de la façade (pl. 144), le thème, devenu si courant, ayant ici tardivement servi de complément au tableau de l'Ascension.

NOTE

1 *Voir p. 259.*

FENIOUX

Au flanc d'un vallon verdoyant, aujourd'hui peu habité, nous allons trouver une église qui évoque à sa base les plus anciens essais des édifices chrétiens de Saintonge et s'épanouit dans le seconde moitié du XIIe siècle comme une des plus belles fleurs de l'art roman de la région, évoquant de la sorte quelque ermitage primitif, épanoui à travers les vicissitudes du temps.

Suivant l'habitude générale du pays, nous trouvons une nef romane unique, pas de transept, un chœur rectangulaire banal du XVIe dont le chevet droit a remplacé vers le XVIIIe siècle un hémicycle.

Ce vaisseau simple à quatre travées révèle plusieurs étapes et remaniements à l'examen de sa maçonnerie. Un premier édifice carolingien ou début XIe est visible à l'extérieur, vers la base, formé de petit appareil gallo-romain remployé d'un édifice voisin détruit, avec des moellons, certains plus allongés pour les angles, d'autres carrés lisses ou diversement taillés, selon des modes antiques connus, et, par endroits, des arases bien typiques. Cette première construction, étayée de contreforts extérieurs légers, avait sans doute une travée occidentale de moins que l'actuelle église (d'après les observations du chanoine Tonnelier lors de tranchées longeant les fondations), mais ses murailles minces, reconnaissables aussi à l'intérieur, n'étaient destinées qu'à soutenir des charpentes. Cette nef simple de petit appareil était égayée par des ouvertures de taille modeste comme il convient à cette époque, terminées en plein cintre au sommet. Elles étaient closes par des dalles de calcaire ou fenestrelles, découpées fort gracieusement d'entrelacs, motifs courants à l'époque et qu'on peut comparer aux tablettes à cire d'Angers, motifs de vannerie ou rosaces (pl. 64). Le doublement du mur vers l'Ouest en a sans doute fait disparaître deux et Abadie, architecte abusif, en a emporté une pour son agrément. Ce mode de clôture, fréquent à

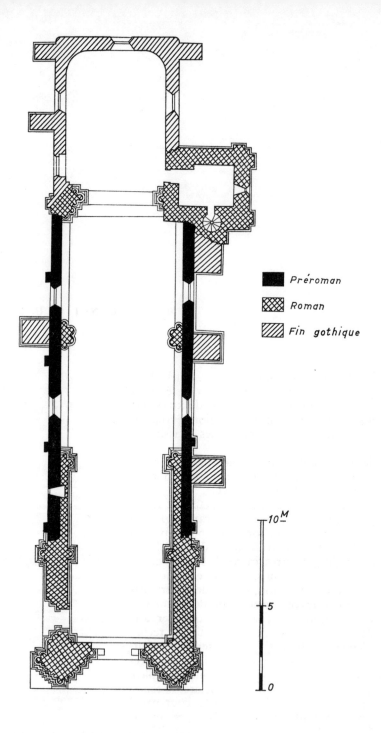

FENIOUX

l'époque préromane, se retrouve encore au Petit-Niort (pl. 59) et dans quelques églises de l'Ouest. Il a été relayé par les vitraux qui assuraient une clôture plus commode et plus efficace.

A l'époque romane, les murs gouttrots furent doublés ou remplacés par un moyen appareil soigné dans les deux travées Ouest, tandis que celles de l'Est étaient confortées par des arcs sur piliers, pour soutenir des voûtes du XIIe siècle.

En même temps que cette transformation, on établissait à l'Ouest une vaste tribune voûtée aussi en berceau, dont les bords restent visibles en encorbellement, sur les deux travées occidentales. Ce détail architectural certain, très rare dans l'Ouest, pourrait être un souvenir des édifices carolingiens où le clocher-porche pouvait aussi servir de tribune à l'étage. Les supports subsistent toujours, ornés comme la nef de chapiteaux simples à feuillages d'acanthe avec tailloirs sculptés de denticules et damiers qui se poursuivent le long des murs et délimitent le départ de la voûte (pl. 65). Celle-ci déterminait une partie de l'église qu'on appelait autrefois des catéchumènes. Nous ne savons à quelle époque elle tomba, mais c'était avant le relevé de Ballu exécuté pour Abadie, mort en 1884.

On accédait à la tribune, disent les auteurs qui ont écrit sur Fenioux, par un escalier communiquant avec la porte latérale Nord, proche de la façade, et trois étroites fenêtres latérales hautes, deux au Nord, une au Sud, l'éclairaient en plus de celle du pignon.

Malgré ses particularités, le grand intérêt de Fenioux c'est sa façade, qui obéit aux principes de la structure saintongeaise à sa dernière période, selon lesquels un seul et vaste portail absorbe toute la façade et rompt avec le souvenir des types aquitains, mais s'inspire de la richesse ornementale d'Aunay et de ses thèmes iconographiques (pl. 60).

Quatre voussures étagées, plus celle de la porte, en retrait les unes sur les autres, supportées par huit colonnes jumelles accolées avec celles de l'entrée, plus fortes, forment un massif débordant qui supporte un balcon en avant du pignon triangulaire. De chaque côté, deux massifs contreforts d'angle continuent et encadrent le portail par deux grosses colonnes formant éperon et accompagnées par un faisceau d'autres moins épaisses, montant jusqu'au sommet soutenant un bandeau qui s'allonge jusqu'aux remparts du pignon.

Cette série de supports avec leurs bases à denticules, les piédestaux et socles accolés au sommet de l'escalier, complète cet ensemble ainsi précieusement enchâssé, dont les proportions écrasantes sont allégées par les lignes horizontales des tailloirs, de la loggia, de la corniche qui masque le second retrait avant le pignon et par les prolongements de l'archivolte de la fenêtre.

Chapiteaux, voussures, statues, modillons, corniches et métopes sont remarquablement sculptés. Mais ce cadre si richement orné est là pour présenter un ensemble didactique cher aux miniaturistes romans, qui va être transcrit dans la pierre par les ciseleurs des ateliers de la région, le Combat des Vertus et des Vices. Les motifs, en général de dimensions assez grandes, ne peuvent loger dans un claveau, aussi les a-t-on couchés dans les voussures, selon le principe des portails de l'Ouest qui, privés de tympans, ont exprimé leurs scènes iconographiques sur ces espaces étroits (pl. 62).

Ces thèmes moraux se retrouvent dans un grand nombre de portails du Sud du Poitou et de la Saintonge et se sont répandus jusqu'en Bordelais.

Émile Mâle, qui après Paul Deschamps a étudié les sujets en détail, avait cru à tort qu'ils étaient issus de prototypes détruits, la façade de Saint-Eutrope de Saintes, ruinée par les protestants, et Saint-Jean-d'Angély. Pour Saint-Eutrope, l'hypothèse est invérifiable, quoique les édifices qui peuvent s'y rattacher, comme les sculptures de Colombiers, ne paraissent pas répondre complètement au même sentiment ornemental.

Quant à Saint-Jean (1), il n'est pas vraisemblable, si l'on étudie l'histoire de l'abbaye corroborée par des traditions, que l'église commencée en 1050 ait été terminée lorsqu'elle fut détruite une première fois, avant d'être à nouveau dévastée en 1234.

C'est à l'église d'Aunay, dans le Sud du comté de Poitou, propriété du chapitre de la cathédrale Saint-Pierre de Poitiers et vaste édifice à bas-côtés, qu'est figuré à deux reprises ce drame de la Psychomachie maintes fois reproduit depuis que Prudence, au IVe siècle, a écrit ses méditations sur un thème courant à cette époque. Si le portail Sud présente une disposition très architecturale des combats, celui de l'Ouest, où la stylisation est bien plus réaliste et les personnages plus souples, a séduit davantage les sculpteurs saintongeais ou poitevins, et c'est assurément de lui que sont issus directement ou par intermédiaire les autres spécimens qui portent l'allégorie du poète catalan, accompagnée ou non de l'un ou de l'ensemble des motifs. C'est même en Poitou, à l'église d'Argenton-Château, que le thème a été le mieux compris et développé.

Feniroux est l'un des exemplaires les plus complets et les plus gracieux de cette série d'allégories, peut-être groupées à la suite d'une homélie particulièrement frappante.

Sous cette apparence décorative, les artistes ont envisagé de graves sujets. Tout d'abord l'existence humaine, telle que les mois symbolisés par les signes du Zodiaque nous en présentent les travaux qu'il importe de sanctifier en attendant le dernier Jugement, ainsi que l'exprime à la voussure suivante la parabole des vierges sages et des vierges folles (pl. 61). Comme les sages, il faut être sans cesse en éveil pour entrer dans la maison de l'Époux et ne pas être rejeté dans les ténèbres extérieures.

Au-dessous de cette allégorie du paradis, l'Agneau, raison de la vie humaine, est figuré soutenu dans un nimbe et encensé par des anges. Enfin, pour arriver au bonheur éternel symbolisé par une couronne, il faut lutter toute la vie, comme le montre le combat des Vertus que nous devons pratiquer contre les Vices foulés sous leurs pieds.

Tout cela est figuré par ces gracieux personnages allongés, enroulés dans les voiles aux plis enveloppants (pl. 62). Les élégantes guerrières, protégées par de hauts boucliers, s'appuient sur les lances qui transpercent les vices contractés. Le sujet de Prudence, ce moraliste catalan dont l'allégorie eut un tel succès qu'elle se répandit dans la miniature et la sculpture, comme sur tel chapiteau de la Daurade, ou de Notre-Dame du Port, mais fut spécialement cher à nos sculpteurs de l'Ouest, comportait sept personnages qui ont été réduits à un nombre pair pour des raisons de symétrie et de largeur de l'arc, six au maximum. Ces voussures ne sont d'ailleurs pas toujours dans le même ordre, ni toutes réunies ou sans modifications; ainsi à Saint-Symphorien de Broue ou à Corme-Royal, le combat des Vertus est placé à l'arc de la fenêtre de pignon, et c'est un autre thème du jugement dernier, les vieillards de l'Apocalypse, dont le prototype est peut-être à Moissac, qui domine l'arcature décorative de la porte. Mais nous rencontrerons ces sujets ailleurs en Saintonge, à Chadenac, Pont-l'Abbé-d'Arnoult, Fontaine-d'Ozillac, avec six Vertus au portail de façade. Il y en a quatre aux fenêtres de Corme-Royal et de Saint-Symphorien de Broue, ainsi qu'au portail latéral de Varaize si restauré. A Pérignac seulement le même combat remplit l'arcature supérieure de la façade. Le Poitou et le Bordelais ont aussi adopté ce thème moralisateur.

Les pierres ont malheureusement subi une forte érosion qui amenuise les silhouettes déjà un peu graciles et maniérées si on les compare à celles d'Aunay.

Le Zodiaque très soigné, et l'un des plus beaux après Cognac, est assurément la meilleure partie de cet ensemble. A une époque où l'année commençait souvent au temps du Bélier, il débute en janvier avec le signe du Verseau qui devrait être le premier claveau, mais par erreur a été placé second, ce qui coupe en deux le sujet suivant étalé sur deux trapèzes : un homme qui coupe un pain et un autre chaudement vêtu (2) (pl. 61). Les mois se succèdent dans l'ordre connu des signes et des travaux que nous ne détaillerons pas. Cependant remarquons que le Cancer est suivi du Lion sans scène interposée, sans doute faute de place, et que le Scorpion d'octobre mutilé a disparu. Ce désordre est fréquent dans la sculpture de Saintonge.

Ce remarquable portail est encore complété à l'entrée par une voussure à frise végétale décorative.

Les chapiteaux et tailloirs qui soutiennent ces ensembles s'appliquent à deux colonnes, ce qui leur donne plus d'ampleur. C'est un décor d'une grande beauté, formé principalement de feuillages dérivés de l'acanthe, mais diversifié avec cette étonnante fantaisie chère à l'art de l'Ouest. Ici des chimères à quatre pattes s'adossent par l'arrière-train pour se retourner de telle sorte que leurs têtes s'affrontent; d'autres n'ont qu'un chef pour deux corps; les plus gracieuses, du type manticore, sont féminines, avec un bonnet. Tout cela est inspiré d'Aunay mais avec moins de force.

Arrêtons-nous un instant sur ces ingénieuses fantasmagories à capuchons si aimées des ornemanistes et comparons-les à celles du chœur de Chauvigny (Vienne), leurs cousines, hiératiques et d'une sculpture directe presque brutale. C'est tout l'art des deux provinces sœurs qui se caractérise ici, l'un clair et simple, frappant, l'autre plus raffiné, soucieux de grâce compliquée.

Les façades saintongeaises les plus typiques sont ornées d'une galerie au-dessus du portail. Ici rien de tel : séparé brusquement par une corniche ornée, un balcon est occupé par six statues debout, avec, au centre, le Christ de majesté assis, cantonné par quatre petits symboles des évangélistes. Les personnages masculins ont les pieds nus. Ce sont des apôtres ou des prophètes portant livres, phylactères ou objets peu déterminables, trop rongés par les éléments. Il s'agit encore d'une allusion au dernier Jugement entre des témoins appropriés. Le thème traité de la sorte est étranger à la Saintonge.

Au-dessus, règne une riche corniche à modillons figurant des têtes grimaçantes entre les métopes décoratives. Ils bordent la dernière marche, en arrière de laquelle s'ouvre la fenêtre du pignon, bordée de fleurs identiques, rappelant celles de Sainte-Gemme et d'autres portails de Saintonge.

Reste sur le côté Nord le joli portail à trois voussures où nous retrouvons au rouleau médian le motif de la fenêtre entre d'autres combinaisons végétales (pl. 63). Là encore, les supports à motifs du même ordre sont diversifiés par un chapiteau à chimères et un autre dessinant une tête monstrueuse. Des pointes de diamant ornent l'archivolte, et un modillon de la corniche au-dessus figure la sirène oiseau, assez rare en Saintonge.

Le clocher sis au Sud à la naissance du chœur a été si considérablement restauré à partir de 1891, qu'il paraît entièrement refait à neuf par l'architecte Ballu sur les plans de l'ancien dessiné par l'insensible Abadie, géomètre inaccessible à la beauté du passé, mort trop tôt, heureusement, pour avoir dirigé les travaux préparés par lui. Disons que le maître d'œuvre roman avait pourtant conçu son œuvre avec hardiesse, passant du plan carré sévère du rez-de-chaussée, voûté en berceau percé d'un trou de cloches, au plan circulaire, par des trompes accrochées au milieu du second étage. La base de la flèche est allégée par une élégante galerie circulaire de 36 colonnes disposées par deux. Au-dessus, la flèche conique aux proportions élevées est couverte d'écailles d'un type courant de Saintes à Poitiers.

Lanterne des morts

Pour compléter cet ensemble si typique de l'art roman, il reste encore à Fenioux la petite merveille qu'est la lanterne des morts, la plus belle des nombreux exemplaires qui subsistent encore dans l'Ouest, de la Saintonge au Limousin. Jadis elle dominait le cimetière aujourd'hui abandonné et sa lumière veillait sur les défunts qui dormaient éloignés de la lampe du sanctuaire. Son fût évidé est ingénieusement formé de onze colonnes (3) accolées aux chapiteaux sobres, et un escalier permet de monter au lanternon ajouré par l'intervalle de douze colonnettes supportant une courte flèche conique à quatre pans, couverte d'écailles et amortie par quatre pyramidions (pl. 66).

Ce monument est assis sur une base carrée appareillée dans laquelle s'ouvre la porte accédant à l'escalier. Un ossuaire ou caveau funéraire carré voûté est annexé au massif. Une ouverture plein cintre, ne joignant pas le sol, en permet l'accès.

Telle est la lanterne des morts appelée aussi croix de l'Ouzanne ou Crossonière en raison de son analogie avec les croix hosannières, but de procession du dimanche des Rameaux. Si la plupart sont beaucoup moins étudiées, formées d'une simple colonne creuse, une seule est beaucoup plus haute : celle de Saint-Pierre d'Oléron, gothique. Le type de Fenioux a été choisi pour provoquer la méditation sur les morts héroïques de la guerre de 1914, au sommet de la « colline inspirée » de Sion-Vaudémont, dominant toute une partie de la Lorraine.

d'après Abadie

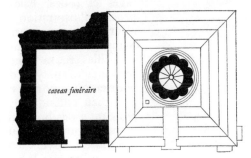

caveau funéraire

FENIOUX
lanterne des morts

NOTES

1. *Voir F. Eygun, L'art des pays d'Ouest, p. 91, et supra, p. 17 et 36.*
2. *Comme le fait remarquer le chanoine Tonnelier qui a étudié cette iconographie de très près, cette inversion montre que le sculpteur taillait ses sujets avant le montage, et le graveur incisait la pierre sur place. Le nom du sujet,* ACARIVS, *se lit sur le claveau et celui du mois,* IANVARIVS, *sur une archivolte prismatique.*
3. *Onze pour rappeler les onze apôtres restés fidèles au Christ déposé dans le tombeau, suggère le chanoine Tonnelier dans sa brochure : L'église de Fenioux, Saintes, Delavaud, 1960, in-8°, 16 p. ill. Voir aussi F. Eygun, L'église paroissiale de Fenioux et la lanterne des morts, dans Congrès archéologique de La Rochelle, 1956, in-4°, p. 304 31), ill. Sur l'origine et la destination des lanternes des morts, voir Léo Fayolle, dans Bull. Soc. des Antiq. de l'Ouest, 1942, p. 145.*

AUTRES ÉGLISES REPRÉSENTANT LE COMBAT DES VERTUS ET DES VICES

Après le premier exemple typique de Fenioux, nous verrons les autres églises dont le thème de décoration principal est le combat des Vertus et des Vices, réuni ou non à celui de la parabole des vierges sages et folles. Elles forment un ensemble admirable, souvent très proche d'inspiration et de sculpture, ce qui fait penser que les mêmes ouvriers ont pu parfois travailler à ces chantiers très voisins. Saint-Symphorien de Broue cependant est traité avec une main plus rude.

Elles se rattachent, au moins pour le rez-de-chaussée, souvent seul intact, au type des façades tripartites de l'Ouest, sauf Saint-Symphorien où le portail est seul et Varaize qui présente le thème sur le côté.

Bien entendu chaque édifice a cependant sa personnalité correspondant à des buts ou à des dévotions particuliers, mais les inspirations morales sont identiques dans l'ensemble. Toutes enseignent le devoir d'adoration envers le Créateur, exprimé par les anges; ensuite elles font comprendre que la vie n'est qu'un combat perpétuel et c'est l'exemple présenté par ces Vertus guerrières en longues robes, portant heaume de protection et lances acérées dirigées contre les Vices, ces diables crispés, repliés sous le poids victorieux des gracieuses allégories.

Enfin c'est le mystère de l'Époux, qui ouvre la porte du paradis aux vierges sages tenant la lampe qu'elles ont su garder intacte, tandis que leurs sœurs imprudentes et désolées ont laissé gaspiller et renverser les récipients d'huile dans un geste découragé, voire douloureux. Trois sur quatre de celles de Corme-Royal offrent la même attitude accablée, curieusement schématisée, qui groupe dans une courbe unique la tête, l'épaule gauche et le bras dans un dessin en raccourci très moderne. Le chrétien doit comprendre qu'il faut veiller toute sa vie pour qu'au moment de la mort et du jugement, il puisse accéder aux béatitudes éternelles et ne soit pas abandonné aux ténèbres extérieures.

Bien sûr, ces sujets, inspirés d'Aunay puis de Fenioux, n'ont pas tous les proportions des modèles et spécialement la grâce élégante mais un peu mièvre de la dernière. Les personnages sont parfois plus courtauds en raison de la dimension des arcs.

Nous examinerons donc ces pages gracieuses et somptueuses où les sculpteurs de la Saintonge romane ont exprimé leur mystique au seuil de leurs sanctuaires.

Corme-Royal

Dans cette église svelte, placée sous le vocable de Saint-Nazaire et prieuré de l'Abbaye aux Dames, la décoration des deux étages disposés suivant la division tripartite de l'Ouest, est répartie sur tous les arcs qui les garnissent (pl. 68). Cela donne une grande richesse et un équilibre à l'ensemble, mais, en apparence, l'iconographie cède le pas à l'ornementation géométrique ou florale si abondante, puisque les sujets sont installés sur les arcs et moins lisibles. L'intention d'élégance est bien indiquée par la diminution des supports principaux à l'étage et leurs enjolivements, cannelures, spirales et motifs variés qui les surchargent, ainsi que par la surélévation de la voussure centrale, qui devait mieux s'accorder avec la forme primitive du pignon refait au XVe siècle en même temps que le clocher. Sur ce triangle terminant le sommet est installé un ange reposant sur deux lions. Debout il tient de ses mains un objet détruit, mais sorti de son contexte, il est difficilement explicable.

Modillons et métopes de la corniche haute, animaux et rinceaux, personnages couchés entre les deux étages, voire étirés le long des archivoltes, pointes de diamant aux angles des montants, jusqu'au petit pèsement des âmes formant cul-de-lampe sous la dernière colonnette à l'angle Nord, donnent une impression de grande richesse, un peu recherchée toutefois sans aller jusqu'à l'expression baroque de Rioux et Rétaud ; remarquons les très beaux rinceaux en spirale d'un dessin exceptionnel de la dernière voussure du portail central (pl. 69).

L'iconographie des voussures est donc, avec des variantes locales, celle que nous avons décrite. Au-dessus de la porte sur la seconde voussure, le Christ présente l'Évangile à droite et à gauche à des évêques ou abbés munis de taus ou de crosses, tandis que les anges, circonscrits par des médaillons, l'adorent à l'étage inférieur (pl. 70).

L'archivolte elle-même est historiée de petits personnages masculins à gauche, féminins à droite, mais les autres voussures comme celles de la fenêtre sont ornementales, soutenues par des chimères à allure de sphinx. A l'étage supérieur, le grand arc qui domine l'ensemble figure le mystère de l'Époux, et nous avons dit la beauté de lignes des vierges sages et folles (pl. 71).

Sur l'arcade latérale, au sommet gauche, deux guerriers indéterminables – l'un possède encore son épée, la main de l'autre est brisée au poignet – dominent deux figures : un saint barbu avec sa roue fait pendant à une abbesse qui tient une crosse un peu courte et semble entourée d'une mandorle dentelée (pl. 67). Un claveau manque au sommet de l'arc et les têtes masculines tronquées s'affrontent ainsi maladroitement. Avaient-elles primitivement été prévues pour se terminer avec des cheveux ou des couronnes ? Nous l'ignorerons toujours.

Une tradition hasardeuse autant qu'invérifiable veut voir dans les deux personnages de gauche Geoffroy Martel et son épouse, fondatrice de l'Abbaye aux Dames.

Cette maladresse de raccordement des têtes n'est pas la seule trace de remaniements ou plutôt de restauration de cette belle façade. Ainsi la corniche centrale entre le portail et la fenêtre est formée de petits personnages orants, abbesse avec sa crosse, hommes, femmes très finement traités, mais couchés; le premier à gauche est coupé aux genoux sans soin, pour faire pendant à l'autre extrémité à un chien à queue en rinceau assez inattendu. Situation et rupture brutale posent un problème non résolu.

En face, sur le côté Sud, le combat des Vertus et des Vices, réduit à quatre guerrières à hauts boucliers, s'exprime avec symétrie sous une archivolte vigoureusement modelée (pl. 72).

Quant aux arcs latéraux du rez-de-chaussée aux voussures ornées de marguerites débordantes aux reliefs limités, elles encadrent deux scènes bien rongées par le temps. La Visitation à gauche est seule reconnaissable (pl. 67). Les personnages de l'arc Sud sont aussi très salpêtrés.

Adoration du Sauveur, rappel des combats de la vie, attente de l'époux qui introduira l'âme fidèle dans les célestes parvis, protection des saints à invoquer, c'est l'essentiel de l'enseignement inscrit sur cette page magnifique, qu'il faut examiner en détail pour apprécier la fantaisie des motifs, entrelacs, fleurs, monstres répandus partout et jusque sous les petites corniches qui servent de corde aux arcs aveugles.

L'intérieur de l'église a été presque entièrement refait à la période gothique. Seule, une colonne dont l'imposant chapiteau représente le combat d'un massif griffon à petite tête contre un quadrupède, vaut la peine d'être signalée (pl. 73). Une variante de ce monstre étrange est sculptée sur l'un des chapiteaux de l'arcade Sud très restaurée.

Avant de quitter Corme-Royal, il faut rappeler le vaste chapiteau renversé en marbre ou calcaire très fin qui sert de bénitier. Sa corbeille très mutilée porte une décoration d'acanthes ou de chardons presque méplats qui rappellent les sculptures byzantines, plus encore de Salonique ou de Constantinople que celles de Ravenne du Ve au VIIe siècle. Ce curieux morceau poli par le frottement d'un long usage fut-il rapporté par un pèlerin nostalgique au temps des croisades ? On ne peut que l'imaginer.

Il ne paraît pas avoir de rapports par sa matière, son style et ses dimensions avec les chapiteaux qui furent exportés vers le même temps par les marbriers des Pyrénées.

Pont-l'Abbé-d'Arnoult

Cet art roman de la Saintonge si souvent fleuri avec exubérance, n'eut pas de plus belle perle que Saint-Pierre de Pont-l'Abbé-d'Arnoult, lui aussi malheureusement bien abîmé au cours des ans. Cette église que le comte d'Anjou, Geoffroy Martel, avait d'abord concédée à la Trinité de Vendôme, fut ensuite attribuée par lui en 1067 à l'Abbaye aux Dames lorsque sa femme, Agnès de Bourgogne, fonda avec lui ce monastère.

De la reconstruction romane il ne subsiste qu'un peu plus de trois travées du mur Nord et les trois arcs habituels de la façade; encore un amateur maladroit et ignorant a-t-il eu l'idée de défigurer la porte par l'adjonction d'un tympan aussi mal venu qu'anachronique.

Nous ne verrons donc que les éléments romans de cette façade. Ils nous feront regretter un ensemble qui fut assurément l'un des plus remarquables de la province.

La division tripartite soulignée par quatre massives colonnes à la romaine, tantôt cannelées et rudentées ou sculptées de feuilles imbriquées imitées à Saint-Denis d'Oléron, donne un relief majestueux à cet étage encore ennobli par les marches qui en forment le socle (pl. 74). La muraille au fond des arcs est disposée avec l'appareil chevronné, qui l'enrichit.

Toute la sculpture est d'ailleurs taillée en un relief profond qui s'accorde parfaitement avec l'esprit de l'ensemble si fouillé et recherché.

Le portail central est formé de quatre voussures historiées. La plus basse figure à l'intrados des anges adorateurs dans des médaillons accompagnant la main bénissante, tandis que vers l'extérieur, d'autres, inclinés, célèbrent l'Agneau (pl. 77). Autour, le chanoine Tonnelier a lu : HIC / DS / E / MAGNVS / QVE / SIGNAT / MISTIC' / AGN' (Hic Deus est Magnus; quare signatur misticus Agnus) ce qui signifie : « C'est le Dieu très haut, c'est pourquoi on met l'image de l'Agneau Mystique ».

Au-dessus, les vertus protégées par des heaumes pointus et par leurs longs boucliers, transpercent les vices contorsionnés. Puis, comme à Corme-Royal, une série de saints ou saintes contenus dans des mandorles précèdent la série des vierges sages et folles qui se présentent au palais de l'Époux (pl. 75 et 76).

Tout cela est très clair, d'une sculpture excellente et pleine de sentiment, en corrélation avec les portails qui représentent les mêmes sujets. Cependant, parmi les saints, l'un porte sur la poitrine une roue (pl. 76), ce qui ne paraîtrait pas surprenant, puisque cet attribut habituel de sainte Catherine d'Alexandrie est reproduit dans la série correspondante à Corme-Royal, identique et sans équivoque possible, mais ici la tête du personnage est ornée d'une fine barbe en pointe. On s'aperçoit d'ailleurs, en examinant en détail le costume, qu'il dessine un vêtement porté par un homme de classe élevée, attaché par une agrafe à l'épaule. Peut-être s'agit-il de saint Georges, martyrisé à la fin de sa vie, selon son hagiographie, mais il est figuré au même portail et dans diverses églises de Saintonge sous l'aspect bien différent du chevalier combattant le dragon, et saint Adrien est aussi représenté avec le même symbole.

En effet il semble bien, si rongée que soit la scène inscrite sous le faux tympan Nord sur deux registres séparés par des tailloirs remployés, qu'elle relate l'histoire de la fille du roi de Silcha ou Silène en Lybie qui, obligée de sortir du palais de son père pour être livrée au dragon, est délivrée par saint Georges et revient en traînant avec sa ceinture, comme un chien, le monstre apprivoisé, avant que celui-ci ne soit tué par le tribun pour calmer la terreur du peuple !

Plus distinct est, du côté Sud, le supplice de saint Pierre qui fait pendant à ce thème si romanesque (pl. 78). Vêtu d'une longue robe, crucifié la tête en bas, il repose même sur celle-ci et, par humilité, mourra ainsi dans une position différente de celle de son divin Maître. Le vent marin a presque entièrement fait disparaître les bourreaux.

(suite à la p. 181)

TABLE DES PLANCHES

FENIOUX

60 La façade Ouest.
61 et 62 Détails des voussures du portail Ouest.
63 Le portail Nord.
64 Claustra d'une fenêtre du mur Sud.
65 Mur Nord de la nef.
66 La lanterne des morts.

CORME-ROYAL

67 Détail de la façade occidentale.
68 Ensemble de la façade occidentale.
69 et 70 Détails des voussures du portail Ouest.
71 Décor de la fenêtre axiale de la façade Ouest ayant pour thème la parabole des vierges sages et des vierges folles.
72 Une arcature de la façade, avec combat de Vertus et de Vices.
73 Chapiteau de la nef, côté Sud, représentant le combat de deux monstres.

PONT-L'ABBÉ-D'ARNOULT

74 Détail de la façade Ouest.
75 et 76 Détails des voussures du portail Ouest.
77 Partie centrale des voussures du portail Ouest avec la parabole des vierges, des figures de saints, la lutte des Vertus contre les Vices et l'Agneau de Dieu adoré par des anges.
78 Faux tympan de droite : scène du martyre de saint Pierre.

CHADENAC

79 Façade Ouest.
80 et 81 Détails des voussures du portail Ouest.
82 Partie centrale des voussures du portail Ouest.
83 Détail de la façade.
84 Faux tympan de gauche : scène de lutte.
85 Chapiteau de l'angle Sud de la façade : les Saintes Femmes au tombeau.

FONTAINE-D'OZILLAC

86 La façade Ouest.
87 et 88 Détails des voussures du portail Ouest, avec combat des Vertus contre les Vices.
89 Détail de la voussure extérieure du portail Sud : anges volant.

VARAIZE

90 Ensemble du portail méridional.
91 Partie centrale de la voussure du portail méridional : Vertus luttant contre les Vices et Agneau de Dieu adoré par des anges.
92 Vue de la nef.

SAINT-SYMPHORIEN DE BROUE

93 Façade Ouest.
94 Décor de la fenêtre de la façade, avec le combat des Vertus contre les Vices.

CORME-ROYAL

PONT L'ABBÉ D'ARNOULT

75

76

CHADENAC

FONTAINE D'OZILLAC ▶

88

VARAIZE

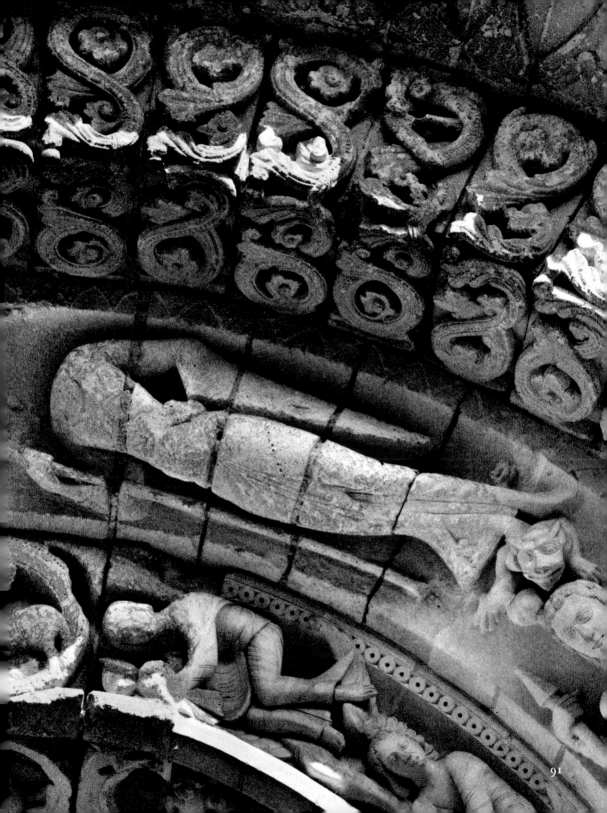

SAINT-SYMPHORIEN DE BROUE ▶

On distingue là encore les tailloirs en dessous desquels, pour faire pendant avec le tympan Sud, s'opposent des griffons portant des personnages sur le dos, ou en dévorant d'autres. L'ensemble est encadré d'une végétation nerveuse qui envahit chapiteaux et piédroits entre les colonnes.

Et surtout il faut admirer cette farandole effrénée qui court autour de la voussure moyenne de l'arc Sud, dans ce rinceau dit lombard parce que si fréquent outre-monts. La souplesse étonnante des personnages animés d'une vie intense nous fait appeler ce motif « l'apothéose de la danse ». Comparer ce motif plein de souffle avec celui qui l'a peut-être inspiré autour de la fenêtre absidale d'Aunay, fait paraître ce dernier plat et monotone. Puisse-t-il résister longtemps aux tempêtes venues du large et au salpêtre qui ronge peu à peu cette admirable page, qu'on aimerait voir perpétuée par un moulage parmi les chefs-d'œuvre romans.

Sans doute cette façade de Pont-l'Abbé, richement ciselée et si équilibrée, fut-elle admirée en son temps, car elle fut imitée dans ses grandes lignes à Saint-Denis et Saint-Georges d'Oleron qui ont copié non seulement ses imitations de l'art romain, mais ici les appareils en chevron des fausses portes, ceux-ci remplacés en cet endroit par le dessin réticulé dans le second cas.

Chadenac, dépendance de Charroux (Vienne)

La façade somptueuse de l'église de Chadenac, dont seul le rez-de-chaussée est intact, lui a valu d'être appelée « la marquise de Saintonge » (pl. 79). Le sanctuaire, le clocher et les étages ont subi les malheurs des temps et nous n'en parlerons que pour déplorer le mensonge des restaurations ou des compléments abusifs. Les inscriptions sont généralement elliptiques et nous apprennent peu, mais ce n'est pas une raison pour passer sous silence des noms dont l'écho a retenti aux temps heureux du chantier roman. Donnons donc ce texte sorti du passé, que le chanoine Tonnelier a relevé au milieu du côté Sud de l'église, à l'endroit où se perçoit un changement d'appareil :

   WILLELM[VS]. PICTVS HI I GVILLELM. CLICVS
     STRVC — NON — FIC
  WILLELMUS PICTAVUS HIC IACET — GUILLELMI CLERICUS
     STRUCTOR NON FICTOR

 (Ci-gît Guillaume le Poitevin, clerc de Guillaume
   L'architecte, mais non le sculpteur)

Ce jalon restera-t-il une ombre vaine ?

Les voussures de la porte centrale et les deux arcades aveugles qui l'encadrent ont subi bien des injures : les reliefs sculptés ont été mutilés par la main des hommes et le salpêtre au point que le déchiffrement en est souvent difficile et incertain.

Cependant la volonté d'enseignement qui s'inscrit aux chapiteaux et aux voussures reste en partie reconnaissable.

Au centre, à la clef de l'arc, directement au-dessus de la porte, le Christ de l'Ascension, imberbe, couronné, est contenu dans une mandorle (pl. 82). Sa petite taille correspond cependant à deux voussures. La première s'orne logiquement d'anges adorateurs moins reconnaissables que les vertus terrassant les vices qui leur sont superposées. Au-dessus, comme à la dernière voussure, des personnages plus grands très usés sont difficilement identifiables : une épée paraît indiquer saint Paul au-dessus de la tête du Christ, et tout à fait en haut (pl. 81) un instrument de musique fait songer aux vieillards de l'Apocalypse, réduits schématiquement à un nombre restreint, parmi des saints aux symboles détruits.

Entre deux voussures étroites avec monstres combattant ou non, et de petits personnages, se développe le mystère de l'Époux qui apparaît au sommet entre les vierges sages et les vierges folles (pl. 80 et 81).

Les arcs aveugles ne s'ornent que de motifs décoratifs profondément taillés, encadrant des tympans sculptés de lutteurs (pl. 84) affrontant des monstres, identiquement à un motif de Notre-Dame la Grande de Poitiers, placé aussi sous l'arc du faux tympan et très salpêtré. Ils servaient de niches à deux grandes statues aujourd'hui mutilées. Les personnages à longues robes gracieusement plissées, pieds nus, foulent des monstres, et par leur allure évoquent (certainement à tort) les statues plus tardives de l'Église et de la Synagogue à la porte romane de la cathédrale de Strasbourg, ou des anges combattant.

Le vandalisme administratif avait même été jusqu'à installer une boîte aux lettres à la place du buste de gauche ! Les chapiteaux qui se succèdent sous les arcades forment une succession de sujets finement sculptés. Celui du premier pilastre représente un petit cavalier foulant un ennemi aux pieds, la face suivante représentant la femme debout, sujet fréquent aux façades de la région, avec des proportions diverses. Plus loin une tête de monstre engoulant la colonne est un sujet répandu dans tout l'Ouest. A Cunault, à Saumur, aussi bien qu'à Echillais ou sur les fresques de Pouzauges-le-Vieil, le type est fréquent. A droite du montant de la porte on peut encore reconnaître l'Annonciation puis la Visitation. Plus loin entre les deux arcs, est figurée l'Assomption où deux anges soutiennent la mandorle de la Vierge. Ce thème se rencontre parfois, et à Chenac la Vierge est encore voilée d'un suaire et se cache les yeux, comme si elle sortait du tombeau, éblouie par la céleste lumière (pl. 138). Et enfin, à l'angle Sud, à côté d'une maison apparaît le tombeau du Christ, vide, devant lequel accourent et s'inclinent les Saintes Femmes (pl. 85). Les personnages n'ont pas l'élégance svelte du chapiteau de Saujon, où est ciselé le même sujet, mais il est naïf et charmant, comme à Thaims.

Enfin, entre les voussures et la corniche, d'autres sujets surprennent, qui prolongent les pilastres latéraux et remplacent les colonnes qui divisaient en trois les façades de l'Ouest. Ici les éléments amorcés au rez-de-chaussée se prolongent par des supports lisses ou cannelés servant de piédestal à quatre statues : un guerrier, une femme debout à manches en entonnoir (pl. 83), rappelant celle de la façade de Saint-Hérie-de-Matha, un ange écrasant le dragon, comme le Saint Michel typique, enfin un dragon assis. Est-ce de nouveau saint Georges délivrant la fille du roi de Silène comme à Pont-l'Abbé ?

Et c'est encore une série de monstres sveltes et méchants (pl. 83), qui cherchent à atteindre des agneaux reconnaissables au sabot du pied, qui garnissent les écoinçons de cette façade consacrée aux luttes du Bien et du Mal et aux scènes de la Rédemption.

L'ensemble est riche, voire surchargé, traité avec vigueur, mais le temps inexorable a voulu effacer en partie le détail de cette leçon murale si présente aux hommes des temps romans.

Une corniche aux métopes ornées d'entrelacs ou de têtes ferme vers le haut cette page historiée.

Fontaine-d'Ozillac (Saint-Martin)
dépendance de Saint-Étienne de Baignes (Charente)

Beaucoup d'églises ou de prieurés d'importance secondaire, où les grands sujets ont été réduits, sont restés attirés par cette idée poétique du combat des Vertus et des Vices, où Prudence a clarifié un thème que d'autres, en son temps et avant lui, avaient exposé en des récits diffus – que les manuscrits ont illustré par des dessins.

Parmi ces petites églises, nous rencontrerons Fontaine-d'Ozillac, dont la nef, jugée trop restreinte, fut doublée au XVIe siècle, si bien qu'il faut faire abstraction de la partie Renaissance au Sud, d'un caractère si différent.

La façade romane est d'ailleurs intacte jusqu'au départ du pignon, dont la base était limitée par une corniche à modillons représentant des têtes et sujets érotiques et variés (pl. 86). Le type général est bien charentais, puisque l'étage inférieur, avec ses trois arcs, est surmonté d'une arcature à cinq éléments égaux sur des colonnes doubles où n'est plus marquée la division tripartite de l'Aquitaine.

La décoration très riche et harmonieuse répandue sur les chapiteaux, archivoltes et frises, et formée de rinceaux, crochets et lions, n'est iconographique que sur le portail central.

Trois voussures résument l'enseignement déjà vu : la plus basse figure l'Adoration de l'Agneau par deux anges thuriféraires et sa recommandation par deux évangélistes nimbés, montrant le livre ouvert.

En haut, c'est le combat des six Vertus qui massacrent les Vices avec conscience et agitation. L'une d'elles est protégée par un bouclier orné d'une magnifique escarboucle fantaisiste (pl. 87 et 88).

Entre les deux sujets à thèmes édifiants, la voussure moyenne est richement sculptée d'animaux fantastiques, oiseaux alternant avec des lions et des hommes dans une forêt de rinceaux admirablement souples et ingénieusement agencés. Une inscription trop rongée expliquait peut-être la scène ou celle au-dessous.

Ce rouleau moyen est supporté par d'élégants chapiteaux dont l'un figure à gauche une Ascension du Christ contenu dans une mandorle besantée soutenue par deux anges. Admirons cet ensemble encore bien lisible, malgré le salpêtre qui en a rongé une partie.

Varaize (prieuré Saint-Germain)

Si les sujets traités aux portails d'Aunay devaient se répandre au loin par leur intérêt didactique, la beauté propre des sculptures avait d'autant plus lieu d'inspirer les sculpteurs. Mais les tempéraments des artistes ne sont pas tous les mêmes et les ciseaux ne sont pas toujours aussi habiles. Fenioux a reproduit les Vertus et les Vices avec une poésie délicate. L'élégance des Vertus guerrières et des anges se retrouve assez proche à Varaize où la pierre, par trop salpêtreuse, a malheureusement conduit à une restauration partielle d'une impitoyable précision.

Sise dans le Nord de la Saintonge, à proximité du Poitou et donc non loin d'Aunay, cette belle église, dont l'architecture a beaucoup souffert, devait subir les influences proches. Elle est donc l'un des rares exemples en Saintonge où la nef est accompagnée de bas-côtés séparés par des faisceaux de huit colonnes (pl. 92). Les berceaux qui couvraient la nef et les collatéraux sont tombés, mais ceux du transept subsistent et deux absidioles s'ouvrent sur les bras. Le chœur en hémicycle est relativement simple. La sculpture des chapiteaux et des bases indique une volonté de soigner l'édifice. Un chapiteau du transept représente Daniel entre les lions.

L'extérieur, à part le très beau portail latéral dont nous allons parler, est sobre, puisque la haute façade n'est pourvue que d'une ouverture centrale surmontée d'une fenêtre sans sculpture sur les voussures. Quatre faisceaux de colonnes formant contreforts jusqu'au pignon, divisent en trois parts cette haute muraille nue. Un imposant clocher carré surmonte le transept.

L'abside et les absidioles, aux fenêtres sans complications, sont séparées par des colonnes simples ou groupées par trois ; celles du sanctuaire aux arcs ornés de motifs géométriques, dents de scie ou losanges, s'égaient aux modillons de la corniche où l'on peut voir parmi les sujets divers, animaux, musiciens et acrobates, saint Georges sauvant la princesse du dragon.

Mais c'est au portail latéral qu'ont été réservés tous les soins. Quatre voussures et une vaste archivolte l'encadrent (pl. 90). Les sujets sont connus. Le premier arc représente sous sa partie inférieure, traitée de façon presque méplate, la main bénissante entre un ange et un abbé. Sur la tranche verticale, c'est l'adoration de l'Agneau par des anges (pl. 91). La seconde voussure porte quatre Vertus, dont deux sont refaites. L'une d'elles tient une épée dressée, les autres des lances piquées sur les Vices réduits au minimum. Des rinceaux en S imitant ceux d'Aunay, soutiennent le dernier arc dominé par un Christ en majesté bénissant, entouré d'une mandorle circulaire, tandis que, de chaque côté, l'encadrent une dizaine d'apôtres et de saints, plus huit vieillards de l'Apocalypse bien traditionnels, couronnés, avec leurs attributs. L'archivolte est sculptée d'anges adorateurs sveltes et gracieux (pl. 89).

Enfin, à la base de la fenêtre qui surmonte le portail est finement ciselée une corniche où court un rinceau dans lequel sont ménagés personnages, oiseaux becquetant des fruits et animaux divers. Au centre, qui touche presque l'archivolte, se reconnaît ce que les auteurs anciens appelaient, en leur style naïf, un « corbeau de nuit », c'est-à-dire une chouette aux ailes étendues.

Cet art est bien sûr dérivé d'Aunay, mais il est plus proche de celui de Fenioux par son élégance plus maniérée dans la sculpture des personnages.

Quant aux chapiteaux et tailloirs restaurés avec bonne volonté mais sans discrétion, il faut regretter qu'ils aient été incisés dans une pierre salpêtreuse, au point qu'aujourd'hui on n'ose plus en tenir compte (1).

Saint-Symphorien de Broue

Le culte du martyr d'Autun de 270 a été assez répandu dans l'Ouest, peut-être par suite de l'existence d'une relique honorée dans la région.

L'église romane fut très fréquentée, au temps où le marais qu'elle domine, non loin du donjon carré en ruines qu'on appelle « la tour de Broue », était une nappe d'eau sillonnée par les bateliers qui franchissaient l'anse. Un pèlerinage s'y était établi, qui se maintient encore, le 22 août, fête du saint, et la tradition voulait qu'à minuit la source voisine de l'église se mît à bouillonner. Les paralytiques devaient s'y précipiter à ce moment pour avoir ainsi la plus grande chance de guérison.

Les destructions des guerres, et sans doute l'affluence des pèlerins, ont obligé à restaurer au XIVe siècle cette église romane sévère, dont restent une partie de l'abside de la nef unique et le clocher octogonal. La façade plus riante est de la seconde moitié du XIIe siècle (pl. 93). Elle n'a qu'un portail sans arcades voisines. Nous ne nous occuperons pas du reste de l'église, si remanié à l'époque gothique, et dont l'ébranlement a dû être consolidé tardivement par d'épais contreforts dont deux masquent les angles jusqu'aux montants du large portail unique.

La décoration reste dans la tradition de l'Ouest avec ses voussures formées de claveaux identiques.

La porte est donc surmontée de trois arcs décoratifs, l'un sculpté de branches d'acanthe croisées en X; au-dessus de ces feuillages sont sculptés des oiseaux assis affrontés, dont la queue retournée se termine en fleurons.

La dernière voussure délimitée par une élégante archivolte de rinceaux, représente les vieillards de l'Apocalypse assis, au nombre de 32 pour suivre le nombre de claveaux. Mais si certains jouent de la musique, d'autres doivent chanter, et pas plus qu'à Avy ils n'ont les vases traditionnels ni la couronne ou même les barbes qu'on est accoutumé de leur voir à Aunay comme en tant d'endroits en allant vers le Centre.

Près du sommet on a remployé et aménagé deux motifs bien différents. Leur sculpture beaucoup plus grossière paraît être celle de deux reliefs romains. Peut-être peut-on reconnaître une Épona sur l'un d'eux.

Remarquons aussi la correspondance entre cette voussure et celle qui, au-dessous, représente des volatiles opposés à becs de canards. Or, cette conjonction de vieillards de l'Apocalypse si peu traditionnels avec des oiseaux rappelle singulièrement les mêmes sujets étranges reproduits et rapprochés à Avy et à Corme-Écluse. Le thème pieux des Vertus et des Vices est là tout de même pour s'opposer à cet esprit caricatural. Le tailleur de pierre a certainement pris ailleurs ces modèles, mais en a-t-il bien compris l'opposition ? Nous en parlerons plus loin.

Ces archivoltes reposent sur des chapiteaux profondément sculptés de monstres et de rinceaux; l'un d'eux représente la femme aux serpents, qui figure « les folles drues » comme dit le théologien Étienne de Fougères, aux mamelles desquelles pendent des couleuvres. Et entre les colonnettes, les entablements sont sculptés aux chanfreins, de motifs floraux ou géométriques.

Si nous étudions ici cette élégante façade, c'est que sa fenêtre haute porte au cintre qui l'encadre, ce sujet si familier en ce pays, opposant Vertus et Vices (pl. 94). Les six guerrières, avec leur armement classique, sont séparées du sommet par une sculpture qui doit représenter l'Agneau, mais la bonne volonté des tailleurs n'a pu réussir à lui donner une forme définie et le salpêtre a rongé une sculpture peut-être plus claire. Nous sommes d'ailleurs ici loin des bons exemples, Aunay, Fenioux, et il semble que Saint-Symphorien n'en est plus qu'un reflet par modèles interposés. Les motifs ont perdu leur ampleur et leur distinction.

Il faut encore signaler le thème sculpté qui subsiste à gauche de la fenêtre et s'appuie sur la petite corniche à modillons qui prolonge l'archivolte. Deux femmes y sont figurées, dont l'une s'incline devant l'autre qui elle-même fléchit légèrement les genoux (pl. 94). Est-ce une image de la Visitation traitée avec une liberté qui l'écarte de la tradition ? Ces sujets en haut relief paraissent avoir été façonnés avec art, mais le vent de mer en a usé le relief.

C'est par cette église relativement rustique que se clôt la série des églises où s'évoque encore avec vigueur la nécessité pour l'âme de s'opposer sans cesse aux penchants mauvais qui l'écarteraient de ses fins dernières. Sans doute elle n'a pas la grâce de beaucoup d'autres, mais sa simplicité n'en atteste pas moins la foi de ceux qui la bâtirent au temps des croisés.

NOTE

1 *Voir à ce sujet Talmont, p. 235.*

SUJETS RELIGIEUX

La table des planches illustrant ce chapitre se trouve à la page 196.

ÉGLISES A SUJETS RELIGIEUX DIVERS

Nous chercherons ici à nous rendre compte, en dehors des grands courants déjà décrits, des sujets divers qui ont nourri la piété des peuples romans et inspiré les artistes dont le but fut d'orner les édifices, d'émouvoir et d'instruire ceux qui entraient pour confier à Dieu leurs peines et leurs espoirs. Le visiteur devra faire preuve des sentiments de foi et d'adoration que lui rappelleront l'Agneau et les anges inclinés, figurés si souvent sur l'une des voussures de l'entrée, où la main bénissante est parfois un motif de remplacement ou de complément.

Un sujet qui fut maintes fois l'objet de discussions passionnées est la représentation du cavalier Constantin, mis en pendant avec la statue de l'Église dont il fut le chevalier en faisant reconnaître son éminente dignité. On sait que cette idée, justifiable dans la plupart des cas, paraît être un souvenir des pèlerinages à Rome où la statue en bronze de Marc-Aurèle, prise pour celle de Constantin, frappa l'imagination des foules. A l'origine le cheval foulait aux pieds un ennemi vaincu pris pour le symbole de l'hérésie, mais au cours de ses déménagements, avant d'être fixé sur la place du Capitole, le petit sujet fut perdu; cependant les sculpteurs s'étaient bien gardés d'oublier ce complément allégorique. Avec Saint-Hérie de Matha, Chadenac et Surgères paraissent avoir repris le thème.

Comme il est naturel, des saints vénérés ornent les façades. Les embruns ont rendu difficilement lisibles les statues d'Esnandes et la lapidation de saint Étienne de la façade d'Échillais, cette scène restant mieux visible à l'abside de Vaux-sur-Mer.

La légende de saint Georges, libérateur de la fille du roi de Silène et grand redresseur de torts, pourfendeur de monstres, est bien à sa place dans le pays que traverse un chemin de Saint-Jacques, et on l'invoquera dans les périls avec l'Archange et le Matamore.

Quelques autres saints sont figurés ici ou là : saint Pierre crucifié à Pont-l'Abbé (pl. 78), saint Martin en habits épiscopaux dans une mandorle (pl. 194) pour faire pendant à la Vierge orante (pl. 195) de Gensac-la-Pallue. Si la Vierge est bien aussi dans une amande mystique, soutenue par des anges de mouvement non ascendant, il ne s'agit pas de l'Assomption puisque la couronne enserre déjà sa tête, mais la confusion est facile et parfois d'origine. A Chenac, la Vierge monte au ciel avec le suaire qui cache son visage (pl. 138), sortant des ténèbres de la mort, comme éblouie par la vision du ciel où elle entre (1). La Mère du Christ n'est d'ailleurs pas si souvent figurée. Au pignon de Rioux, c'est la Vierge Mère avec l'Enfant (pl. 183), représentation tardive. La Visitation est l'un des sujets de Corme-Royal (pl. 67).

Une scène exceptionnelle : sainte Madeleine aux genoux du Christ (pl. 137) se lit à un chapiteau de Gourvillette. Enfin il faut citer quelques thèmes chers aux imagiers : la visite des Saintes Femmes au tombeau, et le Pèsement des âmes, notamment sur les chapiteaux de Saujon (pl. 121) qui n'oublient pas la curieuse pêche du saumon (pl. 122), peut-être allusion à la manne et à la Providence, ni la scène de Daniel dans la fosse aux lions, figure biblique presque aussi fréquente que Samson terrassant le monstre. Enfin ici et là, comme au Douhet (pl. 130), quelques bas-reliefs restent indéchiffrables.

NOTE

1 *Dangibeaud a cru retrouver ce détail en Auvergne, mais nous n'avons pu le reconnaître au lieu indiqué.*

MATHA : MARESTAY ET SAINT-HÉRIE

1. *Matha-Marestay*

Le cartulaire de Saint-Jean-d'Angély apprend que les églises de Matha, l'abbaye de Marestay et la paroisse Saint-Hérie, originairement de la mense du chapitre de Saintes, en furent détachées par l'évêque Ramnulphe, à la fin du XIe siècle, à fins de réparations, pour être attribuées à l'abbaye Saint-Jean-d'Angély, ce qui amena une violente contestation du monastère poitevin de Saint-Maixent qui se croyait des droits sur ces biens. L'affaire fut tranchée en 1099 au concile de Bordeaux tenu sous la présidence d'Urbain II, et ratifiée à la demande d'Ansculphe, abbé de Saint-Jean, par l'évêque Amatus. Le seigneur de Matha, Foucher, refusa un moment aux moines de s'installer, puis le conflit s'apaisa et ils purent occuper les lieux.

En fait ces contestations n'influèrent pas sur l'archéologie de ces églises construites plus tard.

Marestay est un édifice qui a subi bien des vicissitudes. Primitivement il fut construit avec une ambition exceptionnelle en Saintonge, puisqu'il posséda une nef centrale et des bas-côtés, comme Varaize. La proximité du Poitou peut expliquer ce plan, mais il fut anéanti de bonne heure puisque dès le XIIe siècle des dispositions furent prises pour remplacer les voûtes en berceau, sans doute jugées fragiles, par une file de coupoles. Ce projet fut abandonné très tôt, mais a laissé à l'Ouest un commencement d'exécution visible devant le transept avec les chapiteaux lisses des piliers prévus pour soutenir les arcs porteurs, entre lesquels se distinguent les vestiges des pendentifs amorcés pour la première coupole.

En arrière se reconnaissent, surtout au Nord, les arcs du début du collatéral primitif pénétrant dans le transept. Comment fut ensuite

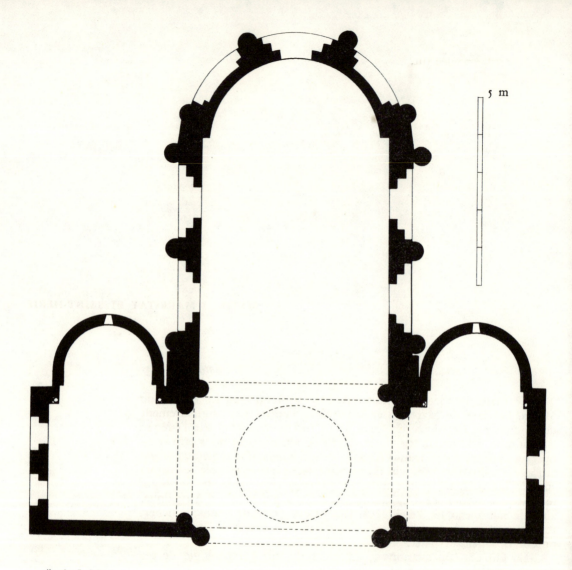

d'après G. Gaborit

MATHA-MARESTAY

organisée la clôture de l'église restée incomplète ? Nous l'ignorons et constatons seulement l'existence du mur moderne, solution sans élégance.

Si la nef écroulée fut, comme on peut le supposer, du même temps que le transept, avec une décoration correspondante, il semble que le chœur subit un malheur aussi complet, car si l'intérieur est nu, son ornementation extérieure, de caractère tout différent, indique une époque fleurie assez postérieure, comme nous le verrons.

Avant de nous attacher à la sculpture du carré du transept, rappelons que celui-ci est couvert d'une coupole qui surprend par sa forme irrégulière. Il résulte d'une étude très savante et approfondie de M. R. Chappuis, spécialiste de ce mode de voûtement, qu'une coupole sur trompes primitives a été remaniée au cours des restaurations, et les culs-de-four des angles transformés en pendentifs assez gauches (1).

Mais voyons la décoration : les chapiteaux de la croisée sont conçus par un sculpteur au talent abrupt et incisif; les tailloirs seuls sont couverts de rinceaux vigoureux et soignés sans complications, qui ne descendent pas sur les corbeilles réservées aux sujets animés, conception divergente du procédé de Saint-Eutrope de Saintes, où les scènes apparaissent sur un fond de lianes, ainsi qu'à Colombiers.

Et voici que sur les chapiteaux qui supportent les arcs du transept, une vie intense apparaît. Ces personnages mus par un sculpteur au ciseau puissant, ces monstres à face humaine ou bestiale, avec leurs visages allongés, glabres ou abondamment barbus, leurs yeux aux regards figés, paraissent sortis d'un cauchemar. Ils regardent avec insistance le visiteur intrus au point de laisser une sensation de malaise. C'est un monde dévorateur impassible et brutal, taillé à coups de serpe, qui ne connaît ni le rire ni le sourire, un univers implacable où les griffes accrochées avec obstination et régularité aux astragales ne laissent pas plus d'espoir que l'inscription gravée à l'entrée de l'enfer du Dante. On pourrait croire que l'artiste est resté encore sous le coup des traditions du siècle précédent où la terreur des Normands, se joignant aux prophéties de l'Apocalypse, assombrissait les esprits effrayés pour les presser vers les voies du salut avant la fin des temps. Pourtant au milieu de ce grouillement démoniaque apparaissent des sujets toujours empreints de gravité, mais qui laissent subsister un espoir dans un monde si pénétré de péché. Et voici Samson brisant la gueule du lion furieux, ou Daniel assis montrant le livre où sont contenues les promesses divines et les règles pour acquérir la vie éternelle (pl. 97). Sur la page ouverte le miracle de sa sauvegarde est expliqué, tandis que quatre fauves impassibles vous fixent ou lui lèchent les pieds.

Même le Saint Michel, situé au début de la nef détruite, qui renverse et transperce de son épieu le démon contorsionné, ne présente pas un visage bien avenant (pl. 96), mais, comme Daniel, il tient le Livre, ici fermé, à l'usage de ceux qui devront suivre la voie abrupte du ciel pour échapper aux griffes et aux dents des diables insidieux.

Certes, Daniel dans la fosse aux lions est bien traité au transept de Saint-Eutrope de Saintes (pl. 14), mais il apparaît moins direct au milieu des rinceaux et son geste d'action de grâces confiant et apaisé n'exprime pas la volonté puissante de persuasion, ardente et même violente, inscrite au chapiteau de Marestay.

Le thème est courant à cette époque, et en Saintonge on le rencontre au moins sept fois, disposé suivant l'époque et l'espace à décorer. Nous le retrouvons traité bien différemment à Saujon.

La décoration extérieure de l'abside, confinée aux fenêtres et à la corniche puisqu'il n'y a pas d'arcades hautes, est relativement simple, plus monotone et moins hallucinante mais plus tardive et très gracieuse (pl. coul. p. 197 et pl. 95). Les ouvertures de la travée droite et de l'hémicycle sont séparées par de hautes colonnes qui montent jusqu'à la corniche et sont entourées de collerettes par la continuité des tailloirs des fenêtres poursuivis sur toute l'abside. Chapiteaux et modillons de la corniche sont sculptés finement avec la grammaire décorative de monstres et de petits sujets habituels à ces chœurs élégants de la seconde moitié du XIIe siècle, pour le seul plaisir des yeux.

Les deux voussures qui entourent les fenêtres ouvertes ou aveugles sont composées par claveaux identiquement décorés et figurant des acanthes repliées en S comme on les voit à la façade d'Aunay, d'où ces feuillages sont imités et d'où ils sont répandus en beaucoup d'endroits, à Saint-Hérie, comme nous allons le voir, aux métopes de Fenioux, à Corme-Royal, voire à la fenêtre absidale de Rétaud, entre autres. Cette répétition du motif identique ou à peine modifié, si soigné ou si riche soit-il, finit par devenir monotone. Seule l'archivolte de la fenêtre absidale offre une série de détails qui peut distraire l'esprit (pl. 98). Des têtes plus ou moins caricaturales d'hommes, de satyres, de rois couronnés, de cheval, sont alternées avec des chimères, un basilic à corps de quadrupède, un cygne et un lapin. La base de chaque claveau est terminée par un rondin à la tranche chargée d'une marguerite.

Il ne reste qu'un étage du massif clocher carré qui, ainsi réduit, alourdit la silhouette du sanctuaire (pl. 95).

2. *Église Saint-Hérie de Matha*

Seule la façade, en partie mutilée, ainsi que certaines des fenêtres des murs gouttereaux nous retiendront, le reste de l'église ayant été reconstruit à diverses époques, notamment un chœur XVe siècle, assez élégant, avec corniche romane remployée.

Cette façade est rectangulaire, comme souvent en Saintonge : Le Petit-Niort, Breuillet, Échillais, Antezant et autres. Le grand modèle que fut la cathédrale d'Angoulême était ainsi disposé avant que l'orgueilleux architecte Abadie l'eût sottement défiguré par ignorance et vanité.

Malgré la ruine de sa partie Nord, nous retrouvons aisément à Matha le dessin de cette grande page liminaire aux proportions nobles. Elle appartient au type aquitain des façades-écran, divisées en trois parties par de hautes colonnes et qui s'appliquent aussi bien aux églises à nef centrale et bas-côtés, comme ce fut le cas à l'origine et peut se déceler encore à l'intérieur, qu'aux nombreux sanctuaires à un seul vaisseau. Ici les contreforts-colonnes groupés par deux au centre ne montent pas jusqu'au sommet, mais reçoivent les retombées des arcs supérieurs (pl. 99). En revanche ils répondent aux élégantes colonnes qui amortissent les angles et soutiennent la belle corniche sculptée au chanfrein, au-dessus des modillons variés qui couronnent harmonieusement le sommet.

Horizontalement, un bandeau délimite les deux étages de trois arcs; ceux du centre qui entourent respectivement la porte et la fenêtre ont une ampleur et une importance supérieures à celles des voussures latérales. Toutes ces arcatures et leurs archivoltes sont richement ornées de décorations animales, géométriques ou florales très soignées, de belles lignes pleines et souples, groupées par claveaux uniformes (pl. 100 à 102), ce qui leur donne, comme à l'abside de Marestay, une certaine sécheresse monotone, surtout à l'étage. Le rez-de-chaussée mieux traité, avec plus de rondeur, et dont un rouleau est plus vivant, formé au moins partiellement de monstres contorsionnés, reste plus plaisant. Quant aux voussures du haut, elles représentent bien une tendance décorative appliquée à quelques églises de la Saintonge, comme Guitinières, où nous les retrouvons à une fenêtre au Sud, et dont le portail très finement sculpté d'une dentelle géométrique sans aucun sens mystique reste froid et sans âme.

La disposition générale de cette façade-écran vient du Poitou et nous y retrouvons les grandes lignes de Parthenay-le-Vieux, suivies à l'Abbaye aux Dames de Saintes. En coupant le pignon à sa naissance, l'analogie des contours est frappante; ainsi à Civray.

Notons les petites ouvertures des écoinçons supérieurs, destinées à donner de l'air aux combles, et les légers entablements formant diamètre aux arcs et qu'on rencontre fréquemment. Mais cette disposition à larges arcades au premier étage appelle un motif familier dans l'Ouest, celui du cavalier, cher aux églises aquitaines. Il ne reste à Saint-Hérie qu'un fragment de ce qui fut une imposante statue équestre, mais son pendant subsiste, cette hautaine et svelte vision d'une femme à robe plissée, dont les manches si longues recouvrent les mains et tombent très bas, suivant la mode chère aux contemporaines d'Aliénor d'Aquitaine (pl. 105); nous pouvons comparer cette statue, l'une des plus belles de nos provinces de l'Ouest, dont la tête malheureusement a dû être refaite, à l'une de celles de Chadenac. Si le sens du cavalier peut être parfois différent (2), il semble bien qu'ici, comme dans la majorité des cas, il représente Constantin en face de l'Église dont il fut en quelque sorte le chevalier libérateur. Le folklore local voulait reconnaître dans la femme sainte Blandine, sans doute à cause des têtes de lion ou de démon qui servent de support et auraient dévoré la sainte. L'imagination des symbolistes ou des folkloristes n'a pas de limites !

Nous remarquerons encore le dessin soigné des fenêtres latérales Sud, sur lequel nous porterons le même jugement que sur les voussures de la façade (pl. 103 et 105 à 109). Au Nord, seule la dernière, proche de la façade, mérite d'être vue attentivement pour son amusante fantaisie. Déjà les claveaux de l'arc présentent une curieuse variété de chimères ailées à têtes diversifiées, mais le linteau échancré qui termine le plein cintre de l'ouverture offre une figuration étrange de cet âge où le démon hantait les imaginations : c'est une large tête diabolique renversée qui croque à belles dents deux damnés qui essaient de fuir par la commissure des lèvres (pl. 104).

C'est sur cette note caricaturale de Léviathan que nous terminerons notre description.

NOTES

1 M. Chappuis nous a fait remarquer les inexactitudes du plan publié par le Congrès archéologique : *coupole sur plan carré et non barlong, murs plus épais.*

2 *Dernière étude sur ce sujet* : Ch. Daras, Réflexions sur les statues équestres représentant Constantin en Aquitaine, dans Bull. Soc. Ant. Ouest, *1969, p. 151.*

TABLE DES PLANCHES

MATHA-MARESTAY

P. 197 *(Planche couleurs). Le chevet, vu du Nord.*
95 *L'église, vue du Nord-Est.*
96 *Chapiteau de la croisée du transept : ange terrassant un diable.*
97 *Autre chapiteau du transept : Daniel dans la fosse aux lions.*
98 *Décor de la fenêtre de l'abside.*

MATHA-SAINT-HÉRIE

99 *La façade Ouest.*
100 et 101 *Détails des voussures du portail Ouest.*
102 *Détail des voussures du faux portail de gauche.*
103 *Détail du décor de l'une des fenêtres méridionales*
104 *Détail du décor de la fenêtre septentrionale : tête infernale dévorant des damnés.*
105 *Figure de femme placée sur la façade.*
106 et 107 *Deux fenêtres de la nef, côté Sud.*
108 *Décor d'une fenêtre de la nef, côté Sud.*
109 *Chapiteau de la fenêtre de la planche 106.*

TALMONT

110 *Chapiteau du transept.*
111 *Le transept et le chœur.*
112 *Le chevet, vu du Nord-Est.*
113 *Élévation de la façade du transept Nord, avec son portail.*
P. 232 *(Planche couleurs). L'église, dominant la Gironde, vue du Sud-Est.*

ÉCHILLAIS

114 *La façade Ouest.*
115 *Décor d'une des arcatures hautes de la façade.*
116 *Chapiteau de la façade : tête monstrueuse engoulant la colonne.*
117 *Détail des parties hautes de la façade Ouest.*
118 *Le chevet, vu du Sud-Ouest.*
119 et 120 *Deux chapiteaux du chœur.*

SAUJON

121 *Chapiteau représentant la Pesée des âmes.*
122 *Chapiteau représentant un personnage portant un énorme poisson.*

MACQUEVILLE

123 *Chapiteau de la nef orné d'un dragon et de feuillage.*
124 *Chapiteau de la nef représentant des lions pris dans des rinceaux.*
125 *Chapiteau de la nef représentant un masque et des feuillages.*
126 *Chapiteau de la nef à décor de feuillage.*
127 *Chapiteau de la nef représentant un homme maîtrisant des lions.*
128 *Ensemble du portail septentrional.*

LE DOUHET

129 *Voussures du portail Ouest : Agneau de Dieu adoré par des anges.*
130 *Chapiteau de la façade.*

COLOMBIERS

131 à 134 *Chapiteaux à sujets énigmatiques.*
135 *Chapiteau représentant la Pesée des âmes.*
136 *Chapiteau représentant un personnage pris dans des rinceaux.*

GOURVILLETTE

137 *Chapiteau de la nef représentant l'apparition du Christ à sainte Marie-Madeleine.*

CHENAC

138 *Chapiteau du chœur : l'Assomption de la Vierge.*

96

97

MATHA SAINT-HÉRIE

101

102

105

106

107

TALMONT

ECHILLAIS ▶

115

116

117

119

120

SAUJON

123

MACQUEVILLE

LE DOUHET

131

COLOMBIERS 132

133

134

135

GOURVILLETTE

CHENAC

Talmont-sur-Gironde (Sainte-Radegonde)

S'il y a un site qui dise bien la vanité des choses humaines et la nécessité de la lutte, c'est bien ce terroir, dominé sur les coteaux voisins par la forme circulaire du temple du Fâ, témoin de l'écroulement d'une ville romaine au nom incertain, et, non loin, la présence de l'église Sainte-Radegonde maintenue vivante par un effort incessant contre les flots dissolvant le calcaire de ses assises (pl. coul. ci-contre). La ferté née vers 1094 par la fondation du seigneur de Talmont, Ramnulfe, et dont le sanctuaire était le centre, a disparu en partie dans la mer qui a englouti l'orgueil du château fort et détruit la façade romane sous les attaques du flux et du reflux, remontant et descendant la Gironde.

La mélancolie d'un tel lieu au péril de la mer entre le ciel et l'eau, nous remet en pensée une épitaphe relevée à l'autre extrémité des terres latines, près d'une mer plus douce, à Otrante :

   DECIPIMVR VOTIS
   TEMPORE FALLIMVR
   MORS DERIDET CVRAS
   ANXIA VITA NIHIL (1)

Si une petite chapelle carolingienne voisine mais non immédiatement proche, dédiée à sainte Radegonde, et donnée à l'abbaye Saint-Jean-d'Angély, a fourni son vocable à l'église, celle-ci n'avait à desservir qu'une population certainement très limitée, mais comme le pense le chanoine Tonnelier, les religieux n'ont entrepris ce vaste édifice que pour servir de relais aux pèlerins de Saint-Jacques de Compostelle.

C'est aujourd'hui un monument mutilé d'une travée de sa nef qui en a comporté deux. Son plan est toujours celui d'une nef unique coupée d'un large transept à deux absidioles, enserrant un chœur à travée droite précédant l'hémicycle sous cul-de-four; celui-ci, plus étroit que la nef, produit en trompe-l'œil un effet d'allongement très heureux (pl. 111).

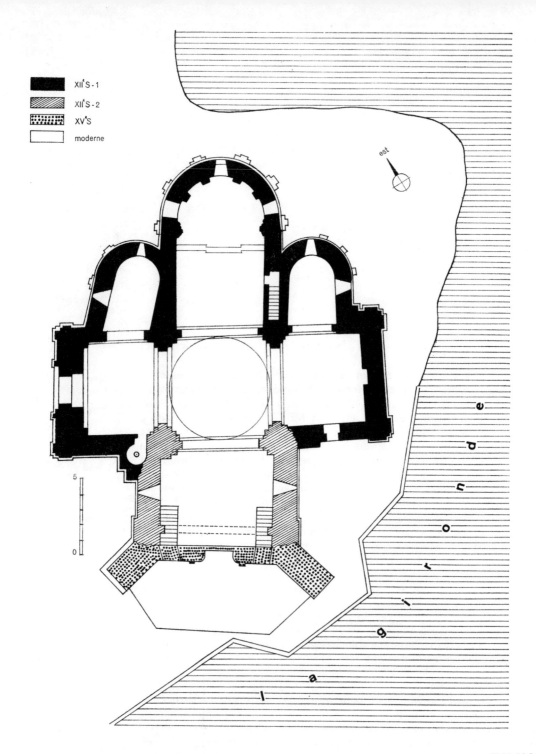

d'après le chanoine Tonnelier

TALMONT

L'ensemble, dont la rigueur géométrique n'est pas absolue, était couvert primitivement de berceaux brisés dans les parties droites et d'une coupole sur pendentifs, aujourd'hui refaite.

La première façade Ouest et la première travée, écroulées par suite de l'érosion des fondations, recouvraient la crypte, plus longue dans le sens Nord-Sud et qui fut formée par les fondations descendues profondément jusqu'au solide. Simple ossuaire modifié à l'époque gothique, elle a été disloquée en 1928.

La décoration, plus complexe que l'architecture, nous attirera aussi plus longuement. À l'intérieur l'hémicycle du chœur, diversifié par cinq arcs sculptés, encadre trois fenêtres; celle du centre, plus haute, donne une excellente luminosité en reflétant les eaux du fleuve.

Les colonnes de cette arcature, celles qui séparent la partie courbe de la travée droite, sont sobrement sculptées et reposent sur des consoles en biseau. Une corniche continue ces tailloirs autour du chœur, une autre relie les consoles basses. L'ensemble est très élégant et rappelle par sa disposition Rioux et Rétaud et par sa richesse Surgères.

Mais ce sont assurément les chapiteaux qui soutiennent les doubleaux de la croisée du transept qui offrent les reliefs les plus remarquables. Les sujets à animaux, lions, hommes et oiseaux opposés, superposés ou luttant, sont ceux que nous avons retrouvés à travers toute la province, mais si l'on doit remarquer la vigueur élégante de la sculpture, on doit aussi constater que les rinceaux n'encombrent pas leur corbeille (pl. 110). Il semble que le voisinage du Bordelais dégage ainsi le sujet. Au pilier Nord-Est, un sujet est reconnaissable et s'applique bien à une église des chemins de Saint-Jacques : c'est la légende, plusieurs fois remarquée, de saint Georges chevalier, sauvant la princesse, debout derrière lui, de la gueule du monstre qui pose la patte sur son bouclier. Là, comme à Nuaillé, nous retrouvons la convergence des traditions hagiographiques grecques avec un passage des légendes germano-scandinaves. Aux deux églises, des oiseaux accompagnent le cheval Grane attaché à un arbre voisin, et dans les Niebelungen c'en est un qui chante la victoire de Siegfried (ou Sigurd) sur le dragon Fafner. Les thèmes poétiques sont éternels ! Rappelons qu'au temps des invasions normandes Siegfried et ses Niebelungen séjournèrent longtemps sur les côtes de Saintonge et de Poitou. Le chanoine Tonnelier, qui avait déjà publié ces mélanges de traditions, pense que la suite de l'histoire, c'est-à-dire l'exécution du monstre, a été figurée à l'extérieur sur le grand portail. Cela serait bien tentant, nous le verrons.

La décoration extérieure de l'église vaut en effet d'être examinée de près. Si ce qui subsiste de la nef, qui est aussi la partie la plus ancienne, se borne à des contreforts comme le transept qui a nécessité une porte monumentale, sans doute impossible à l'Ouest, par contre le chœur en hémicycle, type fréquent dans l'Ouest en Saintonge et en Bordelais, est orné d'arcatures, ici sur deux étages coupés en panneaux par six contreforts-colonnes (pl. 112).

La fenêtre absidale détermine un arc plus large séparé de ceux des ouvertures latérales par des panneaux aveugles. La petite arcature du sommet suit l'espacement des colonnes, ce qui détermine trois ou quatre éléments. La hauteur de l'abside est divisée par des corniches sculptées au bas des étages, formant anneau autour des contreforts; au-dessous des fenêtres le mur est plein; au sommet il se couronne d'une riche corniche à modillons. Les voussures sont ornées de motifs géométriques, losanges opposés ou dents de loup.

Les absidioles, très simples, sont contre-butées par des contreforts, mais celle du Nord est restaurée avec sobriété.

Abside et transept furent fortifiés, et des maçonneries datant des guerres anglaises sont restées, surchargeant les murailles. Le clocher carré n'a été refait, pour couvrir la coupole neuve, que dans sa souche, seule d'authenticité certaine, avec l'escalier d'accès aux voûtes. C'est le type de Rioux et Rétaud, mais sans son décor baroque aux voûtes.

Le portail richement décoré, situé sur la face Nord du transept, apparaît comme caractéristique de la région avec ses trois larges arcades surmontées de sept autres aveugles (pl. 113). Notons les voussures moulurées en haut, de type fréquent en Bordelais. Un oculus coupe le pignon à travers la corniche.

Les voussures du rez-de-chaussée sont très animées par des scènes pittoresques et des chapiteaux à monstres et feuillages très traditionnels. Les rouleaux du centre, séparés par des motifs végétaux, représentent pour le premier une scène déjà décrite plusieurs fois : des anges encensent l'Agneau et sont tenus à bout de bras par deux autres. Le second étage est formé par des acrobates se supportant ou se soutenant.

Enfin au sommet, deux séries opposées et analogues de personnages arc-boutés traînent, par une corde attachée au cou, deux lions monstrueux qui piétinent une victime. Remarquant les chimères effrayantes à gueules de crocodile qui s'opposent à l'arc aveugle de gauche et, sur la frise qui continue les chapiteaux du portail, le lion qui paraît dévorer une femme allongée, M. le chanoine Tonnelier pense retrouver ici un rappel : la suite de l'histoire de saint Georges selon les hagiographes et l'exécution du monstre dévorateur. Mais celui-ci, sorte de griffon ailé à tête de chat sur le chapiteau de la croisée du transept, est bien différent des animaux du portail qui expriment peut-être une pensée morale. Au reste, comme le remarque notre ami, ce thème des personnages tirant une corde, mais sans lion, se retrouve plus au Sud, en Bordelais, notamment à Sainte-Croix de Bordeaux, Castelvieil ou Haux, mais il ne s'y trouve pas en rapport avec saint Georges. Et cette sorte de compétition de deux camps tirant une corde fut un jeu populaire sommaire, longtemps pratiqué.

Les tympans latéraux étaient occupés par des sujets dont celui de gauche paraissait représenter un Christ bénissant. Les jeux du vent et de la pluie ayant aussi sculpté cette façade, avaient fait disparaître depuis longtemps le groupe de droite, au moins jusqu'au plat du mur. Une réparation récente et mesurée a permis de rendre valable, en l'atténuant, une remise en état du portail un peu trop imaginative, surtout sous l'arc droit, essayée peu avant le congrès de La Rochelle de 1956.

Si l'on se réfère à l'état antérieur à 1940, consigné à la pl. 133 de l'ouvrage de Miss Mendell, on peut penser que les intempéries étaient sur le point d'ôter toute signification à un ensemble remarquable, et que la restauration des voussures est une réussite. Cette question de reprise est bien délicate. Il est trop tard à Échillais pour qu'on puisse faire confiance à une rénovation respectueuse. A Varaize, il faudra bien longtemps pour que les statues de Vertus, refaites avec trop de soin, cessent de choquer en retrouvant la patine des ans (pl. 90). Pourtant mieux vaut conserver le sens des reliefs, mais on n'aura jamais trop de doigté, d'habileté ni de talent pour arriver à la mesure voulue (2).

Ainsi subsiste au bord de l'abîme, par le soin des hommes, ce monument destiné à servir de relais à la foi des pèlerins de Galice; sa beauté formelle, le sens de la légende de saint Georges, chevalier comparable par son action contre le monstre à saint Jacques le Matamore, dont la tradition contait aussi les exploits sur les hérétiques, ont dû frapper ceux qui allaient au-delà des Monts.

Par sa situation, le fleuve unissait autant qu'il séparait les maîtres d'œuvre de Saintonge et de Guyenne, et c'est sans doute pourquoi il semble que l'on retrouve ici mélangés les thèmes, les proportions et les procédés essayés sur les deux rives.

Échillais (Notre-Dame)

Petite par sa taille, cette église, qui a dépendu de la collégiale de Soubise, est devenue par son aspect saisissant l'une des silhouettes familières de l'architecture saintongeaise, avec son allure si caractéristique d'arc de triomphe.

Il faut la voir par temps clair apparaître toute blanche sous la lumière crue, due au voisinage marin, qui accentue les reliefs puissants de sa façade rectangulaire.

Une nef simple, terminée par un chœur en hémicycle à cinq fenêtres, définit l'ensemble. Au XVe siècle, deux salles latérales ont été ajoutées au Sud et remaniées depuis. Les voûtes en berceau ont été refaites au XVIIe siècle, comme le clocher détruit aux guerres anglaises. Seules les trois fenêtres centrales du chœur sont, à l'intérieur, encadrées de colonnettes à chapiteaux soignés dont les tailloirs, ornés de demi-besants opposés par le côté convexe et réunis par un filet, se continuent sur la partie tournante.

Les corbeilles vigoureusement sculptées sont ornées de motifs végétaux ou de sujets au sens obscur. L'un présente un personnage chevelu assis sur un siège en X, portant une croix et tenant un livre ouvert (pl. 120). Il est accolé de deux hommes debout, qui paraissent vêtus d'habits sacerdotaux. Celui de droite appuie un livre fermé sur sa poitrine. Son pendant tient une masse à deux mains; sous la volute de la crosse un reste indéterminé : exhortation ou scène d'hommage.

Le chapiteau qui fait pendant montre deux sujets : sur une face, un homme à bonnet, debout, se défend avec un galet contre un chien qui lui engoule le bras gauche. A côté, un autre lutteur couché au-dessus, saisit un second chien dont il écarte les mâchoires (cf. *Lexique des symboles*, pl. 110). Des colliers soigneusement soulignés spécifient qu'il s'agit bien de chiens, mais le thème est aussi énigmatique.

Ailleurs des rapaces grimpés sur des lions les attaquent suivant un modèle oriental bien connu (pl. 119).

La façade rectangulaire a conservé au rez-de-chaussée le type des divisions tripartites, mais le premier étage n'est qu'une galerie continue de neuf arcades, celle du milieu légèrement plus importante pour loger une fenêtre (pl. 114). Le schéma est donc très saintongeais, mais souligné avec vigueur, car en bas les quatre colonnes principales s'imposent à l'examen et font ressortir l'importance et le relief du portail principal, dont le centre a malheureusement été diminué par une porte classique qui rompt l'harmonie des trois voussures autrefois richement sculptées, mais tellement rongées par les embruns, qu'on hésite à donner un sens à l'ensemble. Au rouleau supérieur, le mot IESVS, déchiffrable sur le personnage du sommet couché dans le cintre, désigne le Christ qui doit être entouré de deux anges thuriféraires, au-dessus, à droite d'un joueur de viole dominant une statue de femme de face avec une guimpe et de longues manches, un bras sur la hanche. Au rouleau médian, sous le Christ, un personnage nimbé qui serait saint Étienne, couché dans l'arc, tend deux mains jointes : il est menacé par un bourreau en face de lui qui le frappe à la tête de la main droite et tient de la gauche une pierre pour le lapider. Deux autres hommes aux gestes menaçants aideraient à la lapidation du premier diacre, et les silhouettes rongées des deux autres font leur pendant.

Les dernières figures de la voussure inférieure laissent deviner trois personnages; deux en partie côte à côte et un autre au-dessous portant un sceptre (?). Tout le côté Nord du portail n'est plus aujourd'hui qu'un calcaire d'apparence spongieuse. Peut-être certains peuvent-ils, devant un tel désastre, épiloguer sur la poésie des ruines, mais pour nous ce n'est que l'aveugle destruction du vent marin, fils des abîmes, dont l'œuvre dévastatrice excuse et rend nécessaires certaines restaurations, pourvu que des ciseaux circonspects sachent rendre un visage lisible pour les générations a venir.

Le sujet le plus connu est bien le masque démoniaque engoulant la colonne gauche de la porte (pl. 116). C'est un sujet courant de la sculpture de l'Ouest, fréquent en Saintonge, mais dont les chapiteaux du chœur de Colombiers (Vienne) ou de Cunault (Maine-et-Loire) sont de dignes émules, parmi bien d'autres.

Les autres chapiteaux de feuillages délimitent les petits arcs latéraux dont les fonds de muraille se diversifient par un appareil en chevrons fréquent à cette place dans la région, comme à Vandré, à l'abside de Rioux et à Saint-Georges d'Oleron. Deux colonnettes posées sur de larges tailloirs supportent la corniche qui reçoit l'étage. Leurs chapiteaux étroits et annelés se retrouvent souvent dans la région – au clocher de Moings (pl. 217), et au chœur de Fontaine-le-Comte (Vienne).

L'arcature du premier étage (pl. 117), bien mieux conservée, est richement ciselée de motifs végétaux (pl. 115), marguerites rectangulaires comme à Sainte-Gemme, acanthes groupées en S ou en gerbes comme à l'abside de Marestay, bref toute une fantaisie qui se retrouve aux tailloirs comme au-dessus, aux métopes de la corniche haute, où les sujets sont encore variés par la représentation d'échiquiers, qui se retrouvent à Rétaud, ou de roues de charrette.

Les petits chapiteaux, comme souvent les modillons très divers, sont soigneusement sculptés avec humour et fantaisie. Ici un prêtre bénit, la main levée, là un chasseur sonne de la trompe, plus loin un archer vise un basilic et, derrière, un joueur de vielle gratte ses cordes. Puis ce sont lions ou chimères ou des têtes d'hommes et de monstres; l'un d'eux a dévoré une victime, dont la main sort de sa gueule, thème connu à Oyré (Vienne).

Les parties hautes sont plus finies ou moins usées que la corniche basse, mais de même type. On y voit un oiseau aux ailes ouvertes, des têtes, un baril.

L'abside présente les mêmes caractères raisonnables et la même solidité, avec ses quatre colonnes assises sur de belles bases dont les moulures se poursuivent autour du chœur, comme la ceinture à demi-besants qui délimite la partie basse des ouvertures à chapiteaux ornés, soutenant les voussures moulurées, enrichies ici et là d'archivoltes à pointes de diamant (pl. 118). La corniche simple, soutenue par des modillons variés (avec le petit tonneau) et les gros chapiteaux à monstres et feuilles, a été fortifiée à la guerre de Cent ans. Il n'en reste qu'une muraille d'appareil moyen sur laquelle repose la charpente du chœur.

Le passage de l'hémicycle à la nef droite est souligné par un pilastre contre lequel s'appuie l'un des montants d'un enfeu sous la première fenêtre Sud de la nef.

L'ensemble de cette belle église, si soigneusement ciselée avec amour, est très équilibré, plein de bonne humeur et de piété, sans tendance exagérée au mysticisme ni à l'irrévérence, sans doute à l'image de ceux qui l'ont conçue.

Saujon

Il ne reste rien de l'église romane primitive, dépendance de Saint-Martial de Limoges, dédiée à saint Martin de Saujon, homonyme du fondateur de Ligugé. Lors des travaux exécutés au champ de foire, quatre chapiteaux enfouis depuis sa destruction en auraient été retirés. Pour les présenter, on eut la bonne idée de les abriter dans l'église Saint-Jean-Baptiste qui doit dater du XIXe siècle. Ils restent parmi les plus belles sculptures romanes du XIIe siècle en Saintonge.

L'un d'eux, très stylisé, imitant un modèle archaïque, nous montre Daniel assis, tenant le Livre et bénissant, au milieu de quatre lions dont il est séparé par une mandorle en fer à cheval ornée de perles, matérialisant la protection divine, comme l'exprime un chapiteau inspiré du même type et d'un schéma voisin, au porche XIe siècle de Saint-Porchaire de Poitiers : HIC DANIEL DOMINO VINCIT COETUM LEONINUM, était-il gravé sur une inscription lisible jusque vers 1950, ce qui rappelle le texte difficile à atteindre sur le livre du prophète de Marestay (pl. 97). Celui-ci, comme à Saint-Eutrope, répond à une façon déjà plus libre et plus expressive. A Saujon la facture soignée, les crinières bien peignées des lions, sont contemporaines de l'art du milieu du XIIe siècle.

Deux autres chapiteaux accusent une manière très élégante dans une gravure très soigneuse, avec des personnages élancés. Le premier figure la Résurrection, les Saintes Femmes, le tombeau sur lequel l'ange est assis entre des arcs à colonnes torsadées. C'est un art bien saintongeais, mais le croquis général est loin de la même scène vue à Chadenac, au clocher de Notre-Dame de Saintes, à Thaims ou à Mornac-sur-Seudre où les personnages ont été effacés par un esthète simplificateur.

Le second est d'une rare élégance. C'est le Pèsement des âmes (pl. 121), finement ciselé, où les riches vêtements des anges aux plis détaillés, les plumes des ailes, les ongles des mains, aussi bien que les particularités de la balance, les torsades des cordes ou des paniers, font ressortir la gravité sereine ou l'angoisse des visages et la cupidité du démon pustuleux et griffu. C'est vraiment l'un des sommets de l'art de cette province, et quelle distinction mystique à côté de Colombiers !

La dernière corbeille est sculptée avec le même soin et la même qualité de minutie, mais apparaît plus robuste par ses personnages trapus : un pêcheur qui plie sous le faix d'un énorme poisson aux multiples écailles, un paysan qui tient sur son épaule une houe à bords tranchants (pl. 122).

Les auteurs étudiant les endroits où le sujet se rencontre, à Saint-Fort-sur-Gironde et en Guyenne (3), se sont ingéniés à deviner l'énigme ainsi représentée et qui ne pouvait être Tobie ni un symbole uniquement abstrait, mais une scène bien concrète, encore qu'on puisse lui attribuer un sens providentiel. Il fallait seulement, comme nous le disons plus haut (4), comparer ce chapiteau, sculpté avec tant d'assurance, à la voussure romane du tympan de Sainte-Marie d'Oleron, qui explique dans tous ses détails la pêche du saumon, son dépècement et son utilisation. L'homme au poisson de Saujon y est littéralement figuré, pliant sous son fardeau au milieu des phases de cette industrie saisonnière.

S'il fallait y chercher une allusion mystique, comme c'est probable, ce ne peut être que le bienfait providentiel de la manne du désert.

Macqueville (Saint-Étienne de), dépendance de Charroux

Il faut s'émerveiller de la variété des églises de Saintonge, dont la sculpture révèle si souvent une personnalité bien particulière.

Comme tant d'autres en ce pays où a sévi la guerre de Cent ans, l'édifice a été mutilé. Au-delà de la croisée du transept, l'abside, jadis en hémicycle, a été ruinée, ce qui a nécessité la fermeture du sanctuaire par un mur droit.

Église à nef unique, dont les parois sont renforcées par une solide arcature double en plein cintre, logeant des bancs de pierre et reposant sur les dosserets et les chapiteaux de massives demi-colonnes; son plan n'offre pas de particularités.

Le bras droit du transept porte un clocher voûté d'une petite coupole sur pendentifs, tandis que la croisée est recouverte d'une large ogive dont la clef porte un bel ange qui tient un livre, sans doute symbole de saint Jean, peut-être remployé là.

Voûtée d'arêtes tardives sur des pilastres, peut-être après les guerres de Religion, et récemment dégagée par le service des Monuments historiques qui l'a sauvée de la ruine et restaurée, il ne semble pas que malgré ses murs robustes elle ait été à l'origine couverte d'un berceau. Aujourd'hui une simple charpente la protège.

Comme le plus souvent dans cette région, c'est sa sculpture qui nous occupera le plus. Il y a d'ailleurs plusieurs tendances à remarquer. A l'entrée Sud du chœur, trois chapiteaux sont d'un style simple et direct : l'un d'eux est seulement orné de godrons et de volutes, type qu'on verrait plus normalement à l'Est ou en Normandie; à côté c'est une sirène aux cheveux écartés en deux mèches qui tient le poisson, emblème fréquent aux chapiteaux de l'Ouest et représentant la Volupté étouffant le chrétien venu naviguer trop près de ses eaux : « *Sirenae animalia mortifera* », dit le Physiologus; enfin c'est un homme à mi-corps qui porte sur ses épaules un loup qui lui mord le bras. Le tout est exposé directement, à la manière du roman poitevin ou, plus rarement, de celui de l'Angoumois. Pas de rinceaux superflus, comme partout en

Saintonge. Du même temps peut encore être un motif d'entrelacs et de feuillages raides.

Les chapiteaux de la nef qui paraissent plus récents sont déjà plus compliqués. Ce sont des rinceaux vigoureux et nets, soit seuls (pl. 126), soit formant des lianes au milieu desquelles luttent homme (pl. 127) et animaux (pl. 124). Ailleurs un dragon rampe au-dessus d'un étage inférieur de feuillages dressés et serrés (pl. 123). C'est un art plus direct et moins encombré que celui de Saint-Eutrope ou de Colombiers, mais assez analogue à celui de certaines églises de l'Angoumois, comme Saint-Amand de Boixe, Torsac, Conzac, Champdeniers, entre autres.

L'un des motifs se retrouve fréquemment dans cette dernière province. C'est celui de la vaste feuille d'acanthe dont on peut suivre l'épanouissement : à l'origine, simple crochet d'angle dont le bourgeonnement s'agrandit à Cellefrouin (Charente) pour arriver, comme ici, à couvrir la moitié de la corbeille et rejoindre une autre feuille symétrique, leur intervalle étant rempli par une petite tête. A Macqueville le sujet est robuste et s'affirme avec vigueur (pl. 125), mais nous le retrouverons bien traité à Saint-Sornin et, dans la province voisine, soigné avec beaucoup d'élégance, à Saint-Amand de Boixe, Eschallat, voire à Faye-la-Vineuse (Indre-et-Loire), aux confins du Poitou et de la Touraine.

Cette sculpture de la nef de Macqueville est fort remarquable, d'un dessin gras, excellent, mais un peu lourde, bien en rapport avec l'architecture, ce qui la distingue de la manière de Saintes, plus déliée. Elle est un peu plus proche d'un chapiteau à rinceaux d'Aunay.

Mais voyons l'extérieur.

L'église s'ouvre à l'Ouest par une porte romane simple, mais tout le soin a été reporté sur le grand portail latéral Nord, dégagé par un avant-corps (pl. 128).

Ici l'ouverture en plein cintre est entourée de piédroits continués par l'arc et sculptés de motifs géométriques méplats. Sur ce fond se détachent les colonnes terminées par des chapiteaux très salpêtrés portant trois voussures soigneusement ornées. La première représente de belles palmettes d'acanthe et la seconde des feuillages analogues disposés en rinceaux, soutenus à la base par des chimères ailées et interrompus au sommet par des paons, symbole habituel de l'immortalité, qui se tournent le dos. Enfin le dernier arc, formé de claveaux larges, limité par une archivolte à motifs végétaux, présente plus de fantaisie. Si au sommet l'Agneau pascal rappelle le devoir d'adoration que deux anges thuriféraires exprimaient avec clarté, il faut remarquer que si celui de gauche est bien net, derrière l'Agneau et sur le même claveau l'encensoir seul paraît, séparé de l'autre ange par deux claveaux portant un lion et un dromadaire. L'erreur de montage est facile à déceler, qu'elle soit d'origine ou provienne de modifications ultérieures. Cette fantaisie que les vicissitudes de l'église suffisent à expliquer est fréquente; nous la rencontrons ainsi à Fenioux qui intervertit les éléments du zodiaque, ou à Nuaillé-sur-Boutonne, où l'aile d'un ange thuriféraire mutilé est remployée à l'emplacement prévu pour l'Agneau pascal ou la main bénissante.

Les autres sujets variés appartiennent au bestiaire plus ou moins fantastique, chimères de toutes catégories, lions allongés ou contorsionnés, vieillard voûté avec ses cannes et le fameux dromadaire, ici avec une clochette, qui n'est pas sans exemple à l'époque romane, quand cela ne serait qu'au portail intérieur de la sacristie de Lusignan, peu éloigné, sans aller jusqu'à Saint-Gilles-du-Gard.

La richesse de la décoration se retrouve aux chanfreins qui séparent les colonnes et aux modillons soignés des corniches qui dominent le portail ou soutiennent la toiture. Nous y retrouvons comme aux chapiteaux de l'absidiole l'infinie variété des sujets sortis de l'imagination cocasse des imagiers : lutteurs, combats, monstres grotesques, chouettes ou amoureux lascifs.

Le clocher carré, orné de deux arcades sur les côtés qui ne sont pas accolés à la tourelle d'escalier, a dû être détruit au-dessus de l'étage unique subsistant.

Cette sculpture de Macqueville ne paraît pas inspirée par celle d'Aunay. Beaucoup de détails, la différence des bestiaires, leur disposition, la largeur des claveaux indiquent une autre filiation, peut-être quelque peu antérieure.

Précisément c'est l'intérêt de cette belle église de montrer une personnalité accusée.

Le Douhet

Cette petite église bien fragile, comme l'indique la masse de ses contreforts, fut dédiée à saint Martial. Elle se présente naturellement avec une nef unique, divisée en quatre travées, voûtée en berceau et terminée par un chœur peu profond, qui seul possède quelques chapiteaux ornés de lutteurs et d'animaux.

Le clocher ayant été reconstruit au XVe siècle, tout l'intérêt est concentré sur la façade de type charentais avec sa porte à larges voussures, accolées de deux arcs aveugles sous une vigoureuse corniche aux chapiteaux ornés de feuillages et de têtes monstrueuses, celui du centre ouvert d'une fenêtre sous un fronton remanié.

Le portail central est agrémenté de voussures relativement sobres. Sur la plus basse est figuré l'Agneau pascal entre quatre anges superposés par paires, le nimbe soutenu par les deux plus proches (pl. 129). Les trois autres rouleaux sont ornés de motifs végétaux répétés par claveau, sauf le dernier étage nu, mais souligné par une archivolte sculptée de douze apôtres centrés sur un Christ en majesté. Rappel mystique, celui-ci est surmonté directement par une descente de Croix finement ouvragée au modillon de la corniche.

Si les voussures latérales sont sculptées, l'une de damiers et l'autre d'acanthes sobres, la frise qui en diamètre continue les chapiteaux de chaque côté est ornée plus richement de rinceaux dans le même esprit, comme partie des corbeilles, mais au milieu de celles-ci se détachent des scènes tragiques d'interprétation peu facile. A gauche, un homme barbu, debout auprès d'un serpent dressé qu'il saisit de sa main droite, prend de la gauche la main d'un autre personnage qui tient au menton un lion contourné, tandis qu'un masque menaçant se détache au milieu du sujet (pl. 130).

A droite, le Christ au nimbe cruciforme semble s'adresser à un ange placé devant un serpent onduleux, contre lequel se défend un homme affaissé qu'une femme saisit au genou et essaie de relever par les cheveux, tandis que derrière elle un dernier personnage tient un bâton menaçant.

L'édifice bien modeste et remanié doit à sa sculpture habile, à la richesse de son ornementation de façade encore rehaussée par les colonnes annelées de l'entrée, et à l'énigme de son iconographie, de figurer parmi les joyaux de la Saintonge.

Colombiers. Prieuré de Charroux dédié à saint Maclou

Cette église à nef unique dont le clocher, effilé de façon élégante, tient lieu de transept à sa base, et qui est accolée par une abside en hémicycle, n'a plus sa façade romane. Son plan n'offre pas de particularités : on peut seulement remarquer la perfection de la stéréotomie romane. Ce sont les chapiteaux très riches qui se succèdent sous la coupole de la croisée qui méritent l'attention. Ils paraissent inspirés de Saint-Eutrope, mais avec une fantaisie et une habileté plus grandes, de sorte que Miss Mendell y verrait plutôt une filiation de l'Abbaye aux Dames. La proximité de Saintes explique aisément une influence mélangée des deux grands modèles. A vrai dire, si la sculpture est plus libre qu'à Saint-Eutrope et d'un dessin moins heureux, comme la comparaison des deux « peseurs des âmes » du Jugement dernier le fait bien sentir (pl. 135 et 13), elle est aussi moins délicate qu'à l'Abbaye aux Dames, où le même sujet était figuré à l'extérieur du clocher avec une rare élégance et une autre personnalité. A Colombiers le mouvement est accentué, plein de fantaisie. Sauf ce rappel du Saint Michel tenant la balance, les motifs n'ont pour guide que l'inspiration du sculpteur obsédé de têtes burlesques, de plaisanteries faciles où les personnages tirent les barbes bifides de vieillards (pl. 131 et 133), taquinent des monstres, se disputent, comme cet homme à quatre pattes qu'un unijambiste assomme d'un marteau (pl. 132) et semble atteindre au visage avec la béquille qui lui tient lieu de pied. Ce thème populaire existe à l'Abbaye aux Dames et en de nombreux endroits, sculpté et manuscrit. Tout se lit à travers un fouillis de feuillages, rinceaux et volutes (pl. 136) d'un type bien connu à Saint-Eutrope. Masques d'animaux ou visages imprévus apparaissent au milieu de luttes d'hommes et de monstres ou d'oiseaux (pl. 134) dans une sarabande échevelée.

C'est toujours cette liberté d'esprit et cette gaieté chère aux sculpteurs de tant d'édifices saintongeais. L'essentiel est de donner des reliefs harmonieux, pleins d'humour et de vie, et le rappel religieux n'est souvent qu'accessoire, noyé dans la jungle grouillante. La richesse de ce décor est encore accentuée par la surcharge des tailloirs ornés de rinceaux, nattes ou damiers.

Gourvillette

Parmi les nombreuses églises de Saintonge de type uniforme ou abîmées au cours des siècles, quelques détails subsistent qui valent la peine d'être notés.

Il faut signaler un chapiteau vigoureusement historié à Gourvillette. Il représente, devant une tonnelle de vigne, Madeleine habillée d'une longue tunique, prosternée aux pieds du Christ nimbé, debout à l'angle et qui la bénit en se retirant (pl. 137). La sculpture de la femme est un peu raide, mais celle du Sauveur est très expressive. L'apparition du Christ à Madeleine n'est pas fréquente dans la région.

NOTES

1   *Au siècle dernier, ce texte avait frappé l'académicien Lenormant, qui l'avait d'ailleurs transcrit de travers, au cours d'un voyage exaltant, mais pénible au point qu'il en mourut d'épuisement peu après son retour.*
2   *Rappelons aussi que le remplacement indispensable des parpaings transformés en éponges friables avait conduit à insérer dans la muraille grise des éléments neufs et blancs (cfr pl. couleurs, p. 232). Cette polychromie provisoire a amené des esprits superficiels à voir un procédé de type « auvergnat » dans une nécessité moderne de rénovation, dont la patine fera heureusement disparaître les traces, avec le temps.*
3   *Les sujets mentionnés par Brutails, Vieilles églises de la Gironde, p. 225, ne sont pas toujours aussi clairs qu'à Saujon.*
4   *Voir page 16.*

TÊTES DE CHEVAUX

La table des planches illustrant ce chapitre se trouve à la page 248.

LES ARCATURES A TÊTES DE CHEVAUX

L'art roman de l'Ouest est habitué à la sculpture indéfiniment répétée, sur chaque élément des voussures, de motifs variés : rameaux disposés en S, petites scènes, oiseaux, voire simples dessins géométriques ou fleurons, dont la cadence produit un ensemble harmonieux. Mais le rythme engendré par les arcatures formées de claveaux taillés en têtes de chevaux ainsi accolées étonne par sa singularité apparente, qui donne l'une des surprises les plus originales de la province. Et pourtant ce n'est que l'application d'un principe bien connu, restreint à un petit coin de Saintonge seulement qui adopta ce motif saisissant, car l'art roman si riche en ses variétés connaît ailleurs pareilles fantaisies. L'esprit anglo-normand donne d'étonnants exemples que l'on rencontre avec amusement. Ainsi à la porte de Rots (Calvados) des têtes originales de chauves-souris aux oreilles écartées remplacent avec humour les destriers des bords de la Gironde et remplissent avec la même aptitude les trapèzes des claveaux.

Ici sont donc regroupées les églises dont l'arcature est restée intacte, ou a été démembrée par les restaurateurs qui ont remployé les éléments comme les modillons d'une corniche inexistante.

L'ensemble des autres sculptures pourrait se rattacher aux familles où apparaissent des préoccupations didactiques, comme la figuration de l'Avarice ou de la pêche du saumon.

TABLE DES PLANCHES

SAINT-FORT

139 *La façade Ouest.*
140 *Détail d'une voussure du portail Ouest.*
141 *Chapiteau des arcatures supérieures.*

PÉRIGNAC

142 *Détail de la partie supérieure de la façade Ouest : l'Ascension du Christ.*
143 *Autre détail de la partie supérieure de la façade Ouest.*

144 et 145 *Détails des sculptures de la façade Ouest.*

SAINT-QUANTIN DE RANÇANNES

146 *Détail d'un chapiteau des arcatures hautes de la façade Ouest, orné de coquilles.*
147 *Ensemble de la façade Ouest.*
148 *Détail des parties hautes de la façade.*
149 *Têtes de chevaux provenant d'anciennes voussures de portail.*

140

141

PÉRIGNAC

SAINT-QUANTIN DE RANÇANNE

148

149

SAINT-FORT-SUR-GIRONDE
ET LES ÉGLISES A VOUSSURES DE TÊTES DE CHEVAUX

Le nombre si vaste des églises de Saintonge dont les caractères architecturaux n'offrent pas de très importantes différences, oblige à les étudier plutôt en regroupant des particularités décoratives et iconographiques remarquables.

Nous essaierons donc de voir dans ce chapitre les façades qui présentent le curieux motif des têtes de chevaux sculptées sur chaque claveau de l'une des voussures. Bien sûr, ce n'est là qu'une variété de principe décoratif des églises romanes de l'Ouest de la France, dépourvues de tympan, sauf rares exceptions, ce qui les a obligées à exprimer ailleurs les scènes iconographiques, l'enseignement théologique ou simplement le goût ornemental souhaité par les sculpteurs.

Un peu partout on loge ainsi dans un ou parfois deux claveaux le même sujet indéfiniment répété, vieillards de l'Apocalypse, personnages, animaux, dessins géométriques ou feuillages.

Ces éléments ayant nécessairement pour cadre un trapèze, il a donc fallu donner autant que possible cette forme générale aux images à reproduire. L'intelligence autant que l'habileté des artistes pouvait donc déployer toute son ingéniosité déjà si visible aux modillons des corniches, dans les écoinçons ou toutes les surfaces déterminées par les entrelacs ou les enroulements végétaux.

Or une remarque a pu s'imposer aux décorateurs des églises qui nous occupent ici : c'est le dessin allongé de la tête de cheval, large au front et aux oreilles, plus étroite aux naseaux. Quelles dimensions idéales pour remplir les éléments multipliés des voussures de nos portails !

Peut-être est-ce la raison qui a fait choisir pour un petit groupe d'églises, dont l'ensemble le moins mutilé est la façade de Saint-Fort-sur-Gironde (pl. 139), ces curieuses réunions de têtes de chevaux. Les autres églises ainsi dotées de ce motif caractéristique sont Pérignac (pl. 142), Saint-Quantin de Rançannes (pl. 147). Elles sont très proches les unes des autres.

A vrai dire, au premier abord, ces édifices ont aussi un caractère commun, celui d'avoir beaucoup souffert du malheur des temps : Saint-Fort (à quelques éléments d'appareil réticulé près), et Saint-Quantin n'ont plus leur pignon triangulaire d'origine; celui de Pérignac a été très modifié lors de sa fortification au XIVe siècle, rendu rectangulaire et repris en grande partie (1).

L'arcature du premier étage, sous sa corniche à modillons, reste dans les divers cas l'unique élément d'architecture commun conservé auquel nous puissions nous rattacher pour essayer de comprendre les analogies générales.

Si le portail entre ses deux arcades aveugles subsiste à Saint-Fort, il n'en reste plus que les éléments remployés vaille que vaille à Saint-Quantin, dont le rez-de-chaussée a été refait comme celui de Pérignac, ce dernier repris en sous-œuvre à l'époque gothique. La voussure de chevaux a été démontée et les claveaux utilisés comme des modillons d'attente décoratifs et sans corniche (pl. 149). Ainsi ont été traités les chapiteaux des pilastres détruits et deux claveaux qui n'ont pu loger dans la voussure remployée à l'arc de la porte refaite.

De plus à Pérignac, nous constatons l'existence d'une seconde arcature superposée à la première, encadrant la haute fenêtre centrale et dont le style décoratif est différent et certainement postérieur (pl. 143). En effet, la galerie inférieure représente les douze apôtres (pl. 145) entourant la Vierge et contemplant l'Ascension du Christ s'élevant au sommet du pignon jadis triangulaire et orné de petits motifs, lions et quatre-feuilles remployés (pl. 142). Ces scènes sont inséparables, tandis que le combat des Vertus et des Vices (pl. 144), dont le prototype est à Aunay, et que nous avons expliqué à propos de Fenioux, appartient à une mode apologétique un peu plus tardive.

Remarquons la voussure de têtes de chevaux de la haute fenêtre centrale (pl. 142). Elle est exécutée avec beaucoup de soin, comme par la même main qui exécuta celle de Saint-Fort, mais bien différente des mêmes motifs bien plus stylisés et simplifiés à Saint-Quantin.

Il est frappant aussi de constater que les premières arcatures de Pérignac comme celles de Saint-Fort et de Saint-Quantin sont seulement moulurées, selon un procédé sobre. De même les archivoltes qui existent seulement au rez-de-chaussée de Saint-Fort ne portent que des pointes de diamant (pl. 140). Même simplicité au bas des arcatures soulignées par des dents d'engrenage, sauf à Saint-Fort où le tracé d'acanthes est à peine plus compliqué. Ainsi encore de petits échiquiers ou des billettes dessinant la même alternance bordent les corniches de Saint-Fort et de Saint-Quantin.

Les chapiteaux des trois galeries offrent aussi des analogies frappantes. Mêmes corbeilles de vannerie tressée au Nord de Saint-Fort et au Sud, à Pérignac; roues entrelacées dans cette galerie et à un des chapiteaux remployés à Saint-Quantin; mêmes corbeilles ornées comme les coquilles d'huître ou de moule, de ces curieux groupements de crustacés parasites, cirripèdes du genre balanes, sculptés au pourtour, à Saint-Quantin (pl. 146) et à Saint-Fort.

Enfin un motif se retrouve identiquement à Saint-Quantin et à un modillon de Champagnolle, église voisine dont le portail roman est détruit. Il s'agit d'un personnage renversé sur le dos qui passe sa tête entre ses jambes.

Ces ressemblances si évidentes indiquent un rapport certain et frappant.

Comme nous l'avons dit, le rez-de-chaussée de Saint-Fort jusqu'à la corniche à modillons est seul intact. Sa disposition générale est celle de bon nombre d'églises saintongeaises du type Corme-Écluse, aussi les analogies que nous avons relevées nous conduisent-elles à penser que les rez-de-chaussée détruits sous les galeries conservées devaient avoir un schéma identique. La largeur des édifices, leurs proportions, les remplois, nous permettent de supposer qu'une vaste porte centrale et deux arcs aveugles devaient former un ensemble majestueux. Une voussure centrale à claveaux en têtes de chevaux est certaine à Saint-Quantin.

Il est impossible de présumer ce que fut le décor de Pérignac où la voussure à têtes de chevaux couronne la haute fenêtre.

Cet ensemble dut être riche à son origine, avec sa première galerie de treize arcs brisés bordés de pointes de diamant, sauf celui, plein cintre, réservé à la Vierge assise au milieu entre douze apôtres debout (pl. 143). Ils sont séparés par deux colonnes encadrant un pilastre léger, mais réunis par des chapiteaux communs avec abaques moulurés se poursuivant au fond de la niche. La sculpture des corbeilles est formée en général de filets et d'acanthes assez simples, et les statues habillées de longues robes et de manteaux assez collants à grandes manches.

Le Christ dans une mandorle entre quatre anges s'élevant au ciel (pl. 142), complète ce magnifique ensemble, malheureusement mutilé, d'abord au cours de la guerre de Cent ans qui a obligé à reprendre le pignon, puis par le vandalisme politique en 1848 qui a cassé les têtes de l'arcature basse et quelques-unes des personnages de celle du haut.

Celle-ci, qui avait déjà, vers la fin du second tiers du XIIe siècle, brisé l'unité du sujet, est beaucoup plus riche par son ornementation de feuillages en rinceaux et d'animaux sculptés sur les abaques continus, les chapiteaux et les corniches; elle n'était prévue que pour huit statues de Vertus aux longs manteaux, ornées de lances ou d'épées avec le bouclier élevé, têtes casquées et nimbées, terrassant les figures sataniques des Vices (pl. 144). Trois sont restées inachevées en pierres d'attente à la place où les corps allaient être sculptés, mais les blocs où devaient être ciselées des têtes manquent.

Telle est cette façade prévue pour une des plus riches iconographies de Saintonge, mais si maltraitée par les événements d'un monde brutal, qu'il soit du Moyen Age ou des Temps modernes, puisque l'homme reste toujours égal à lui-même.

D'autres observations doivent être faites. La haute fenêtre qui éclaire l'église est dominée par une voussure à têtes de chevaux entre deux lions qui complètent l'arc, voussure qu'on se serait plutôt attendu à trouver au rez-de-chaussée (pl. 142). Son archivolte est curieusement sculptée de douze petits personnages nus, six femmes à gauche et six hommes à sa suite, allongés dans cet espace étroit, dont le style paraît s'apparenter à celui de la corniche haute sous-jacente, plutôt que les moulures ou les motifs simples connus à Saint-Fort ou à l'arcature basse. Ces sujets n'auraient-ils pas été refaits pour s'harmoniser avec le deuxième état de la façade et faire allusion au nouveau sujet moralisateur? Vers l'intérieur de l'église les impostes sous l'arc de la fenêtre sont aussi sculptées de motifs végétaux de cette seconde époque. Et même les têtes de chevaux sont-elles bien à leur place primitive ?

Quoi qu'il en soit, la ressemblance de ces parties hautes de la façade avec celle de Notre-Dame la Grande de Poitiers, plus récente, s'impose à l'œil. Mais l'Ascension de cette dernière église présente plus d'unité, les deux galeries dont les sujets ne sont pas identiques à ceux de Pérignac étant bien de la même campagne. Il ne s'agit sans doute que d'apparences ou d'impressions superficielles, mais elles intriguent.

A Saint-Fort, l'ornementation dont nous avons déjà beaucoup parlé, veut être décrite en soulignant que les voussures des arcs aveugles sont ornées par des sortes de cylindres occupant chaque claveau et que celui qui domine les têtes de chevaux est coupé par un tore (pl. 140), motifs adoptés dans la région, à Saint-Georges des Agouts et à Saint-Gilles de Pons entre autres. Enfin des dents pyramidales ici, ailleurs des fruits à quatre côtes ou segments, donnent à cet ensemble un relief saisissant, bien en harmonie avec les têtes de chevaux qui mordent un tore et non un mors continu.

L'iconographie des chapiteaux de la porte représente soit des animaux, comme des combats de chèvres, soit des sujets assez usés par le vent de mer : un roi assis écarte de sa main droite un manteau que paraît demander un personnage suppliant à sa gauche, et derrière lui un homme accourt tenant des fers. Plus loin deux personnages agenouillés tendent des objets, peut-être une bourse, à un autre situé au centre : symbole de luxure ou d'avarice ? Ce thème se retrouvera aux deux modillons de la très belle corniche où un Tentateur à mèche de cheveux dressée, sans doute un démon, tend un magot à une femme agenouillée en prière; plus loin une chimère essaie d'engouler par le dos un nain. Ailleurs un homme transporte avec peine sur son épaule un énorme poisson. Cet épisode de la pêche du saumon, si clairement exprimé au portail d'Oloron-Sainte-Marie (Basses-Pyrénées), avec les phases du dépècement des animaux, est relativement fréquent en Gironde. Voir aussi Saujon (pl. 122). L'iconographie est inexistante à Saint-Quantin sauf sur les modillons.

Ceux qui ont gravi les pentes de l'oppidum de Laon, ont vu apparaître peu à peu dans les tours de sa cathédrale gothique, encore si marquées par l'art roman, la silhouette des bœufs qui furent placés là, dit la tradition, pour remercier les animaux qui peinèrent à monter au sommet de la route abrupte les blocs de pierre blanche destinés à édifier la maison de Dieu.

Est-ce un sentiment analogue qui amena le sculpteur de Saint-Fort-sur-Gironde ou de Pérignac à faire figurer tant de fois les têtes de chevaux qui nous étonnent ?

Bien sûr cet animal noble est alors le compagnon habituel et indispensable du chevalier, du voyageur et du transporteur. Pour beaucoup il était l'ami familier autant que complaisant et courageux. Aussi ne faudrait-il pas s'étonner de le voir inscrit, quoique assez rarement, aux éléments des édifices romans. Nous le voyons très schématisé comme modillon de corniche à la façade de Thaims ou à l'abside de Gibrezac très proche, comme culot aux retombées des arcs, à l'entrée du portail de La Rochette (Charente) ou bien plus loin à Izon (Drôme), ou pour recevoir un arc du cloître de Saint-Guilhem-le-Désert (Hérault). A

Saint-Quentin de Baron (Gironde), le thème est traité de façon très naturaliste.

Mais le sujet est d'ordre plus général. Car le fait pour un claveau de représenter un animal mordant une billette est courant; on le retrouve à Saint-Quantin même, à Notre-Dame de Poitiers et un peu partout, dans les innombrables modillons romans. La réunion de plusieurs motifs amène à dessiner une moulure continue de l'arc sans avoir jamais le véritable sens d'un mors de bride, en admettant même que l'imagier ait diminué l'épaisseur du tore ainsi formé. Le procédé s'applique d'ailleurs à bien d'autres sujets, notamment à des têtes de personnages dont la barbe ou la langue s'étale et s'enroule sur la nervure, comme à Mesland (Loir-et-Cher) ou à la cathédrale de Lincoln; mais les animaux les plus divers sont assurément mieux adaptés : ce sont par exemple des corbeaux à Cuvergnon (Oise), Tortington (Sussex), Iffley, Barford St. Michael (Oxford), Adel (York), des monstres à Clonmacnois (Irlande), Ouistreham (Calvados), Amandi, près Oviedo; un chien est représenté à English Bicknor (Gloucester), mais les plus remarquables sont les amusantes chauves-souris de Rots (Calvados) (2).

Mais combien le symbole des vaillants destriers, des haquenées marchant à l'amble ou des courageux compagnons des confrères bâtisseurs signifie davantage la vie laborieuse et confiante, au seuil de la maison de Dieu construite aux bords du fleuve paisible et lumineux, que les becs hallucinants et maléfiques suggérés par les brumes nordiques, pour contraster avec la promesse rassurante du sanctuaire !

NOTES

1 *L'église proche de Saint-Germain-sur-Seudre, qui est reconstruite, a repris le même motif des têtes de chevaux, mais la sculpture neuve ne permet pas de savoir si on a copié un portail ancien ou ceux du voisinage.*
2 *F. Henry et G. Zarnecki,* Romanesque Arches decorated with human and animal heads, *dans* The journal of the british archeological association, *3ᵉ série, vol. 20, 21, 1957 1958.*

SUJETS SATIRIQUES

La table des planches illustrant ce chapitre se trouve à la page 272.

ÉGLISES A SUJETS SATIRIQUES

Lorsqu'on est habitué à lire sur les images de nos églises tant de sujets de méditation et d'édification, il est surprenant de trouver de véritables parodies des thèmes traités ailleurs avec la gravité habituelle. Les vénérables vieillards de l'Apocalypse, couronnés, munis de flacons de parfums et prêts à participer aux concerts célestes, ne sont plus, en quelques lieux, qu'une caricature destinée à égayer, non à faire réfléchir. Les personnages sont devenus des mimes et des jongleurs bruyants, préférant les « couacs » d'une oie aux harmonies angéliques ! Voyez Avy (pl. 165).

Bien mieux, Nieul-lès-Saintes offre une danse villageoise où les vieillards traditionnels ont jeté leurs tuniques par-dessus les moulins et ne font plus qu'animer une joyeuse bourrée (pl. 172).

Enfin les rinceaux de Corme-Écluse, comme les pourtours du chœur de Marignac, forment des guirlandes d'où le mysticisme est absent; ne reste qu'une vision d'un monde terrestre consacrée à la gaieté d'un éden très païen, plein de luttes sans méchanceté, de chasses fructueuses, de rencontres riantes soit avec d'autres humains, soit avec des dragons bien romans mais pleins de bonhomie.

Part du rêve, part de l'esprit critique et de la fantaisie terrestre, nous sommes loin du mystique combat des Vertus et des Vices ou de Daniel, prophète sourcilleux !

Il est vrai que partout, aux corniches gracieuses, se rencontrent les modillons les plus divers, ici érotiques, là édifiants, ailleurs rappels de la vie quotidienne ou des sujets les plus graves. Tant l'esprit humain, qui n'a point changé, plonge ses racines dans des sources variées, saines ou troubles.

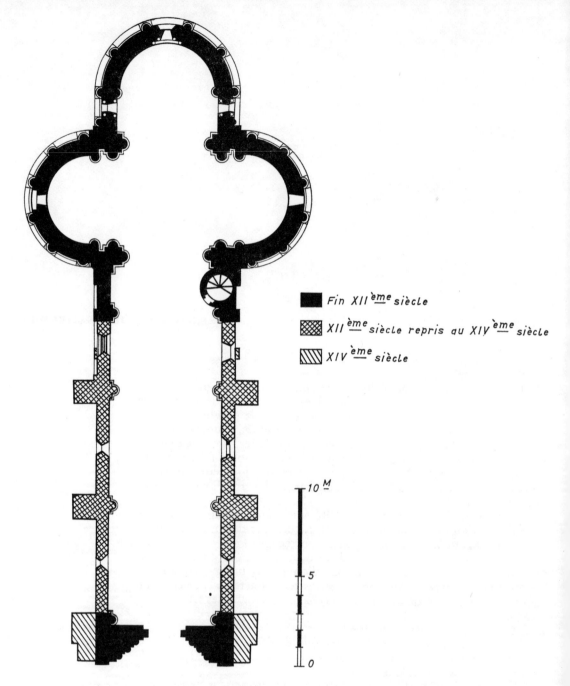

Marignac

Nous avons constaté que les églises romanes de Saintonge présentent une personnalité très accusée surtout par l'originalité des sculptures. Marignac, ancien prieuré de la riche abbaye de Charroux, y joint celle d'un plan tréflé, type relativement peu fréquent dans l'Aquitaine, quoique non loin le chœur de Chaniers soit assez semblable, avec d'autres proportions ; le plus bel exemple est sans doute celui de Saint-Maurice de Gençay (Vienne) et on peut citer Saint-Macaire, Saint-Étienne de Lisse et Fossés, en Gironde, sans vouloir aller plus loin. Cependant c'était déjà le cas de certains balnéaires romains, comme à Sarbazan (Landes), ou d'édifices préromans, comme Saint-Martin d'Angers.

Partout dans l'Ouest la guerre de Cent ans a exercé ses ravages et il est certain que la nef unique de Marignac, qui avait probablement été déjà remaniée à l'époque romane, n'a pas été épargnée à cette funeste époque. Elle a donc été reprise plusieurs fois. Le berceau original de la voûte sur doubleaux a été remplacé par des ogives, puis par un plafond en trompe-l'œil. Les demi-colonnes primitives ont été utilisées au XIVe siècle, et il semble que la fantaisie des sculpteurs gothiques ait amené ceux-ci à retailler certains chapiteaux et à donner plus de sveltesse à la sirène romane, traditionnelle image de la luxure, étouffant le poisson imprudent.

Mais nous nous attacherons surtout à la partie tréflée, chœur et transept, qui n'a pas subi autant de vicissitudes, sauf un coloriage abusif récent, heureusement réservé aux surfaces non sculptées. Notons au passage que la travée Sud a contenu, comme il est fréquent, un ossuaire détruit au milieu du XIXe siècle.

La coupole octogonale sur trompes est supportée par quatre arcs brisés. A l'Est et à l'Ouest les claveaux sont composés jusqu'au sommet de coussinets ornementaux, motif qui surprend ici (1), mais que nous avons retrouvé au Saint-Sépulcre de Jérusalem et à Palerme. Cette décoration se retrouve parfois à divers arcs de façade en Saintonge même, comme à Jazennes et ailleurs, à Charmant (Charente), à Bellegarde (Loiret), à Saint-Pierre du Parvis de Soissons, détruit à la guerre de 1914, mais ces derniers coussinets sont moins épais et situés à l'extérieur.

Les autres côtés du transept sont limités chacun par deux arcs parallèles chaînés l'un à l'autre par des claveaux à intervalles vides, détail que l'on voit à Peujard (Gironde). Quant au chœur qui forme le sommet du trèfle, il est recouvert d'un cul-de-four qui répond à ceux des croisillons (pl. 154).

Tailloirs et chapiteaux de cet ensemble trilobé ne forment qu'une frise continue du plus gracieux effet, mais la décoration du chœur et des chapiteaux du carré présente un aspect d'arabesque à première vue bien différente des croisillons au dessin plus sommaire.

C'est donc cette sculpture Est qui nous attirera dès l'abord. Si l'aspect paraît oriental au premier coup d'œil, il faut analyser pourtant ces éléments aussi surprenants que divers. Les scènes où l'activité la plus intense s'exprime, se détachent au milieu d'une jungle de rinceaux et d'acanthes dont le dessin n'est autre que celui de l'Abbaye aux Dames ou de Saint-Eutrope, traité avec une certaine liberté personnelle, et l'arabesque n'est qu'une apparence. Nous y trouverons un sens du mouvement exprimant cette joie de vivre et de remuer si plaisante dans la décoration de Saintonge, mais rejetant aussi tout dogmatisme. Gens et animaux ont l'air de s'amuser follement à se mordiller, à se picorer, à se poursuivre en se jouant des tours, un peu comme de jeunes chats qui font semblant de se battre ou d'avoir peur, mais se gardent bien de mordre tout de bon. Ici des amoureux s'étreignent (pl. 158 et 163), là des lutteurs, ou plutôt des ivrognes, se prennent aux cheveux et à la robe et se renversent, des oiseaux piquent de leur bec à la bouche des masques de lions ou des hommes qui les écartent ou les subissent (pl. 153); plus loin ce sont des fauves avec une tête pour deux corps (pl. 160) ou que des habitants de cette jungle surprennent en tirant à l'arc au milieu des volutes (pl. 157 et 159). Puis c'est une chasse au cerf qu'un veneur fait attaquer par ses chiens à allure de loups (pl. 162), ce qui dérange un hibou majestueux.

Tout cela est d'un dessin souple et habile, caricatural et bon enfant, sans autre suite dans les idées que le souci de l'équilibre graphique; c'est un art gai, plein d'élégance, mais sans piété. En fait, avec une personnalité bien marquée, c'est tout le bestiaire et la vivacité des malicieux marmousets de la sculpture saintongeaise qui se retrouve là sans oublier les amas de félins et de volatiles venus d'Orient (pl. 161) et imités à Saint-Eutrope (pl. 17) et ailleurs, comme à Saint-Benoît-sur-Loire. Mais il faut admirer plus particulièrement cette œuvre magnifique qu'est l'attaque du cerf, due au ciseau d'un grand décorateur (pl. 162).

Ces frises de rinceaux s'arrêtent au carré du transept, mais sont remplacées sous les croisillons par des cannelures volontairement un peu maladroites qui répondent assez bien, mais verticalement, aux coussinets des doubleaux. Dangibeaud y voyait un souvenir des strigiles antiques.

En sortant sous les larges mais banales voussures de la porte d'entrée bien saintongeaise, occupant à elle seule tout le rez-de-chaussée sous une arcature charentaise à cinq éléments, nous pourrons remarquer les deux corniches à modillons.

L'église domine la majeure partie du village au milieu d'une couronne de verdure qui l'isole. La nef qu'il faut longer au Nord accuse les restaurations faites dès le début de la période romane, mais l'abside, gracieusement ornée d'une arcature simple et plate qui avec son stylobate diversifie le mur, nous offre encore cette joie des artistes romans qui leur a fait composer, avec les chapiteaux des contreforts-colonnes et des fenêtres intactes, ces élégants modillons qui soutiennent la corniche au chanfrein décoré de pointes de diamant et sur laquelle des fortifications furent élevées à l'époque gothique (pl. 150). Des métopes à entrelacs (pl. 152) ou rosaces (pl. 151) relaient ces corbeaux sculptés d'atlantes, d'animaux jumelés, de lions dont l'un combat Samson, de sirènes, de scènes lascives ou baroques, sans oublier le tonnelet cher au pays du vin.

Un clocher carré de bonnes proportions couronne le tout (pl. 150).

Vraiment si nous retrouvons ailleurs cette allégresse de la sculpture, notamment à Corme-Écluse, nulle part elle n'a ce caractère contagieux d'aisance, cette variété si personnelle.

Il faut voir cette église, l'une des plus originales de la province qui en contient tant; si elle ne paraît pas être parmi les plus édifiantes par ses motifs agités, on peut penser que sa joyeuse sérénité prépare au recueillement en filtrant la lumière discrète distribuée par des fenêtres parcimonieuses.

Avy

Cette église, mutilée par la guerre de Cent ans, garde cependant une très belle façade où le passage du type charentais au modèle plus spécifiquement saintongeais apparaît très nettement. Voici en effet l'arcature élégante du premier étage assurément très soigné, mais à décor géométrique simple aux voussures comme aux archivoltes et aux amortissements des pilastres; de même les chapiteaux sont à tailloirs nus et terminés par une corniche à rouleaux accolés sur modillons à têtes diverses. Mais, au rez-de-chaussée, le vaste portail central tend à envahir toute la façade et écrase les arcs latéraux ornés seulement comme ceux de l'étage, réduits à n'avoir plus que leur seul support extérieur et à n'être plus qu'un souvenir de la façade tripartite (pl. 166).

Cette large porte imposante, malheureusement réduite au XVe siècle, est cependant à la même hauteur que les arcs voisins et on sent qu'ils sont imposés par un coup d'œil habitué à une autre disposition qui tend à disparaître.

Trois colonnes, dont deux spiralées, supportent de chaque côté quatre voussures et une archivolte. Le salpêtre a rongé les chapiteaux de droite, et même si ceux de gauche portent une procession où Miss Mendell a supposé voir des pèlerins se rendant au Saint-Sépulcre, ils ne permettent pas une certitude. Sur les tailloirs on peut reconnaître à gauche un corps d'oiseau, à droite des rinceaux, puis auprès de la porte des lions et des lianes.

La première voussure figure à chaque claveau un fauve qu'un oiseau chevauche. Sur la seconde, plus riche, une théorie de colombes (?)

entourées de rinceaux sortis de la bouche de masques de félins intercalés, monte des deux côtés vers un homme arc-bouté qui écarte en les saisissant au cou les premières arrivées, dont les becs semblent menacer son visage (pl. 165). Ce sujet central est reproduit au rouleau supérieur plus étroit sur le claveau central allongé, comme cela sera désormais le cas à cet étage pour tenir la place de deux petits placés au-dessous. Ici la tête du personnage porte une longue chevelure partagée en deux mèches et les oiseaux paraissent vouloir le griffer aux cuisses. Il est difficile d'affirmer que le personnage chevelu dont la tunique est aussi un peu plus longue est une femme et celui du dessous un homme. Quoi qu'il en soit, les oiseaux, dès la jonction de la clef de l'arc, sont remplacés par des hommes qui escaladent la pente de l'arc au galop.

En apparence le thème des volatiles semble se retrouver à Corme-Écluse, mais de signification inverse puisque le personnage central, au lieu d'écarter les oiseaux, paraît leur offrir à boire de chaque côté dans deux calices tentateurs. Nous le verrons.

Enfin, la voussure supérieure représente un concert burlesque disposé comme le sont habituellement les 24 vieillards de l'Apocalypse, ici au nombre de 36, comme les claveaux.

Cette série est traitée avec une fantaisie toute caricaturale. Les vieillards vêtus d'une robe serrée à la taille, descendant aux genoux et comportant de larges manches, ont des barbes généralement longues et bifides. Leurs cheveux également abondants encadrent la tête de deux boucles relevées. Aucun n'a de couronne ni de vase à parfums, comme à Moissac, à Aunay ou à l'Abbaye aux Dames (2), mais plusieurs jouent des instruments de musique, sans doute pour en obtenir les « couacs » divers, et pas seulement du luth, mais de la flûte ou du cor droit. L'un d'eux, à la place, tient une oie aux cris certainement discordants. Peut-être certains chantent-ils ou battent-ils la mesure, ce que l'usure de la pierre ne permet plus de dire nettement. Beaucoup se contentent de tenir écartées les deux mèches de leur toison. Ce sujet est traité de façon aussi burlesque qu'à Vertheuil (Gironde). On ne peut s'empêcher de penser à la « plaisanterie musicale » de Mozart se moquant de son orchestre. Dans tout cela, il n'y a aucun atome de sens religieux et nous pensons qu'il faut joindre cette sculpture de joyeux lurons à celle de Corme-Écluse, mais peut-être son esprit caricatural a-t-il une note plus irrévérencieuse pour les thèmes religieux parodiés. Nous sommes en un temps où la littérature est volontiers satirique. De tels exemples n'en sont-ils pas un reflet ?

Notre-Dame de Corme-Écluse, prieuré de l'Abbaye aux Dames

Cette église bien charentaise avec sa galerie si gracieuse, semble être venue jusqu'à nous sans trop de remaniements, et a été restaurée avec soin et goût. Aussi son étude est-elle plaisante à suivre.

Sa nef unique est couverte d'un berceau plein cintre, formant deux travées séparées par un groupe de trois colonnes engagées, les deux latérales destinées à recevoir les arcs tendus le long du mur goutterot, disposition répétée à l'extérieur, à cela près qu'un contrefort tient la place de la colonne centrale et soutient la corniche. Les berceaux brisés des bras du transept épaulent le carré couvert d'une coupole sur trompes, au-dessous desquelles les chapelles et le chœur, voûtées en cul-de-four, n'offrent pas de particularités architecturales ; mais si l'ensemble est assez peu orné, même les chapiteaux qui soutiennent les arcs de la coupole, il faut relever ceux qui au transept offrent une corbeille lisse ouverte aux angles pour laisser passer, en guise de crochets, des têtes de lion menaçantes : ce motif se rencontre parfois, comme à Saint-Simon de Pélouailles, mais trop souvent mutilé, car il est bien tentant de couper ces chefs démoniaques. De plus dans les angles du carré, monte une sorte de col de cygne à tête monstrueuse, décor étriqué très particulier, mais qu'on retrouve cependant à Linars (Charente).

Deux autres chapiteaux, se faisant pendant à l'entrée du chœur, sont d'un travail remarquable. Chez l'un, la corbeille, qui mérite vraiment ce nom, est formée de motifs de vannerie caractéristiques sous un tailloir à rinceaux entourants. En revanche son pendant, orné d'entrelacs, recouvre un chapiteau sculpté de lianes et feuillages très saintongeais.

Mais c'est surtout la façade extérieure qui mérite un examen attentif (pl. coul. p. 273). Le portail central est à peine plus grand que les arcades latérales, et l'ensemble est surmonté d'une arcature à huit éléments reposant sur un bandeau sculpté et séparé du pignon par une corniche ornée d'un ruban plissé sur sa tranche, soutenue par des modillons à sujets (pl. 167). Il faut souligner l'heureuse proportion de l'arcature de la façade et aussi celle du premier étage du clocher, seul roman, où les angles sont amortis par de fortes colonnes et par la tourelle d'escalier.

Des doubles voussures du rez-de-chaussée, seule la plus élevée, en forme de ménisque, ne paraît pas avoir le sens religieux qu'on lui a parfois attribué. Un personnage central sans aucun emblème ni nimbe, bras étendus, tend deux coupes auxquelles viennent boire de chaque côté trois oiseaux en procession, peut-être des colombes de grosseur croissante suivant l'espace libre, puis d'autres difficiles à définir par suite de l'état de la pierre (pl. coul. p. 17). Au reste le même sujet se présente à Avy, à deux reprises, où le personnage central, assis bras et jambes écartées, ne porte aucun objet, mais prend les deux volatiles les plus proches par le bec et le cou pour détourner leur menace. Aucun sens religieux n'apparaît. A Corme-Écluse, le sujet peut, à la rigueur, développer le thème oriental si fréquent des colombes qui boivent à la source de vie, mais au total, il semble purement décoratif, ce qui correspond beaucoup mieux à l'esprit général de l'ornementation, si bien dans la note joyeuse du chœur de Marignac. On sent que le sculpteur habile s'est distrait et a ciselé dans la pierre pour son plaisir ces rinceaux et ces volutes compliqués, au milieu desquels évoluent et jouent à cache-cache hommes et femmes nus ou vêtus (pl. 170) et animaux débonnaires (pl. 171), surpris de se rencontrer face à face dans cette brousse aux lianes harmonieuses. Les chapiteaux (pl. 168 et 169), les tailloirs, le bandeau de l'arcature sont de la même verve fantaisiste où chassent sagittaires et monstres. Si les voussures latérales et leurs diamètres, ainsi que les archivoltes, représentent seulement des feuillages abondants, les modillons plus directs puisqu'ils n'ont pas de rinceaux, sauf une tête à laquelle ils donnent une chevelure (mais est-elle ancienne ?), participent à cette diversité joyeuse et libre où l'on voit des amoureux s'embrasser ou des sujets divers. On croirait retrouver ici une figuration pastorale de l'Age d'or des anciens philosophes, bien plus qu'un paradis terrestre peu spirituel !

TABLE DES PLANCHES

MARIGNAC

150 Le chevet, vu du Nord-Est.
151 et 152 Détails du modillon et métope du chevet.
153 Chapiteau du transept.
154 Ensemble des voûtes du chœur, avec la frise sculptée à la base.
155 Frise et chapiteau du transept, côté Nord.
156 Frise et chapiteau du transept, côté Sud.
157 Détail de la frise du chœur.
158 Chapiteau du transept : la femme adultère.
159 et 160 Détails de la frise du chœur.
161 et 162 Chapiteaux du transept, le second représentant la chasse au cerf.
163 Autre vue du chapiteau de la planche 158.
164 Détail d'un chapiteau du transept : lion à queue en forme de rinceau.

AVY

165 Détail des voussures du portail Ouest, avec les vieillards de l'Apocalypse.
166 Ensemble du portail Ouest.

CORME-ÉCLUSE

P. 17 (Planche couleurs). Détail des voussures du portail Ouest.
P. 273 (Planche couleurs). L'église, vue du Nord-Ouest.

167 Détail de la façade Ouest.
168 et 169 Chapiteaux des arcatures hautes de la façade : pèlerin et centaure sagittaire.
170 et 171 Détails de la frise de la façade Ouest.

NIEUL-LÈS-SAINTES

172 Détail d'une voussure du portail Ouest avec les vieillards de l'Apocalypse.

BIRON

173 Détail de la voussure extérieure du portail Ouest : animaux.
174 Ensemble de la façade Ouest.

ÉCHEBRUNE

175 Ensemble de la façade Ouest.

ÉCURAT

176 La façade Ouest.

GEAY

177 La nef, le transept et le chœur.
178 à 181 Détails du décor du chevet.
P. 299 (Planche couleurs). Le chevet, vu du Sud-Est.

151

152

155

157

158

159

160

161

162

AVY

CORME-ÉCLUSE

170

171

▲ NIEUL-LES-SAINTES

BIRON ▶

ÉCHEBRUNE

GEAY

180

Cet esprit ornemental où l'on trouve déjà les « putti » de la Renaissance, se retrouve aussi dans les volutes de la façade (très restaurée) de Médis et ailleurs.

Il y a un monde entre la conception décorative d'églises de type didactique et mystique comme Fenioux, Chadenac et Corme-Royal, dont les thèmes iconographiques exposent une saine doctrine, d'une part, et d'autre part les sombres visions de Marestay, les idées idylliques et joyeuses de Corme-Écluse ou de Marignac, enfin le dépouillement de Geay.

C'est tout l'univers des controverses qui opposent ou séparent les convictions morales et philosophiques des temps romans et l'écho parfois des idées mystiques d'un Joachim de Flore, calabrais, disciple de Gilbert de la Porée, lequel fut écolâtre de Saint-Hilaire-le-Grand à Poitiers, puis évêque de cette ville.

Cela montre bien la liberté et la diversité des pensées qui, à cette époque de grande foi et depuis le XIe siècle, alimentaient la culture religieuse, les controverses morales et philosophiques encore vivantes en cette fin des temps romans, qui ont encore connu tant de doctrines variées, depuis celle des cathares jusqu'à l'*Évangile éternel du règne du Saint-Esprit,* et remémoré les séquelles de l'hérésie de Bérenger de Tours. Les voyageurs des pèlerinages et des croisades apportaient de bien loin d'étranges histoires et des théories séduisantes. N'en faut-il pas trouver l'écho dans les façades des églises du grand siècle roman ?

Nieul-lès-Saintes (Saint-Martin)

Cette église à nef unique de type courant et d'aspect rustique, avec sa coupole sur pendentifs soutenue par des nervures à section rectangulaire se croisant en diagonale sur une clef carrée, sous un clocher octogonal, est ornée de quelques motifs de type fréquent qui ne nous retiendraient pas longtemps si le large portail, isolé sous une arcature basse à chapiteaux pauvres, soutenue par une corniche simple à modillons nus, n'offrait une curieuse iconographie qui surprend. L'ouverture romane en plein cintre a été réduite au XVe siècle par une porte gothique en arc brisé qui s'accorde mal avec l'ensemble.

Les deux principales voussures romanes, à section rectangulaire, alternent avec deux autres purement ornementales représentant des fruits ou boutons décoratifs ou des acanthes. Une archivolte à pointes de diamant délimite le sommet.

Le rouleau du haut est sculpté, claveau par claveau, de petits personnages, hommes ou femmes, opposés deux à deux pour danser avec une vive agitation au son des instruments les plus divers, tenus à bout de bras, harpes, violes, flûtes, castagnettes, peut-être rythmés par certains en claquant les mains (pl. 172). Tout cela exprime une joie délirante, presque excessive, dont le sentiment, mais non l'expression lourde, s'accorde avec la pensée joviale de Marignac ou de Corme-Écluse, rendue avec tant d'élégance. Ici nous sommes en pleine kermesse populaire à la Téniers !

La voussure inférieure décorative n'est pas plus légère. On peut en décrire le sujet, réparti sur deux étages, comme des billots de bois se raccordant par le bout et desquels sortent des bourgeons d'acanthe adossés.

Seuls subsistent les chapiteaux extrêmes, mais les tailloirs ornés devaient se continuer vers le centre détruit. Sur les corbeilles, se lisent encore des animaux chimériques et des hommes aux prises avec des serpents. Enfin, les écoinçons au-dessus du portail sont occupés par des lions à demi dressés, motif cher à de nombreuses églises charentaises, malheureusement mutilés.

Étrange portail où ces danseurs musiciens baroques évoquent par leur aspect général, leur emplacement et leurs instruments, les vieillards respectables de l'Apocalypse dont ils sont peut-être l'évolution extrême ! Mais n'est-ce pas leur souvenir figé qui les a fait caricaturer parfois dans l'art roman, au portail d'Avy et ailleurs, sous forme de baladins burlesques ? Est-ce un esprit plaisant, distrait par l'excès de gravité, qui en a inspiré la parodie, comme les dieux de l'Olympe trop vénérés par les classiques ont suggéré à Offenbach et ses contemporains, *Orphée aux enfers* ou *la Belle Hélène* ? La danse devant l'arche peut se révéler à double sens et le portail de Nieul ne saurait être inspiré par une piété immodérée !

NOTES

1 *Motif que l'on retrouve parfois en Charente : George et Guérin Boutault,* Les églises romanes de l'ancien diocèse d'Angoulême, *Paris, 1928, in-4°, p. 217.*
2 *A l'Abbaye aux Dames, Émile Mâle trouvait déjà que ce thème n'avait plus qu'un sens décoratif.*

DÉCOR SIMPLE

La table des planches illustrant ce chapitre se trouve à la page 316.

ÉGLISES OU L'INTENTION PUREMENT DÉCORATIVE ET LA SIMPLICITÉ DOMINENT

Si l'art de Saintonge aime la décoration très poussée, il marque parfois une tendance à la simplification, peut-être sous l'influence de courants ascétiques, comme celui de Cîteaux, ou par un goût de mesure et de calme qui arrive à se lasser du complexe. La beauté des lignes s'accorde plus souvent avec la simplicité qu'avec la surcharge et conduit à un certain dépouillement de l'âme qui facilite la méditation et la réflexion : « Petit enfant, disait le Padre Pio à un séminariste, crois-tu que l'Évangile ait été écrit pour des gens compliqués ? ». Or c'est à cette compréhension que doit aider le cadre au milieu duquel les fidèles doivent prier. Par ailleurs ils aiment à le faire au milieu des lignes harmonieuses qui élèvent l'esprit. Ces façades ornées, la plupart de hautes colonnettes ou de fleurs que les sculpteurs ont disposées autour de l'entrée, comme à Écurat (pl. 176) ou à Sainte-Gemme, à la manière des reposoirs embaumés de la Fête-Dieu, répondent à ces sentiments. De la même façon les fidèles vont déposer auprès de l'autel ou devant les saints vénérés des bouquets et des cierges.

Si un aspect plus dépouillé s'exprime à l'admirable église de Geay (pl. coul. p. 299), belle par l'expression même et la logique de son architecture, ailleurs un sourire s'esquisse à la fenêtre festonnée d'Échebrune (pl. 175) et aux bandeaux de Biron (pl. 174) où quelques souvenirs de l'Antiquité classique égaient la monotonie des acanthes, cependant si riches à Échebrune, et où un masque démoniaque rappelle qu'il faut veiller sans cesse.

Biron

L'église Saint-Eutrope, bien que solidement construite avec un appareil soigné, a beaucoup souffert puisqu'elle n'a pas gardé son chœur roman reconstruit et que la nef unique a perdu ses voûtes d'origine, dont subsistent les supports des arcatures latérales. La coupole sous le clocher est montée sur pendentifs construits en appareil réticulé.

Quelques chapiteaux sculptés d'oiseaux ou autres motifs habituels sont assez soigneusement taillés. L'un d'eux représente peut-être une dévotion locale : celle d'un évêque qui paraît avoir dompté un crocodile rampant auprès de lui, cet animal étant d'ailleurs l'une des représentations du démon.

La façade saintongeaise, très équilibrée, avec son grand portail plein cintre et ses arcades latérales en arc brisé plus petites, est divisée horizontalement par une élégante corniche à modillons sobrement sculptés, poursuivis jusque sur les côtés de l'édifice, et au-dessus de laquelle se détache à l'Ouest une galerie de onze arcs plein cintre, simples et de bonnes proportions (pl. 174).

Les chapiteaux du rez-de-chaussée, sous une archivolte décorée de cercles entrelacés, motif tiré des étoffes antiques, ou d'animaux variés tels qu'un dromadaire et divers quadrupèdes (pl. 173), supportent les voussures sans sculptures, celles-ci réservées à des boudins intercalaires allégés de rinceaux et de motifs étirés. Avec leurs tailloirs, ils forment une frise continue à caractère décoratif où se distingue sous des rinceaux leur sculpture qui se poursuit jusqu'aux bords de la façade. On peut y distinguer à gauche, malgré les méfaits du salpêtre rongeur, un personnage portant un outil, qui fuit devant une femme en colère, puis une tête démoniaque, la chasse du centaure qui poursuit des cervidés sur un fond de paysage boisé; plus loin ce sont des lions chevauchés par des oiseaux ou entrelacés avec un homme, tête en bas, Daniel entre les lions, bref un ensemble où les souvenirs de l'Antiquité classique voisinent avec une verve satirique et ornementale sans autres liens que la fantaisie de l'artiste, qui s'est visiblement amusé devant le bloc de pierre inerte ainsi animé par l'art de ses mains habiles. Seul Daniel donne une légère touche religieuse à ce fatras. L'ensemble a dû être très restauré, mais les sculptures sont excellentes, pleines de vie, et cet art de dilettante à l'érudition éclectique se suit avec plaisir.

Échebrune (église paroissiale Saint-Pierre)

Les proportions si variables des façades saintongeaises sont arrivées à Échebrune à un ensemble très équilibré. La division tripartite de la partie basse est coupée à la hauteur de son large portail et de ses arcades accolées aux voussures presque nues (pl. 175).

Une magnifique et élégante arcature d'étage très régulière y superpose les faisceaux de colonnes à chapiteaux étroits qui séparent l'arcature presque nue, à part les chanfreins ciselés et les archivoltes à pointes de diamant. L'arc central est polylobé, rappel des influences mauresques venues par l'Espagne, procédé si répandu aux portails romans, par exemple à Saint-Clément, Cabariot, Condéon, Saint-Brice (Charente) et autres. A l'étage cela est plus rare, cependant Allas-Bocage et Agudelle entre autres, ou les arcatures de Plassac (Charente-Maritime), certains bâtiments de l'abbaye de Trizay, témoignent de cette influence qu'il est naturel de constater dans un pays aussi traversé par les pèlerins de Saint-Jacques de Compostelle.

La grâce des proportions qui suffirait à son renom, s'accompagne d'une décoration qui s'insère d'abord sobrement dans l'intervalle des voussures, et s'étale plus largement ensuite pour souligner par ses acanthes fines la frise continue qui, à hauteur des chapiteaux, garnit l'espace jusqu'aux contreforts qui limitent la façade.

Si les motifs sont différents à droite et à gauche de l'entrée, ils n'en sont pas moins fort harmonieux et s'accordent avec l'imposant ensemble qu'encadre l'entrée. Seuls quelques motifs restreints égaient la monotonie du style : une tête de diable glouton, une chouette, des harpies, des oiseaux enlacés, répondent ainsi aux modillons variés et très fins qui délimitent les arcs et sont séparés par des marguerites, d'autres fleurs ou une roue. Bref un décor très fréquent, plus purement ornemental que religieux.

L'intérieur, très remanié à diverses époques, n'a qu'un intérêt restreint et n'apporte rien à notre connaissance de l'art roman saintongeais.

Écurat

A côté des nombreuses églises saintongeaises à ornementation très riche, l'église d'Écurat peut passer pour un édifice simple. La nef large doublée d'arcatures, à laquelle il faut accéder en descendant plusieurs marches, est rétrécie à partir du clocher dont la base sert de première travée à un chœur en hémicycle. Les chapiteaux sont ornés de feuillages.

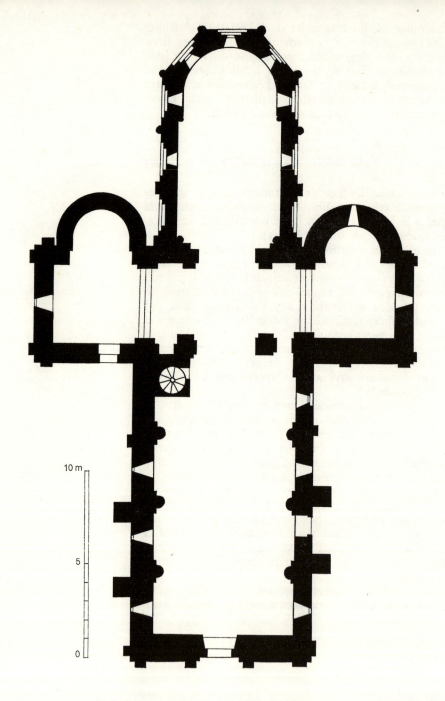

d'après G. Naud

GEAY

La façade est divisée en trois dans la hauteur par deux corniches (pl. 176). Une fenêtre au pignon, deux plus étroites à l'étage, forment la disposition très logique d'un ensemble simple, avec le portail central vaste accolé de deux arcs aveugles suivant un modèle très saintongeais.

Les voussures, séparées par une série de moulures, sont ornées de motifs végétaux dérivés de l'acanthe ou de ces fleurs à six pétales à cœur saillant, type que l'on retrouve à travers toute la Saintonge depuis Fenioux et Cognac jusqu'à Lozay ou Saint-Gemme, dont le très beau portail est un peu comparable.

Les chapiteaux qui se continuent sur les piédroits seuls, représentent des monstres adossés ou non, ou bien une tête de démon chevelu.

La première corniche est sculptée de modillons variés, mais dans l'ensemble l'église a été très restaurée. Les arcs latéraux correspondent à cet esprit décoratif : à gauche des feuillages, mais à droite des dents de loup. Le tout est dominé par une archivolte continue de belles pointes de diamant.

C'est un décor élégant sans beaucoup de vues mystiques.

Geay

Dans l'ensemble des églises saintongeaises si variées, si riches, parfois chargées de sculptures exubérantes, l'église de Geay représente le triomphe de la forme pure. On ne peut s'empêcher d'évoquer le souvenir des temples à cannelures de la Grande-Grèce, parmi lesquels celui de Ségeste élève au milieu des blés l'harmonieuse nudité de ses colonnes lisses. Ce sanctuaire, à l'origine, se trouvait évidemment au milieu de la cité, comme Geay s'insère dans la petite bourgade.

Construite peut-être sur les ruines d'un édifice romain (?), Geay fut une cure dépendante de la Chaise-Dieu, donc d'obédience bénédictine, mais de tendance sévère. Peut-être est-ce à ces origines que sont dues les lignes sobres; mais la construction soignée de ce bel édifice, d'une forme générale tellement saintongeaise, est de la première moitié du XIIe siècle.

Le plan est naturellement ici celui d'une nef unique, voûtée en berceau brisé sur doubleaux. Seulement, le parti pris pour la construction du transept à croisée de plan barlong complique la disposition de l'église en cet endroit et a conduit à abaisser l'ouverture entre la nef et le chœur (pl. 177). Pour passer du rectangle au carré de la coupole octogonale sur trompes, reposant elles-mêmes sur un étage orné d'arcatures plein cintre à quatre éléments par côté, il a fallu que le berceau brisé des croisillons soit exhaussé sur une partie pour épauler les supports de la voûte.

L'accès du vaisseau vers les bras du transept est assuré par deux passages en plein cintre, réservés entre les angles Est et les piliers du clocher, procédé connu dans le Centre et l'Ouest et dans les églises à bas-côtés, mais ici, du côté Nord; l'escalier montant aux voûtes et inséré à l'angle de la nef en cache l'ouverture.

Cette disposition spéciale qui, à l'extérieur, se traduit par l'importance de la souche du clocher, aurait pu être inspirée à l'architecte venant de l'abbaye mère par les massifs et les voûtes qui étaient latéralement les coupoles romanes des grandes églises auvergnates, mais ici on a utilisé les habitudes du cru.

Sur chaque croisillon s'ouvre à l'Est une chapelle simple, comme est simple le chœur intérieurement en hémicycle, précédé d'une travée droite. L'ornementation des chapiteaux de tout l'intérieur est réduite au maximum, aux feuilles d'eau les plus modestes.

Des contreforts raidissent la façade Ouest, percée d'une porte plein cintre très élémentaire sans une petite fenêtre au-dessus, et les côtés sont éclairés d'ouvertures flanquées de colonnettes pour soutenir les arcs ; au Sud une porte sur pilastres montre un parti d'austérité qui explique l'absence presque complète de sculptures à l'abside polygonale. Son élégance remarquable est due à la perfection de la stéréotomie et à la distinction des trois étages superposés d'arcatures aux cintres inégaux, les fenêtres étant insérées à mi-hauteur (pl. 178 à 180). Cette adresse des dispositions, cette convenance synchronisée des ordres, appliquée aux bases et à leurs sommets, atteint une habileté suprême et simple qui rend l'ensemble admirable.

Il a dû en coûter aux imagiers saintongeais de réduire leurs sculptures aux dents de loup figurées aux voussures des fenêtres et de la porte Ouest, ou aux pointes de diamant des archivoltes. Aussi n'ont-ils pu s'empêcher de dissimuler, sous la corniche aux modillons moulurés, sur quelques chapiteaux qu'il faut chercher au sommet des élégantes colonnes arrondissant les angles du sanctuaire, quelques monstres massifs inspirés de sauriens ailés (pl. 181).

Cela disparaîtra dans la masse et n'atteint pas l'aspect dépouillé de l'ensemble.

Aujourd'hui où l'on nous vante la ligne seule et le paupérisme des édifices, Geay offre un exemple d'austérité qui s'allie avec le respect dû à la majesté divine.

Il est certain que parmi toutes les absides de l'Ouest de ce type et à cause, sans doute, de son austérité, celle de Geay est la plus élégante (pl. coul. p. 299). Bien d'autres ont cherché différentes combinaisons d'arcatures, mais vainement. Celle de Bayon (Gironde) a copié les mêmes structures, mais ses proportions plus lourdes sont loin de réjouir l'œil au même point que celles de Geay.

LES BAROQUES

LES BAROQUES

Lorsqu'une école a réussi à produire des œuvres remarquables, elle cherche à se renouveler ou à se dépasser, et si le maître sculpteur, à bout d'inspiration, n'a plus que son habileté, il dépasse la mesure et dès lors apparaît la tendance baroque, la surcharge et même l'extravagant, pour aboutir à la surprise.

La décoration est ici portée à l'extrême, sans autre but qu'elle-même. Ce n'est plus la richesse élégante, mais l'exaspération d'une qualité poussée au-delà du raisonnable et jusqu'au mauvais goût; l'effet cherché n'est plus de la sculpture, mais de la joaillerie : « Vous aimez la ciselure, on en a mis partout ! » et vous avez une manière de châsse, moins les proportions.

Heureusement la beauté des lignes générales de l'église subsiste aux absides, malgré l'outrance. Encore le désir d'étonner, s'il fait divaguer en zigzags les colonnes du chœur à Jarnac-Champagne (pl. 192), au mépris de tout ordre établi, ne va-t-il pas jusqu'à les nouer comme le cas est fréquent dans l'Italie du Nord et pays circonvoisins. L'esprit de mesure caractéristique des pays d'Ouest n'a pas accepté ces tours de force apparents qui ont exceptionnellement pénétré jusqu'au centre de la France.

Aussi la façade de ces églises reste harmonieuse et classique, tant est exceptionnel le goût de l'imprévu.

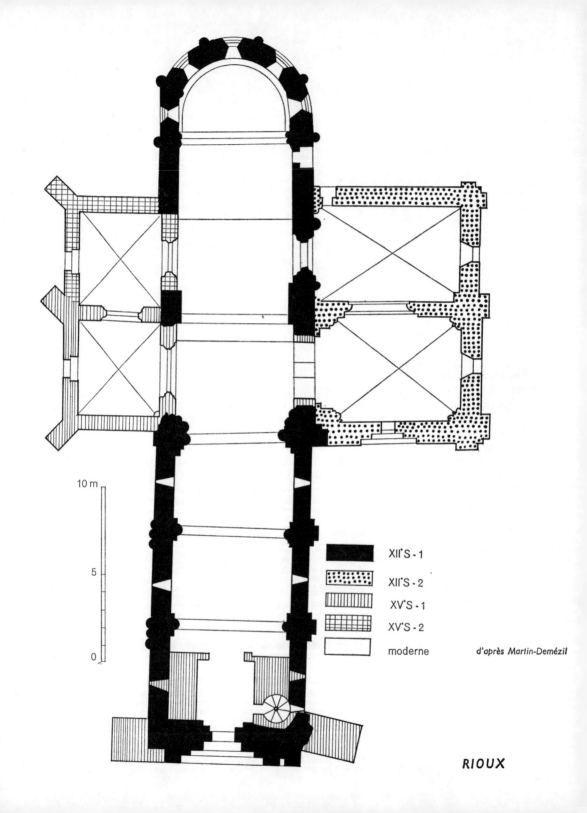

RIOUX, RÉTAUD, JARNAC-CHAMPAGNE

Rioux, Rétaud... Ces deux églises occupent une place de choix dans la Saintonge monumentale. Aucun guide touristique ne se risquerait à les omettre ou à les négliger.

D'ailleurs voisines, puisque situées l'une et l'autre à une douzaine de kilomètres au Sud de Saintes, elles demeurent inséparables par la similitude de leurs célèbres chevets à pans et surtout par la profusion et la richesse inouïe de leur décoration. Sans doute cette magnificence ornementale justifie-t-elle la faveur dont elles jouissent ensemble; mais comment ne pas voir, au-delà des effets et des détails précieux, la prolixité gratuite d'un style ayant atteint l'extrême limite de son évolution et masquant l'essoufflement de son inspiration par la surcharge, le tarissement de sa verve par une débauche de virtuosité, l'impuissance de son pouvoir créateur par la mise en relief d'éléments parfois insolites, le plus souvent douteux ? Il y a là une décadence évidente du roman saintongeais, et l'aboutissement quasi fatal de tout art parvenu à son stade tardif : le baroque.

Ajoutons que ce parti pris de décoration surchargée se retrouve sur de nombreux monuments romans ailleurs qu'en Saintonge : encore relativement acceptable aux arcatures de Sainte-Croix-Notre-Dame à La Charité-sur-Loire, il éclate immodérément à Bourg-Argental, s'étale bien entendu en Italie, sur les porches et les galeries de Lombardie-Vénétie, dans l'école pisane. Des colonnes en faisceaux sont entrecroisées aux cloîtres d'Arles, d'Aix-en-Provence ou d'Estella en Navarre, nouées même à Ferrare, Lucques et Modène, et jusqu'à Chambéry, exceptionnellement en France centrale comme à Plaimpied dans le Cher ou sur l'arcade qui encadre la Vierge à l'entrée de l'église de Verneuil (Nièvre).

(suite à la p. 333)

TABLE DES PLANCHES

RIOUX

182 *La façade Ouest.*
183 *Détail de la Vierge en gloire de la façade.*
184 *Décor d'un des jambages d'une fenêtre du chevet.*
185 *Le chevet, vu du Sud-Est.*
186 *Ensemble du chœur.*

RÉTAUD

187 *Ensemble du chœur.*
188 *La façade Ouest.*
189 *Le chevet, vu du Sud-Est.*

JARNAC-CHAMPAGNE

190 *Détail du chevet.*
191 *Le chevet, vu de l'Est.*

192 *Décor de l'intérieur du chœur.*

GENSAC-LA-PALLUE

193 *La façade Ouest.*
194 *Relief de la façade : saint Martin en gloire, porté par des anges.*
195 *Autre relief de la façade : la Vierge en gloire.*

NOTRE-DAME DE CHATRES

196 *Le portail Ouest.*
197 *L'église, vue du Sud-Ouest.*

SAINT-ROMAIN DE BENET

198 *L'église, vue du Nord-Est.*

183

184

JARNAC-CHAMPAGNE

GENSAC-LA-PALLUE ▶

NOTRE-DAME DE CHATRES

SAINT-ROMAIN DE BENET

Dans les pays d'Ouest, ces outrances demeurent toutefois limitées à une mièvrerie qui est due sans doute davantage à l'oubli du rôle propre de la décoration, assujettie à l'architecture. L'habileté est confondue avec le sens de l'harmonie, la ciselure avec la sculpture. L'appareil lui-même, comme nous le verrons aux absides de Rioux et de Rétaud, ne laisse pas de repos à l'œil. La seule comparaison de ces chevets avec celui de Geay permet aussitôt de juger où se trouve la véritable beauté.

Paradoxalement, les façades des deux édifices échappent en majeure partie à cette absence de sobriété et de goût.

A Notre-Dame de Rioux, dont on peut raisonnablement dater l'érection du troisième tiers du XIIe siècle, un majestueux portail à quatre voussures en plein cintre occupe presque totalement la largeur (pl. 182). Deux hautes colonnes flanquant étroitement l'archivolte s'élèvent jusqu'au-dessus de celle-ci et délimitent une sorte de massif saillant sur lequel reposent les huit colonnettes ornées des arcatures de l'étage. A chaque angle de la façade, une colonne plus forte atteint d'un seul jet la retombée de chacune des arcatures extrêmes, et compose ainsi un jeu rythmique d'une indiscutable élégance. L'arcature centrale, sensiblement plus haute et plus large, abrite dans une gloire en amande, que portaient des anges à peu près complètement mutilés, une Vierge à l'Enfant en haut relief (pl. 183). Les têtes ont été refaites.

Au-dessus de ces arcatures court sur toute la largeur de la façade une corniche à nombreux modillons ornés, qu'entame au-dessus de l'arcature centrale un oculus à décor de grandes dents de scie, ouvert à la base d'un fronton en appareil réticulé.

L'ornementation est très variée : sur les voussures du portail, elle fait alterner en méplat des motifs géométriques, des pointes de diamant, des fleurs stylisées, des étoiles, des éléments de feuillage... Un cordon de billettes cerne l'archivolte. A l'étage, les huit colonnettes présentent symétriquement, de l'extrémité vers le centre, un décor différent : fines gaufrures, torsades, zigzags et écailles. Les chapiteaux offrent d'ailleurs une disposition analogue : gaufrures, décor végétal, animaux fantastiques, tandis que le large bandeau qui les surmonte compose une frise continue à décor touffu d'entrelacs que l'on retrouvera sur l'abside.

L'édifice laisse apparaître de nombreuses adjonctions. Ainsi le clocher gothique rajouté au-dessus du portail, qui défigure fâcheusement l'aspect original de l'ensemble. Une chapelle qui semble bien être légèrement postérieure à la construction primitive se greffe sur le mur latéral Sud, à la hauteur du chœur. Elle présente un petit portail en plein cintre, orienté à l'Ouest, dont les six colonnes ont été refaites, avec la plupart des chapiteaux. Symétriquement à celle-ci, une chapelle du XVe siècle se greffe sur le mur Nord, entièrement nu, et en couronnement duquel apparaissent seulement, près de la façade, quelques modillons ornés.

L'abside, on l'a souvent dit, est le « morceau de bravoure » de l'édifice (pl. 185). Ses cinq pans, flanqués à chaque angle d'une colonne s'amincissant vers le haut, s'étagent sur trois registres bien distincts : une partie basse dont seuls les piédroits décorés de chaque pan sont saillants, mais que le maître d'œuvre a systématiquement couverte de motifs géométriques répétés ou alternés, et que partage horizontalement une frise également à fins décors géométriques, courant d'un piédroit

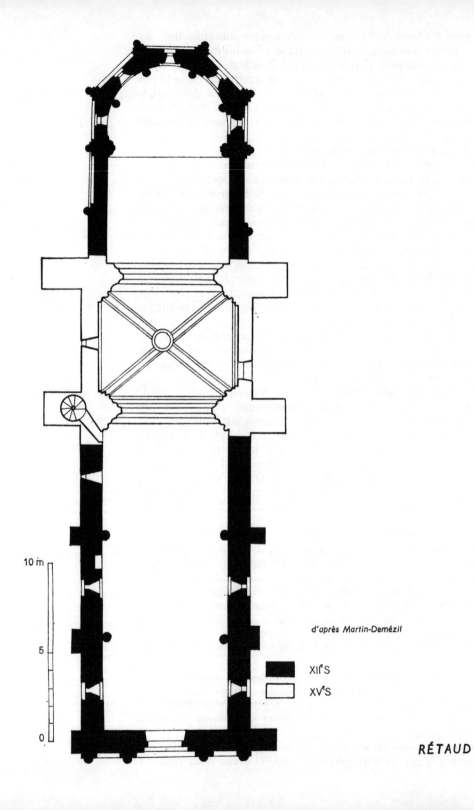

d'après Martin-Demézil

XIIe S
XVe S

RÉTAUD

à l'autre à mi-hauteur de chaque pan. Une corniche à décor d'entrelacs serrés, comme ciselés, sépare cette partie du registre intermédiaire, qui est celui des ouvertures. Sur chaque pan s'ouvre une fenêtre en retrait sous une voussure supportée par des colonnettes lisses. Une seconde voussure reposant sur des piédroits double la première. Voussures et piédroits sont décorés jusqu'à saturation d'une quantité de motifs différents (pl. 184). Enfin, au-dessus d'un cordon baguant les colonnes d'angle qui le sépare du registre intermédiaire, l'étage supérieur présente sur chaque pan quatre arcatures aveugles dont les colonnettes sont curieusement annelées, et que surmonte une frise d'entrelacs identique à celle de la façade. La partie restant libre entre le cordon cernant la frise et la corniche supérieure est également ornée à profusion de motifs stylisés qui se poursuivent jusqu'aux métopes, entre les modillons à figures humaines ou monstrueuses.

A l'intérieur de l'église, la nef elle-même, dont la voûte a été refaite au siècle dernier, n'offre que peu d'intérêt. Un cordon à décor de dents de scie opposées à des demi-cercles court le long des murs, à la hauteur des tailloirs des colonnes engagées. La plupart de ces colonnes ont été outrageusement refaites avec la partie de cordon correspondante.

L'abside seule retiendra notre attention (pl. 186). Semi-circulaire, elle surprend par le contraste de la sobre nudité du cul-de-four avec l'effet de recherche des colonnes à zigzags entre chaque fenêtre. Ces colonnes supportent la retombée de cinq arcs en plein cintre à large bande ornée qui encadrent les ouvertures. Celles-ci sont sobrement flanquées de colonnettes lisses. Un cordon à deux rangs de dents de scie court sous l'amorce du cul-de-four, tandis qu'un autre à deux rangs d'oves court plus bas sous l'ébrasement des fenêtres. Des litres aux blasons des seigneurs de Rioux du XVIe au XVIIIe siècle occupent le haut des pans de mur entre les ouvertures.

Saint-Trojan de Rétaud répond aux mêmes caractéristiques que sa sœur de Rioux, avec cependant un peu moins de richesse profuse, et une certaine touche de gaucherie naïve qui ne manque pas de saveur, avouons-le.

Ici, la façade est partagée en deux registres seulement : au rez-de-chaussée, que rythment quatre fortes colonnes engagées, assises sur une base lourde et puissante, un portail central en plein cintre s'ouvre entre deux arcatures aveugles en arc brisé (pl. 188). Au-dessus d'une corniche à modillons et métopes ornés, un large fronton triangulaire, manifestement refait, est percé dans sa partie haute d'une seule et étroite ouverture. Enchâssé dans cette partie, subsiste un maigre vestige de ce qui devait être le fronton primitif. Le portail central est à deux voussures finement décorées d'entrelacs et de palmettes, très abrasées, et reposant sur quatre petites colonnes radicalement refaites avec leurs chapiteaux. Le tympan a malheureusement été repris en appareil irrégulier qui ne laisse pas de choquer. Les deux arcatures ont leurs colonnes également refaites, celle de droite seule conservant les claveaux de l'arc et les chapiteaux d'origine, d'ailleurs à peu près complètement mutilés.

La large corniche, rythmée par les chapiteaux des colonnes engagées, constitue à elle seule un élément décoratif exceptionnel. Les modillons à figures étranges, et les métopes à losanges, billettes et entrelacs ont été largement restaurés, l'une de ces métopes conservant un intéressant motif décoratif : la hache bipenne, emprunt manifeste au décor antique

que l'on retrouve sur une large surface à Esnandes (pl. 200) et qui paraît bien être, en fait, le rabattement du cercle sur deux côtés, allégé en cintrant latéralement les côtés droits. L'ensemble apparaît très tardif, tendant déjà vers l'esprit gothique.

Les murs latéraux, à puissante base et à contreforts carrés, offrent chacun deux étroites ouvertures sous arcature festonnée, flanquées de colonnettes dont quelques-unes à fins chapiteaux d'entrelacs. Un massif clocher octogonal du XVe siècle, aux lourds contreforts, a été ajouté sur la croisée du transept.

L'abside modifie sensiblement le dispositif de celle de Rioux, puisqu'elle présente sept pans sur le plan suivant : deux latéraux courts de chaque côté, trois longs fermant l'abside, chaque angle étant flanqué d'une colonne s'amincissant vers le haut (pl. 189). Trois registres encore sur cette abside, mais là aussi simplifiés : la partie basse de chaque pan offre un appareil réticulé dont rien ne vient rompre l'uniformité. Une corniche à décor d'entrelacs la sépare du registre intermédiaire, dont les faces sont occupées par de larges arcades légèrement brisées, retombant sur des colonnes lisses qui remplacent ici les piédroits ornés de Rioux. Les voussures, sous cordon à pointes de diamant, en sont différemment ornées : entrelacs, losanges sur deux rangs... Alors que les côtés les plus proches du transept sont nus, les cinq autres sont percés de fenêtres dont l'ébrasement est flanqué de colonnettes lisses supportant un petit arc en plein cintre assez bizarrement tangent aux arcades. Une indéfinissable impression d'imperfection s'en dégage. L'arcade fermant l'abside est un peu plus haute que les autres, atteignant presque l'étage supérieur.

Celui-ci est réservé aux arcatures aveugles en plein cintre, au nombre de quatre pour les pans latéraux les plus proches du transept, de trois seulement pour les autres. Ces arcatures, aux voussures richement décorées de plusieurs cordons de pointes de diamant et de denticules, retombent tantôt sur des colonnettes simples, tantôt sur des colonnettes doubles aux tailloirs ouvragés. Toute cette partie supérieure offre d'ailleurs une décoration luxuriante et serrée : corniche du toit à motifs floraux, modillons dont la plupart à figures grotesques, métopes formant de larges panneaux ornés, prolongement cannelé de la partie amincie des colonnes d'angle.

L'intérieur est d'un médiocre intérêt, seules subsistent les colonnes engagées, à chapiteaux nus, qui supportaient les arcs de la voûte d'origine disparue. Sur les chapiteaux des colonnes de chaque côté de l'entrée de l'abside se mêlent d'étranges êtres fantastiques. L'abside semi-circulaire est voûtée en cul-de-four (pl. 187). Nous y retrouverons la même disposition qu'à Rioux : cinq arcs en plein cintre à larges bandes ornées de motifs floraux et à cordons de rinceaux, retombant sur des colonnes dont quelques chapiteaux présentent des scènes indistinctes; fenêtres flanquées de colonnettes lisses à petits chapiteaux malheureusement empâtés sous le badigeon; cordon courant sous l'amorce du cul-de-four; bande de riches entrelacs sous l'ébrasement des fenêtres. Une litre seigneuriale très dégradée court sur les murs et les embrasures.

De la même veine tardive et « baroque », l'église de Jarnac-Champagne, à l'Est de Pons, se présente à nous en majeure partie défigurée par des remaniements et des adjonctions, tel le clocher-porche qui forme un étroit narthex. Quelques modillons frustes : animaux et têtes humaines plutôt inquiétantes, apparaissent à la corniche du croisillon gauche du transept. Mais l'abside seule nous intéresse vraiment, malgré les énormes contreforts carrés qui l'écrasent de chaque côté. Semi-circulaire, elle est étroitement flanquée de lourdes colonnes prolongées jusqu'au toit, entre lesquelles se nichent des arcs brisés retombant très haut sur des colonnes accolées aux précédentes (pl. 191). Très abrasées, les voussures n'offrent plus que des lambeaux de décoration, tandis que les chapiteaux ont conservé leur figuration : animaux affrontés, scènes d'une verve et d'une vigueur exceptionnelles sous une frise d'entrelacs baguant les colonnes, certaines de celles-ci présentant au-dessus de la frise une insolite bande de torsades (pl. 190).

La nef à bas-côtés et à regrettable plafond de bois est elle-même sans intérêt. Les quatre colonnes engagées du chœur sont couronnées de chapiteaux où grouillent des animaux fantastiques, un seul présentant un groupe de personnages.

Dans l'abside semi-circulaire, enfin, éclate une fantaisie lourde et d'un goût plus que discutable, avec quatre colonnes brisées à étranglements supportant des chapiteaux à personnages ou à rinceaux touffus, et un étonnant hémicycle de roncins verticaux sur quatre rangs (pl. 192). C'est là sans doute que cet art accuse le plus sûrement sa décadence.

ÉGLISES A COUPOLES

La table des planches illustrant ce chapitre se trouve à la page 316.

ÉGLISES A COUPOLES

Les files de coupoles qu'il est bien tentant d'installer sur les églises couvertes de charpentes, qu'on peut voûter ainsi sans avoir à monter des murailles épaisses, seules capables de résister aux poussées des berceaux, ou à doubler des parois minces, est un procédé importé du Périgord par l'Angoumois. L'établissement oblige seulement à faire supporter les pendentifs ou trompes par des piliers indépendants encombrants. Nous en avons rencontré à Marestay un essai avorté; l'Abbaye aux Dames en est l'exemple majeur. Mais lorsque cette disposition est prévue dès l'origine, l'aspect du monument est souvent massif et sévère, bien que la façade n'ait pas de raison d'être différente des frontispices-écrans habituels; d'ailleurs, à Notre-Dame de Châtres, celui-ci est gracieusement allégé d'arcatures parmi les plus heureuses de celles que nous ayons vues au chapitre des édifices d'inspiration uniquement décorative.

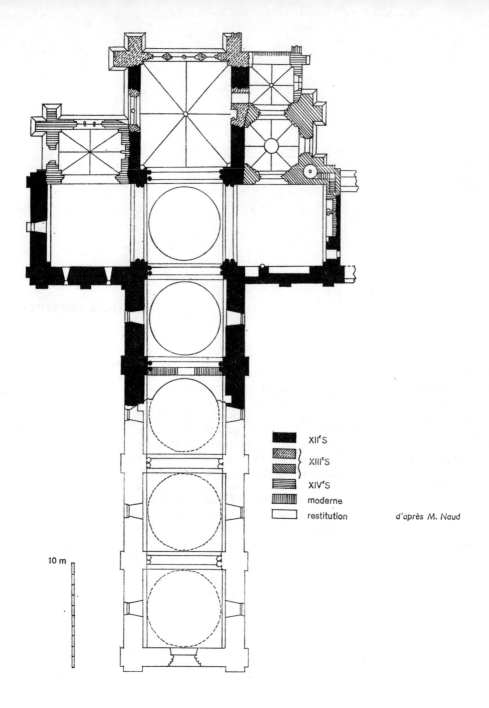

Sablonceaux (Abbatiale Notre-Dame)

    Une visite à Sablonceaux est infiniment mélancolique, car il s'agit d'un monument magnifique à l'origine, qui a été torturé par des mains insensibles et sacrilèges et néanmoins, à plusieurs reprises, a essayé de retrouver une beauté équivalente, avant d'être ruiné par les huguenots de la Renaissance. Le cardinal de Sourdis a tenté en vain la restauration des bâtiments conventuels. Il faut penser, en visitant les restes pitoyables, qu'à l'époque romane c'était une élégante nef unique, voûtée à grande hauteur de quatre coupoles sur pendentifs, dont seule celle de l'Est subsiste, prolongée par une cinquième sous la croisée du vaste transept, le tout complété par un chœur rectangulaire dont nous ignorons la terminaison Est. En gros, l'ensemble mesurait environ 62 m de longueur sur 29 m de largeur dans ses plus larges espaces.

    A la croisée du transept s'élevait le clocher détruit dans sa partie supérieure; il a été remplacé aux XIIIe et XIVe siècles par une admirable tour située à l'angle du chœur et du transept. Le chœur, les chapelles des croisillons, la sacristie refaite, sont voûtés d'ogives. Tout le reste de la longue nef a disparu.

    Les ouvertures de la salle capitulaire romane et des caves à berceau plein cintre attestent sa beauté primitive en même temps que sa sévérité, car elle fut construite par les moines augustins qu'y installa Guillaume VIII d'Aquitaine vers 1136.

    Soulignons que le service des Bâtiments de France vient de consolider ce qui fut l'un des plus beaux monuments de Saintonge.

Gensac-la-Pallue *(Charente)* (Saint-Martin)

Les apports affluèrent de toute part au carrefour du roman saintongeais. Du Poitou, certes, mais aussi, et surtout dans la marge orientale de la province, du puissant voisin angoumois, avec ses coupoles sur pendentifs en série et l'architecture équilibrée de ses façades.

Deux édifices traduisent plus particulièrement cette influence : Saint-Martin de Gensac-la-Pallue et Notre-Dame de Châtres, tous deux à quelques kilomètres à l'Est de Cognac. Nous y ajouterons pour mémoire Bourg-Charente et Cherves-de-Cognac, qui sont du même type, sans en parler plus amplement (cfr p. 29).

Saint-Martin de Gensac-la-Pallue se dresse sur une placette, dans le village qu'isolait autrefois une « pallue » marécageuse. Ses hautes murailles nues, épaulées par des contreforts plats entre lesquels s'ouvrent de minces ouvertures sous arcatures en plein cintre, et son clocher à deux étages d'arcatures et à lanternons d'angle sur faisceaux de colonnes, ne présentent que peu d'intérêt. Sa façade seule retiendra notre attention. Très étroite, elle s'étage sur trois registres dont les rythmes différents s'opposent et s'harmonisent (pl. 193). Le portail central en plein cintre s'ouvre entre deux arcatures qu'une bande délicatement ornée partage horizontalement à la hauteur des chapiteaux qui la prolongent sans discontinuité. Ceux-ci sont ornés d'entrelacs, de petits personnages et d'animaux fantastiques, tandis qu'un feston de dents de scie contourne les trois arcs jusqu'aux tailloirs. L'ensemble est d'une finesse qui ne s'impose peut-être pas au premier abord. Chacune des deux arcatures est surmontée de hauts-reliefs qui se répondent avec symétrie : à gauche, la Vierge-Orante dans une gloire en amande (pl. 195); à droite, saint Martin, figuré ici en évêque de Tours, nimbé et la crosse à la main, dans une gloire en amande que soutiennent quatre anges (pl. 194). Il convient de souligner au passage combien est exceptionnelle la représentation de ce saint dans la sculpture romane.

Le premier étage présente cinq arcatures en plein cintre, celle du milieu, légèrement plus étroite, étant seule percée d'une mince ouverture. Les arcs reposent sur des doubles colonnettes dont les chapiteaux, la plupart à décor végétal fouillé, quelques-uns à petits personnages ou à animaux fantastiques, sont accolés sous un même tailloir. Le même feston de dents de scie les contourne.

Le deuxième étage est séparé du précédent par une bande ornée de dents de scie. Six arcatures en plein cintre, toutes aveugles, reposent également sur des doubles colonnettes supportant ensemble un seul chapiteau à décor d'entrelacs et de fleurs crucifères. Un feston d'entrelacs les contourne. Au-dessus, un lanternon sur colonnettes à chacun des angles de la façade flanque un fronton triangulaire sur lequel est appliquée une croix pattée.

A l'intérieur, la nef romane couverte d'une série de quatre coupoles sur pendentifs s'achève sur un chœur gothique à voûtes d'ogives. Les arcs en plein cintre reposent sur des colonnes dont les chapiteaux sont nus, à l'exception d'un seul à décor de feuillage, au côté gauche. L'extrême simplicité et la sobre élégance des lignes de cette nef s'imposent encore davantage en se plaçant devant le chœur.

Saint-Brice (Charente) (Abbaye N.-D. de l'Assomption de Châtres)

Notre-Dame de Châtres fut l'église abbatiale d'une communauté d'augustins. Dévastée par les guerres de Religion, puis occupée par des faïenciers, elle n'est plus qu'un vaste vaisseau dont toute vie s'est retirée et que bien peu de visiteurs, hélas, viennent arracher à l'oubli. A l'écart de la route de Cognac, en contrebas d'un vallon boisé, en pleine campagne, elle est aujourd'hui d'un accès difficile; ses abords sont envahis par les herbes et les arbustes qui croissent entre les pierres éboulées... Peut-être cette solitude, ce pathétique abandon nous la rendent-ils encore plus attachante ?

Il faut d'abord, pour prendre sa mesure, faire le tour de cette masse silencieuse, longer ces murs austères aux rares ouvertures, où apparaissent les traces de nombreux remaniements (pl. 197). Le chevet plat, postérieur à l'édifice roman, porte une grande baie gothique maintenant aveuglée. Du côté Nord, le croisillon gauche du transept a presque totalement disparu, cependant qu'au Sud le croisillon droit conserve une absidiole à demi ruinée.

Ici encore, c'est la façade qui nous retiendra longuement. Flanquée de puissants contreforts-colonnes, elle offre trois registres aérés, sobres, d'une rare élégance. Le large portail central en plein cintre s'ouvre entre deux arcatures plus étroites et moins hautes (pl. 196). Ses trois voussures non décorées retombent sur des colonnes lisses, la voussure intérieure offrant seule une ornementation de lobes festonnés très découpés. Un élégant feston d'entrelacs contourne les archivoltes, tandis qu'une bande d'entrelacs d'une extrême finesse partage horizontalement ce registre à la hauteur des chapiteaux.

Le registre intermédiaire est percé au-dessus du portail d'une ouverture en plein cintre à deux voussures retombant sur des colonnettes lisses, et que flanquent deux arcatures aveugles en arc brisé dont la colonnette commune est torsadée et délicatement ornée au côté droit, seulement torsadée au côté gauche. Des festons à motifs décoratifs différents : fins entrelacs, gaufrures, fleurs stylisées, contournent les arcs. Là aussi, une bande d'entrelacs extrêmement ciselés partage ce registre à la hauteur des chapiteaux.

Le registre supérieur présente neuf arcatures aveugles en arc brisé retombant sur des colonnettes aux chapiteaux à décor végétal. Des festons différents pour chacune d'elles contournent ces arcatures. Les contreforts-colonnes qui flanquent la façade supportent, à droite, un chapiteau à décor d'entrelacs; à gauche, un chapiteau sur lequel apparaissent deux têtes humaines. Une bande ornée sépare enfin cet étage du fronton triangulaire nu.

L'intérieur tient les promesses de la façade. Ses quatre majestueuses coupoles sur pendentifs en série font oublier jusqu'au médiocre chœur gothique qui apparaît là comme un étranger.

Cette église rappelle de très près par sa structure à coupoles et sa façade à arcatures superposées celle de Bourg-Charente, peu éloignée. Si les galeries les plus nombreuses y sont au sommet, à l'inverse de Châtres, son portail ne possède pas le suprême raffinement du polylobe. Il est difficile de dire lequel de ces édifices fut le modèle de l'autre.

Saint-Romain de Benet

Les autres églises saintongeaises à files de coupoles ont subi des dégâts effroyables: la cathédrale Saint-Pierre (1) et l'Abbaye aux Dames à Saintes n'ont plus guère que le souvenir de leurs dômes. A La Tenaille, une seule coupole pyramidale subsiste, refaite au XVIIe siècle. Gensac-la-Pallue déjà étudiée, et Saint-Romain de Benet, prieuré de Sablonceaux, ont mieux conservé leurs lignes générales, grâce à une restauration. Toutes ces églises à files de coupoles, du Périgord à Fontevrault, ont certains caractères particuliers. A Saint-Romain, l'aspect général est celui d'un bloc rectangulaire assez lourd, contenant la nef suivie à l'Est d'un chœur en hémicycle percé de sept fenêtres largement ébrasées, précédé d'une travée droite. A l'extérieur de celle-ci, un clocher est accolé du côté Nord (pl. 198). Deux larges coupoles sur pendentifs couvrent la nef. Mais si elles ont été prévues par les moines de Sablonceaux, rien ne prouve qu'elles aient été exécutées à l'origine; les supports utiles et l'épaisseur réduite des murs en font douter; puis les vicissitudes du monument, qui a été incendié sans doute au cours des guerres, n'en avaient pas laissé de traces. Lorsqu'on a restauré l'église dans le dernier tiers du siècle dernier, on a eu l'idée regrettable de laisser apparents à l'extérieur, comme sous un climat sicilien, ces dômes fallacieux.

La décoration naturellement sévère, puisque prévue par les moines augustins, est évidemment réduite aux lignes des arcs élégants qui cernent les fenêtres du chœur, et aux contreforts-colonnes de l'extérieur, mais quelques chapiteaux portent des sujets : combat d'un chevalier contre un lion, personnages couronnés.

La façade refaite évite tout commentaire.

NOTE

1   *Il reste une coupole sur le croisillon du transept.*

L'AUNIS

La table des planches illustrant ce chapitre se trouve à la page 364.

L'AUNIS

La petite province d'Aunis, prise entre la Saintonge et le Poitou, participe du goût de ces deux voisines; moins exubérante que l'art fleuri du Sud, malgré les arcatures élégantes de Surgères, elle est plus proche à Esnandes ou Genouillé de la sobriété habituelle du Nord.

Quant à Nuaillé-sur-Boutonne, la sculpture tardive et soignée des personnages rappelle davantage celle des monuments Plantagenêts (1), comme la porte Saint-Michel à la cathédrale de Poitiers ou les petits personnages figurés aux retombées des ogives, que celle des statuettes de l'Abbaye aux Dames.

L'iconographie de cette église, consacrée surtout à la Vierge et à la Nativité, n'est pas influencée par celle de Saintonge.

NOTE

1   Ou « angevins », mais l'acception de ce terme est plus restreinte.

Esnandes

Il ne reste plus de l'église romane d'Esnandes que sa façade, désormais préface à la massive forteresse gothique englobant par contraste un lumineux sanctuaire flamboyant. Il faut savoir gré à Ballu, qui donna en 1880 les plans de sa restauration, d'avoir conservé les grandes lignes de ce portique où l'arc de la porte centrale s'encadre de deux autres, aveugles, latéralement (pl. 199). Type si classique dans l'Aquitaine romane, mais qui possède ici son originalité propre. Certes l'époque n'en était pas encore, il s'en faut de beaucoup, au respect strict de l'état ancien, aussi pouvons-nous poser certaines questions trop souvent insolubles : ainsi, la fenêtre centrale du premier étage se détachait-elle seule sur le mur ? C'est probable, mais comme visiblement l'arc polylobé si frappant n'est pas d'origine, et seulement ajouté au XIXe siècle pour enrichir par un motif possible, imité de Genouillé ou Vandré, une façade sobre, on peut rester en éveil. Cependant le vent de la mer si proche et qu'il est plaisant de humer des créneaux, a trop longtemps fouetté les sculptures qu'il a burinées de sa patine indélébile pour laisser confondre le neuf et l'ancien.

Là, comme la plupart du temps en Saintonge et dans le reste de l'Aunis, la façade n'a sans doute masqué qu'une nef sans bas-côtés. Cette arcature appelle aussi quelques remarques. Si l'arc brisé central plus large est naturellement élevé à partir de ses rustiques chapiteaux de départ, on a voulu, pour plus d'équilibre, porter les voussures latérales au même niveau, et, pour arriver à cette unité, on a continué la ligne des corbeilles et la frise, suivies de leurs sculptures; mais de nouvelles colonnettes ou piédroits, partis des angles, supporteront d'autres rouleaux de diamètre plus étroit, dont l'archivolte atteindra presque le niveau du portail. Ainsi harmonieusement proportionnés, les trois arcs surélevés sur des soubassements, divisés par la ligne des frises et corbeilles, évitaient le heurt des décrochements sur une façade agréablement diversifiée. Petits détails longuement pensés, témoignages de l'habileté soigneuse des maîtres architectes romans qui ne laissaient rien au hasard.

L'ensemble, sauf à la corniche, est sobrement sculpté de motifs végétaux presque méplats correctement modelés. Les modillons, ainsi que les métopes ciselées entre eux, ne sortent pas de l'habituelle fantaisie saintongeaise : faces caricaturales, Samson et le lion, crabe, roue, entrelacs, héron au bec déçu par un plat sans profondeur, chimères, sagittaires et autres. Un jugement trop sommaire avait cru voir là un Zodiaque qui est inexistant.

Cependant, l'arc Sud encadre une haute statue d'évêque debout dans ses longs vêtements. Peut-être s'agit-il de saint Martin, évêque de Tours, patron du prieuré (que l'on connaît aussi à Gensac-la-Pallue), mais sa place eût été plutôt sous l'arc Nord. Nous ignorons, il est vrai, quel fut l'état primitif du pendant s'il y en eut un, et l'action de l'air salin ne permet pas de préciser davantage.

En dessous, ornant tout le plat du mur, un motif très rongé mérite qu'on s'y arrête. Il semble dessiner une série de haches bipennes (?) contrariées ou juxtaposées (pl. 200). C'est un décor qui s'est répandu très généralement depuis l'Antiquité sur les mosaïques (1) et les manuscrits d'où l'on a tiré les reliefs que l'on rencontre à l'époque romane, thème à l'état isolé, disposé ou non en files ou sur les claveaux – ainsi à Saint-Gilles de l'Ile-Bouchard (I.-et-L.) – ou encore groupé en plaques, ce qui est plus rare; mais on le voit ainsi en Saintonge sur l'une des métopes de la façade de Rétaud, et, bien plus loin, sur le mur intérieur du chœur du Thor (Vaucluse), voire dans les Abruzzes à Santa Maria ad Cryptam, près Fossa. Il est même ciselé sur le tore qui sert de voussure à la petite porte romane de l'église de Fornoue, au Sud-Est de Parme.

Dans l'art roman, vraiment tout se tient, et un monument d'apparence bien déterminée suggère de longs voyages que d'autres ont donc dû faire avant nous par des détours imprévus. L'univers de ce temps lointain est un merveilleux sujet de rêverie, même lorsqu'il abandonne un moment l'esprit mystique !

Surgères

Indissociable en fait de la Saintonge, la petite province d'Aunis est profondément tributaire de l'art roman du Poitou. C'est à ce type d'églises à haute nef, à bas-côtés, à transept et à chœur largement développé, qu'appartient celle qui est le plus justement célèbre en pays d'Aunis : Notre-Dame de Surgères.

Admirablement situé sur une vaste place ombragée au centre du village, dans l'enceinte à tours du château seigneurial, cet important édifice, un peu trop généreusement restauré au XIXe siècle, mérite que l'on s'attarde à sa visite. Sa large façade à deux registres, d'une ampleur inhabituelle, solidement flanquée d'impressionnants contreforts saillants en faisceaux de colonnes, et surmontée d'un fronton triangulaire nu, s'offre en premier lieu dans toute sa rigueur d'où n'est pas exclue peut-être une certaine sécheresse (pl. 202). Le portail central s'ouvre entre des séries de trois arcatures aveugles de chaque côté, à festons de dents de scie, de losanges à gaufrures ou de délicats motifs crucifères. Les deux arcatures les plus proches du portail présentent en outre chacune un faux tympan en haut relief, d'un intérêt négligeable il est vrai, tant est radicale leur dégradation : à gauche le Christ bénissant, semble-t-il; à droite un cavalier.

Une corniche sépare nettement le rez-de-chaussée de l'étage. Sur les modillons très rapprochés qui la soutiennent, se presse tout un monde grouillant et quelque peu échevelé, où les signes du zodiaque alternent avec de petites figures étranges et savoureuses : acrobate, montreur d'ours, volatiles, singes musiciens, sirènes. L'étage lui-même présente une curieuse dissymétrie, la fenêtre centrale ouverte au-dessus du portail s'accompagnant à gauche d'une seule large baie à retombée très basse, et à droite de deux arcatures dont celle de l'extrémité reste aveugle. Admirons le décor des voussures, toutes différentes, et plus particulièrement celle de la deuxième arcature à partir de la droite, à deux rangs de losanges opposés par la pointe. De chaque côté de l'ouverture centrale, deux niches peu profondes s'ornent chacune d'un cavalier, hélas décapité, les montures se faisant face. Leur identification demeure, ô combien, controversée : s'agit-il des fondateurs de l'église, Hugues de Surgères et Geoffroi de Vendôme, ou de l'empereur Constantin, dont la figuration n'est pas inconnue en Saintonge, et du Christ triomphant dans Jérusalem ?

Une deuxième corniche au-dessus de l'étage répond à la précédente, les scènes des travaux du mois alternant ici avec un singulier bestiaire d'animaux fantastiques.

Un dessin de Viollet-le-Duc, confirmé par une photographie de même époque, nous a conservé l'état de la façade avant les restaurations du siècle dernier. Certes nous ignorerons toujours le détail précis de celle-ci à l'origine, mais nous pouvons constater qu'une large verrière gothique d'un grand effet avec ses remplages délicats avait été ouverte au centre du frontispice entre les deux cavaliers, son arc brisé montant très haut sur le pignon. Ainsi se présentait l'église Notre-Dame lorsque la vit Hélène de Surgères sortant de son château, au temps où Ronsard célébrait sa beauté !

Nous savons ainsi que la corniche et les voussures de la fenêtre actuelle sont des apports des seuls restaurateurs du XIXe siècle.

Après avoir contemplé la façade, il faut contourner, à l'autre extrémité de l'édifice, l'abside arrondie aux sobres et élégantes colonnettes jumelées, et dont la corniche offre des modillons ornés aussi attachants que ceux de la façade : ici encore se pressent les acrobates et d'amusants animaux musiciens. Deux absidioles gothiques rectangulaires empâtent malheureusement ce chevet qui pourrait être très pur (pl. 203).

Un imposant clocher octogonal à seize ouvertures hautes et étroites sous un petit arc en plein cintre, et à faisceaux de hautes colonnes, s'élève sur la croisée du transept (pl. 201). A l'angle du croisillon gauche, une tourelle surmontée d'un médiocre lanternon tente vainement de le rappeler.

L'intérieur de l'église confirme l'impression d'ampleur que donne la façade. Aujourd'hui voûtée d'ogives, la nef, à quatre travées délimitées par de forts piliers quadrangulaires, est accompagnée de bas-côtés dont la voûte en berceau se retrouve également aux croisillons du transept. Le clocher sur trompes occupe le carré, que prolonge une belle abside à trois fenêtres sous arcatures, délicatement ornée sur son pourtour d'une frise d'entrelacs très ajourés (pl. 204). Les petits chapiteaux qui couronnent les colonnettes flanquant la fenêtre centrale présentent chacun trois petits personnages peu distincts dont l'identification reste incertaine. Les autres chapiteaux sont tous à décor végétal.

Une crypte existe sous l'abside (pl. 205). A l'origine, deux entrées y donnaient symétriquement accès par un escalier et un couloir coudé. Seule l'entrée de droite est utilisable aujourd'hui, sous une trappe, contre le mur du croisillon. Éclairée d'un jour avare par deux fenêtres s'ouvrant au ras du sol, cette petite crypte, dont un court pilier central accroît encore l'exiguïté, ne laisse pas d'émouvoir. Près du débouché du couloir s'amorcent quelques marches qui aboutissent dans l'obscurité à un petit caveau voûté.

Genouillé (Notre-Dame)

A quelques kilomètres de Surgères, Genouillé possède une église plus modeste, certes, mais dont la façade à deux registres, surmontée d'un haut fronton triangulaire, procède de la même conception (pl. 206).

Au rez-de-chaussée, le portail central en arc brisé à trois voussures, dont la plus basse à lobes très festonnés, présente un indéfinissable aspect gauchissant que l'on retrouve dans l'arcature de gauche, laquelle hésite singulièrement entre le plein cintre et l'arc très légèrement brisé. Les colonnes géminées du portail central supportant la voussure inférieure réunissent sous le même tailloir deux chapiteaux, sur lesquels apparaissent une large face humaine et des personnages en buste malheureusement indistincts. Tout cet ensemble est d'ailleurs très abrasé. Pouvons-nous souhaiter que les restaurations en cours en respectent le charme un peu naïf ?

Les deux arcatures sont aveugles et séparées du portail par une forte colonne que couronne un chapiteau : celui de gauche, étriqué, à décor d'acanthes ; celui de droite à deux larges têtes humaines à l'expression féroce. Des contreforts carrés flanquent ces arcatures.

L'étage présente trois arcatures en arc brisé, entre quatre colonnes plus minces prolongeant les colonnes et les contreforts du rez-de-chaussée. L'arcature du centre, qui atteint la corniche supérieure, est seule percée d'un oculus à boudin saillant que contourne un feston à dents de scie.

Vandré (Saint-Vivien)

Proche également de Surgères, Vandré nous offre une église encore plus modeste. La façade, flanquée de lourds contreforts, se résume ici à un portail à trois voussures en arc brisé entre deux arcatures aveugles (pl. 207). La voussure supérieure du portail est ornée de lobes festonnés que reproduit plus timidement la voussure de la seule arcature de gauche. Dans l'angle formé par le contrefort de droite apparaît en remploi probable un buste de personnage indistinct. De robustes colonnes qui séparent le portail des arcatures supportent sur de médiocres chapiteaux une corniche relativement basse ornée de modillons à têtes humaines. Cette corniche est doublée à peu de distance par un bandeau saillant sur lequel prennent assise, dans le prolongement des colonnes, deux bustes d'animaux fantastiques nettement détachés de la façade et qui semblent surveiller avec malveillance l'approche des visiteurs. L'ensemble est très dégradé. Entre ces deux bustes, l'étage nu présente une haute baie en arc brisé dans laquelle s'ouvre un oculus.

Une deuxième corniche à modillons sépare d'un fronton triangulaire également nu. D'autres modillons ornent par places la corniche haute des murs latéraux de l'édifice, dans lequel se reconnaissent divers remaniements.

Il n'est pas sans intérêt de souligner combien, tant à Vandré qu'à Genouillé, l'appareil décoratif utilisé sous les arcades latérales allège et égaie ces façades plutôt sévères.

L'abside est à pans coupés.

L'intérieur de la nef, à voûte gothique angevine dont certaines nervures sont constituées par de petits personnages naïfs, offre peu d'intérêt. Mais la partie absidale, intelligemment décapée, est remarquable malgré la baie gothique qui la défigure dans l'axe.

Nuaillé-sur-Boutonne

Cette toute petite église de campagne, simple vicairie à la nomination de l'évêque de Saintes, passerait inaperçue si le type très particulier de son iconographie très originale n'obligeait à s'y arrêter plus que devant certains édifices plus vastes.

Certes ce n'est qu'une nef étroite terminée classiquement par un chœur en hémicycle et bordée de deux murs épais, celui du Nord recélant dès le sol dans son épaisseur plus forte un escalier conduisant jadis au clocher disparu, comme les voûtes. La paroi Sud était ouverte autrefois sur une petite chapelle construite sur un modeste ossuaire voûté en plein cintre et auquel on accédait de l'extérieur par un escalier. Des demi-colonnes et quatre pilastres raidissaient les murs et soutenaient le clocher. Les chapiteaux à feuilles ou à têtes démoniaques, de type courant dans l'Ouest, sont soigneusement sculptés.

Tout cela se décrit en peu de mots, mais le portail Ouest, dont la petite taille correspond à celle du monument, est tellement fouillé et contient tant de sujets divers traités dans un style si différent de celui de la province qu'on ne saurait le dépeindre aussi vite (pl. 208).

Essentiellement les deux voussures extradossées d'une archivolte reposent sur les chapiteaux et tailloirs de quatre colonnes séparées par un pilastre cannelé. Ces colonnes le sont elles-mêmes et rudentées en spirale. Suivant la règle habituelle les arcs sont ornés d'un personnage par claveau et ici les sujets sont groupés pour former une scène.

Le rouleau inférieur, avec 17 éléments, figure le Christ qui bénit et présente le Livre; autour de lui, les douze apôtres, parmi lesquels saint Pierre tient la clef, les autres des phylactères ou des livres. Ensuite quatre autres personnages représentent peut-être la mission des apôtres. Ils sont entourés de nimbes simples.

La voussure supérieure est consacrée à l'histoire de la Vierge, de l'Annonciation à l'Adoration des mages (pl. 211). Mais les scènes ne sont pas groupées par ordre chronologique : on peut reconnaître, de gauche à droite, une femme qui essaie de sauver son enfant des soldats commandés par Hérode couronné et barbu, puis les mages qu'il a reçus se détournant de lui pour repartir; un serviteur est adossé à un rinceau qui termine le chapitre et le sépare de l'Adoration des mages, eux aussi barbus et couronnés. Séparée par l'étoile et portant un sceptre, la Vierge les accueille gracieusement. Derrière elle probablement le vieillard Siméon appuyé sur une colonne du temple précède la prophétesse Anne soigneusement vêtue avec une guimpe finement gravée. Un rinceau indique la scène suivante : l'Annonciation, où l'ange montre la croix à Marie émue. Puis deux claveaux figurent le sommeil de Joseph et l'ange qui le prévient de fuir. Enfin les mages en marche avec leurs bâtons sont écartés des soldats d'Hérode.

Une large archivolte encadre le tout. Elle est sculptée d'anges adorateurs et thuriféraires (pl. 209), mais elle a été remaniée, comme certainement une grande partie du portail. En effet au lieu de trouver en haut le sujet habituel, l'Agneau ou une main bénissante, c'est un claveau sculpté d'une aile d'ange qui a été remployé là (pl. 211), sans doute le complément du buste utilisé à l'extrémité Nord de l'arc et qui, maintenant, forme un pendant inattendu à une tête démoniaque vomissant un nœud de serpents à l'instar d'une pieuvre.

D'ailleurs d'autres sculptures ont dû compléter cet ensemble : un sarcophage bizarrement incrusté à droite de la porte et des motifs isolés l'indiquent clairement.

Les impostes et tailloirs, eux aussi, et les chapiteaux grouillent de sujets qu'il faut détailler attentivement. Dans l'ensemble c'est la fantaisie du bestiaire roman qui rôdait dans les cauchemars des imagiers hantés par des visions effrayantes plus ou moins démoniaques : lions, dragons, basilics variés, chevauchant ou cabriolant. Qui a parcouru les pages de Radulphus Glaber comprendra quelle faune imaginaire habitait les consciences scrupuleuses et naïves, même dans les cloîtres. D'autres thèmes peuvent s'interpréter : voici sans doute saint Georges protégé par un grand bouclier et combattant le dragon. Par une idée poétique, peut-être inspirée par un roman de chevalerie, la bride du destrier a été confiée à un oiseau perché sur un rinceau. Quant à la princesse délivrée qu'on s'attendait à retrouver, elle a dû disparaître dans les remaniements. Nous avons parlé de l'histoire de saint Georges, notamment à Talmont.

Un autre personnage fort beau apparaît à l'imposte droite. Il s'agit d'une femme couchée, soigneusement enveloppée dans un bliaud bien plissé (pl. 210). Il semble qu'elle rampe vers un personnage également couché et muni d'une grosse bourse; est-elle attirée par l'argent ? L'homme, quant à lui, peut représenter l'avarice, et un démon l'entraîne par les cheveux. A première vue on songe à rapprocher cette figure féminine dont le sommet de la calotte cranienne manque, ce qui peut empêcher sa détermination, de l'Ève couchée d'Autun, mais celle-ci est en état de paradis terrestre...

Signalons encore un bas-relief remployé du côté Nord des voussures, mais dont on ignore l'emplacement primitif : deux démons torturent un personnage central ou une âme, évoquant ainsi un fragment de Jugement dernier.

Ces voussures posent bien des problèmes, tant par leurs sujets, spécialement ceux qui se rapportent à la Vierge patronne de Nuaillé, que par le style de la sculpture qui ne se retrouve pas au voisinage. Ces personnages aux vêtements collants, aux plis nombreux et fins multipliés au bas des robes, ont une allure très personnelle. Ils rappellent un peu les figures des chapiteaux de droite de la porte Saint-Michel à la cathédrale Saint-Pierre de Poitiers, mais ceux-ci sont plus apaisés dans les plis mouvants du costume. En tout cas ce n'est pas la manière d'Aunay, si proche par la distance pourtant, mais qui ne détaille pas ainsi. Bien sûr lions et monstres divers, démons et rinceaux ne sont pas ignorés de l'artiste, mais son talent très original est bien signé dans cette humble église, de laquelle il a su faire un joyau unique en Saintonge.

Parmi les catégories des églises de la province imprégnées de piété, c'est ici l'une de celles où un tempérament poétique et délicat reste spécialement sensible. L'imagier a détaillé avec légèreté, parmi les scènes de la vie de la Vierge mère, les plus significatives, avec le dessein mystique de rappeler que cette existence prédestinée fut dès l'origine consacrée à la Rédemption, en mettant dans la main de l'ange Gabriel la croix si douloureuse pour la mère (pl. 211). Nous sommes en cette période déjà avancée du XIIe siècle encore très proche du temps de saint Bernard.

NOTE

1 *Notamment à Clerval (Doubs), selon Stein,* Recueil des mosaïques de la Gaule romaine, *t. 1, § 3, pl.* XXVII *à* XXXI.

ÉDIFICES DIVERS

La table des planches illustrant ce chapitre se trouve à la page 364.

ÉDIFICES DIVERS

Un peu partout il existe des monuments dont le but est spécialisé ou dont le plan original sort du cadre ambiant. C'est le sujet de ce court chapitre auquel nous avons joint les clochers, si différents les uns des autres.

Pons
L'HÔPITAL NEUF

Ce monument construit à l'entrée de la ville, mais en dehors, était destiné à servir de relais, d'hospice aux pèlerins de Saint-Jacques de Compostelle. C'est l'un des rares exemplaires qui subsistent sur les nombreuses routes de la Galice, mais le plus beau connu. Ces établissements étaient desservis par des ordres hospitaliers. Celui-ci enjambe la route qui se dirige vers Bordeaux.

Il en reste un porche voûté en berceau, aux entrées surbaissées, celle du Sud dominée par des fenêtres en lunules. Les plafonds ont été modifiés à diverses reprises et la partie centrale est couverte d'une croisée d'ogives soutenues par des culots soigneusement sculptés dont l'un a servi de thème folklorique (pl. 212).

Les côtés de ce vaste couloir sont occupés par de larges portails plein cintre aux voussures et archivoltes ornées de sculptures sommaires mais soignées, reposant sur des tailloirs assortis et des chapiteaux nus à l'Est, formés à l'Ouest de feuillages, d'une tête de démon et d'un personnage à longue robe, couronnant d'élégantes colonnes.

En examinant la porte de l'Ouest, on s'aperçoit que, construite en reprise, elle a détruit une série d'enfeus formant arcature sur le mur et séparés de la route, comme en face, par une longue banquette de pierre, sorte de bancs des pauvres comme il en existe au bas du mur de tant d'églises romanes et gothiques. Le dessin des archivoltes de ces arcatures, plus simple à l'Ouest qu'à l'Est où elles sont ornées d'un rinceau, indique deux campagnes.

L'hôpital Neuf fut fondé entre 1157 et 1192 par Geoffroy de Pons, disent les textes, vers 1160, pense le chanoine Tonnelier.

En effet, l'analyse archéologique fait penser qu'antérieurement existait un établissement auquel appartenaient le couloir et ses enfeus. Le sire de Pons dut l'augmenter et le « perfectionner » en élevant le portail Ouest qui brisa le centre de l'arcature, et développer la sculpture du portail opposé.

Les bancs qui servaient au repos des pèlerins de Saint-Jacques et les graffiti, notamment les fers de chevaux ou de mules, rappellent l'un des grands soucis du voyageur.

Il ne reste rien de la chapelle à trois nefs avec chœur plus étroit et précédée d'un vestibule pour distribuer les aumônes, ni de la crypte détruite à la Révolution, pas plus que de la tour élevée à la façade du côté de la ville, mais supprimée par vandalisme en 1830.

Trizay (Prieuré bénédictin relevant de La Chaise-Dieu)

Chaque province possède certains monuments atypiques spécialement précieux pour l'histoire de l'art, par leur rareté autant que par les résonances lointaines qu'ils peuvent évoquer. L'étonnant ensemble de Trizay est surprenant et le restera, surtout tant que des fouilles n'auront pas permis d'en établir un plan exact. Les sondages entrepris il y a peu d'années ont été abandonnés sans avoir rien appris.

Il semble qu'un vaste polygone, dont trois côtés subsistent et dont le commencement de deux autres s'amorce, ait comporté sur ses faces des arcs plein cintre montant jusqu'à la corniche moulurée qui sépare les parties basses d'une base de voûte qu'un léger surplomb semble promettre. Les angles intérieurs de ce polygone sont cernés par une haute colonne, accompagnée plus bas de deux autres qui par l'intermédiaire de tailloirs supportent les départs des arcs en avant du mur qui les ferme. Dans ces clôtures s'ouvre l'accès aujourd'hui bouché à un vaste chœur entre deux absidioles éloignées, ce qui nécessite des communications par couloirs voûtés; au-dessus des entrées de ceux-ci sont réservés des oculi, sans doute destinés à éclairer et aérer l'intérieur du vaste polygone que supporte cette construction.

Il est impossible qu'une seule et même coupole sans autres appuis ait couvert ce vaste espace. Ou bien faut-il supposer qu'une tour centrale ait reçu les poussées d'une voûte annulaire, comme à Neuvy-Saint-Sépulcre (Indre) ou à Charroux (Vienne)? Présentement on ne peut que faire des suppositions.

A l'extérieur, les culs-de-four des chapelles et du chœur en hémicycle sont limités par des corniches à modillons soignés, et des contreforts rectangulaires à sommet pyramidal étaient les hémicycles; des fenêtres simples éclairaient ceux-ci (pl. 213).

Les chapiteaux, difficiles à étudier, sont d'un style excellent. Ceux dont on peut distinguer les sujets: harpistes et animaux, entrelacs et motifs végétaux, s'accordent avec le style du pays.

Prolongeant la ruine vers le Sud, les bâtiments conventuels en appareil soigné, remaniés à la période gothique, montrent par leur arcature et les entrées polylobées sous de gracieuses archivoltes finement polylobées là encore, des influences mauresques.

Clochers

L'architecture de Saintonge, sauf quelques exceptions, a produit des églises de taille moyenne, aussi les clochers ont-ils en général suivi avec modestie les proportions des monuments qu'ils desservaient. De plus les guerres anglaises, puis celles du xvie siècle, ont maltraité avec sauvagerie l'élément dominant des sanctuaires, qui pouvait soit être utilisé à des fins militaires, soit servir de cible aux destructions des huguenots.

Beaucoup d'églises possèdent donc un clocher carré, qui souvent ne fait que souligner l'emplacement du transept peu accusé. Un étage plein ou orné d'arcs, un second à galerie, fenêtres ou arcatures, sont avec des proportions variées le schéma le plus habituel des tours contenant une coupole à la croisée. Ainsi à La Vallée, Chaniers, Champagné. Une tourelle permet souvent d'accéder aux étages.

Quelquefois, le clocher est accolé à l'église, ainsi la petite tour carrée de Saint-Denis-du-Pin, si élégante dans sa modestie du début roman (pl. 214). Mais il est peu de campaniles qui sortent d'un modèle courant. L'un des plus beaux de ce type est celui de Thézac qui, au-dessus de la souche carrée nue, comporte deux étages de dimensions échelonnées (pl. 215); celui du bas s'orne d'une arcature à éléments étroits, qui se continue par-dessus les colonnes qui amortissent les angles et rejoint la façade voisine. Au-dessus, s'ouvrent de chaque côté trois fenêtres jumelées sous un toit en pavillon. Le premier étage de Corme-Écluse est ainsi disposé, mais le haut est refait (cf. pl. coul. p. 273).

Si les parties restaurées au xive siècle ont reproduit l'ancienne disposition de Saint-Estèphe, la souche est ornée d'arcs trilobés, de deux fenêtres à l'étage sous une gracieuse flèche conique et d'écailles imbriquées.

Les lourdes proportions du clocher de Moings sont compensées par la gracieuse arcature continue qui garnit les côtés et les coupures des angles, tandis que les étroites fenêtres plein cintre sont ouvertes dans le mur en retrait (pl. 217). Les chapiteaux sont ou bien nus ou ornés d'annelets, usage fréquent dans la région. Une corniche double à modillons nus et billetés reçoit la couverture.

Plus élégant est le clocher très refait et complété de Colombiers qui passe du carré de la souche à l'octogone de l'étage par demi-pyramidions entre lesquels s'ouvrent les fenêtres sous une flèche de charpente.

Mais assurément le plus étonnant de tous fut le campanile de Fenioux, hélas entièrement refait, avec la fidélité, mais aussi avec la sécheresse d'une épure. Nous l'avons dit ailleurs, il importe de l'aborder par un léger brouillard qui estompe la sveltesse de son élégante silhouette et de sa flèche gracieuse, cantonnée de ses quatre lanternons, tous recouverts d'écailles. Tout cela répondait à merveille à une belle lanterne des morts.

Plus majestueuse encore fut au XIIe siècle la tour aujourd'hui mutilée de Berneuil, dont la face Sud, vue de l'angle de l'escalier du clocher, permet d'imaginer la splendeur (pl. 216). Sur la souche carrée à quatre arcades aveugles simples, couronnée par une corniche à beaux modillons variés, se dressait l'étage raidi aux angles et entre les fenêtres par des contreforts-colonnes menant à la base d'une haute flèche de pierre et encadrant de hautes fenêtres à doubles rouleaux sculptés, soutenus par de minces colonnes à chapiteaux. La flèche pyramidale était allégée par quatre sveltes lanternons aux angles et de hautes et étroites fenêtres sur quatre faces. Si elle ne fut pas ornée d'écailles, mais seulement diversifiée par les retraits de chaque couche d'appareil, ce fut pourtant certainement l'une des plus belles de la province, que les destructions des guerres ont obligée à se faire relayer par celle de l'époque gothique.

Très élégante est aussi en Aunis la haute lanterne octogonale de Surgères où les contreforts-colonnes, aux angles et au centre des faces, séparent les seize étroites fenêtres qui allègent avec tant d'élégance cette lourde masse de pierre couronnée d'une flèche de charpente (pl. 201).

Mais de tous les édifices campanaires de Saintonge, le plus connu est bien celui de l'Abbaye aux Dames, de Saintes (pl. 21), avec les mêmes dispositions, en plus vaste, que Notre-Dame de Poitiers, sans doute comparable à celui de Montierneuf, avant sa chute.

Ce sont des structures très analogues. A Saintes, au-dessus de la souche aveugle terminée par une corniche à modillons simples, s'élèvent deux étages : le premier est carré avec trois arcades sur chaque face et de beaux chapiteaux; ces arcades sont ouvertes à l'Est et à l'Ouest de fenêtres à doubles rouleaux. Le second, circulaire à partir d'une coupole sur trompes, avec douze fenêtres à archivoltes cernant leurs ouvertures jumelées, sert d'assise à une flèche à écailles dressées, à laquelle répondent des lanternons pleins destinés à équilibrer les supports de la coupole centrale.

Ces étranges cônes en pomme de pin, aux volumes légèrement renflés, sont parmi les créations les plus originales de l'Aquitaine septentrionale. Nés en ces régions où ils se sont modérément répandus, ils évoquent avec les coupoles et sans raison autre que l'imagination vagabonde, des formes lointaines, réalisées et utilisées autrement. Et d'ailleurs, n'est-ce point l'une des raisons d'être de l'art que de suggérer au-delà de son but immédiat, les mondes abstraits que l'esprit ne saurait concevoir ?

C'est pourquoi les romantiques, toujours à la recherche de termes aussi précieux qu'imprécis, qualifiaient ce style de « byzantin » sans en comprendre le sens.

TABLE DES PLANCHES

ESNANDES

199 *Détail de la façade Ouest.*
200 *Décor de la partie inférieure droite de la façade.*

SURGÈRES

201 *Le clocher.*
202 *Ensemble de la façade Ouest.*
203 *Le chevet, vu du Nord-Est.*
204 *Le chœur.*
205 *La crypte.*

GENOUILLÉ

206 *La façade Ouest.*

VANDRÉ

207 *La façade Ouest.*

NUAILLÉ

208 *La façade Ouest.*
209 et 210 *Détails de la façade : ange volant et figure allongée.*

211 *Détail des voussures centrales du portail Ouest avec l'Adoration des mages et l'Annonciation.*

PONS

212 *L'ancien hospice des pèlerins.*

TRIZAY

213 *Ruines de l'ancienne abbatiale, vues du Nord-Est.*

SAINT-DENIS DU PIN

214 *Le clocher, vu du Sud-Est.*

THÉZAC

215 *Le clocher, vu du Sud-Est.*

BERNEUIL

216 *Le clocher, vu du Sud-Est.*

MOINGS

217 *Le clocher, vu du Sud-Est.*

ESNANDES

GENOUILLÉ

VANDRÉ NUAILLÉ ▶

209

210

PONS

TRIZAY

SAINT-DENIS DU PIN

THÉZAC

◀ BERNEUIL

MOINGS ▶

Saintes

SAINT-EUTROPE

The 11th century church that took the place of various monuments raised between the 5th and the 10th centuries, was built by Cluniac monks in order to provide pilgrims on their way to Compostella and worshippers at the shrine of saint Eutrope with an edifice where crowds of people could be accommodated, and ceremonies organised with fitting pomp. This accounts for the peculiarities of its lay-out : a great hall with a low roof, half buried in the ground and consisting of a nave with its aisles, of an ambulatory with three minor apses and of a transept with a minor apse opening into each of its arms; – on the first floor, a raised choir on the same plan; – on an intermediate level, a nave, with flights of steps leading up to the choir or down to the crypt. Unfortunately the nave was pulled down under Napoleon, and a public square substituted for it, so that nothing remains except the crypt and the raised choir, with no direct access from the one to the other.

The crypt – a kind of semi-subterranean sanctuary – comprises a wide nave of four bays separated from the side-aisles by short squat pillars. The same decorative pattern is found on all the capitals, with a varying degree of elaborateness : two large water-leaves ending in a knob or a volute and separated by a cube of more or less regular shape. The vault consists of intersecting barrels, which gives it the aspect of a groined vault. In the aisles the vaults are similar, and are buttressed by quarter-round arches which lean against the keystones of the arches of the nave.

In the transept, which was altered when a tower was raised above its north arm, the wide sculptured frieze under the abacus of the north-west pillar is especially noteworthy : it shows strings of marigolds or of triangular acanthus leaves separated by S-shaped motifs, beneath a pleated or undulating ribbon.

The raised choir is divided into bays by means of rectangular pillars which are flanked with columns on three of their sides, with the exception of those which stand on either side of the entrance. The vault is a pointed barrel strengthened by arch-bands which rest on small shafts; these shafts rest in their turn on brackets which are the continuation of the abaci and of the capitals of the pillars. These capitals testify to the changes in techniques, forms and subjects which were effected by 12th century artists without any noticeable break of continuity. The bays of the aisles are roofed with quarter-round barrel vaults whose arch-bands rest on capitals decorated with water-leaves.

The ornamentation of the transept dates from a later period, the second third of the 12th century; the capitals of the crossing of the transept have established the fame of Saint-Eutrope's church. The decorative element prevails over the iconographic, and the human figures, lost as they are amid tangled lianas, lions and birds, do not play a prominent part. However, one can recognize Daniel in the lions' den, saint Michael with the scales of Judgment, the king of Babylon and onlookers witnessing Daniel's miracle.

List of plates

1. Outer wall of the chevet, south side.
2. Crypt : the central nave, seen from the south aisle.
3. Crypt : the central nave.
4. Crypt : the south aisle.
5. A pillar in the crypt.
6. and 7. Capitals in the crypt.
8. and 9. Crypt : two friezes on the pillar of the transept, west side.
10. Crypt : a capital.
11. Main church : side-aisle.
12. Capital in the transept and upper portion of the square bay of the choir, south side.
13. Capital in the transept : weighing of souls.
14. Capital in the transept : Daniel in the lions' den.
15. to 19. Capitals in the main church.
20. Musée Archéologique : capital from Saint-Eutrope : three Apostles and saint Luke's bull.

L'ABBAYE AUX DAMES

A large church built for Benedictine nuns was consecrated in 1047 but was extensively altered in the 12th century: the choir and the nave were lengthened, the vaults were built anew, and a magnificent tower was raised. To carry the weight of the tower, it was necessary to strengthen the original masonry of the crossing of the transept by means of pillars flanked with partly detached shafts.

The nave was lengthened until it was twice as long as it was wide, but its outer walls were too thin to permit its being roofed with a barrel vault; it was accordingly decided to build two cupolas on pendentives, which were destroyed in a fire in 1648.

The choir consists of a square bay, twenty-six feet square, roofed with a pointed barrel vault, and of a hemicycle with a semidome. It is dwarfed by the crossing of the transept, whose massive bonded masonry makes it appear smaller and more remote than it actually is.

Outside, a succession of blind arches runs along the north and south walls; the same type of moulded arcading is found on either side of the windows of the apse, where it combines with buttressing columns reaching up to the cornice. The steeple consists of a square base surmounted by a square storey decorated with arcading. Above this storey is the tower, octagonal at the bottom and cylindrical at the top, perforated with eight large twin windows, and capped with a conical spire covered with scales. A geometrical decoration of neatly carved lozenges, saw-teeth and pellets follows the curves of the arcades and of the windows. On the capitals of the arches can be seen leaves and volutes, with chimeras and diminutive human figures sporting among them.

The west facade is flanked by tall columns, and divided by two more columns into three panels decorated with rows of voussoirs on two tiers. On the lower storey, a central doorway is flanked by two false doorways; on the upper storey, a single window serves to light the church. The facade has been so maimed and so ruthlessly restored that very little remains of the carvings that decorated all its surface; only the rows of voussoirs and the capitals supporting them have been spared. The doorway is surmounted by four rows of voussoirs on which one can distinguish the hand of God blessing those who enter the church, the Lamb of God and the Cross between the symbols of the Evangelists, the Massacre of the Innocents and the Old Men from the Book of Revelation. On the capitals, human figures, birds and lions wrestle among the foliated scrolls.

The arch of the false doorway on the north side represents Christ's Ascension, the one on the south side, the Last Supper.

Another noteworthy item is the Head of Christ, now fixed against the south west pillar of the transept, which was found while the church was being restored.

List of plates

P. 67 (Colour plate). *The chevet seen from the south-east.*
21 *The church, seen from the north-west.*
22 *The tower.*
23 *Perspective view of the west portal.*
24 *Capitals on the west portal, left-hand side.*
25 *Recessed orders of the west portal.*
26 *Detail from the recessed orders of the west portal: old men from the Book of Revelation, the massacre of the Innocents.*
27 *Capital on the false tympanum on the right.*
28 *Middle portion of the outer rows of voussoirs of the west portal: massacre of the Innocents, birds drinking from a cup, Agnus Dei, God's hand carried by angels.*
29 and 30 *Details from the capitals of the west portal.*
31 and 32 *Details from the rows of voussoirs of the false tympanum on the left: Last Supper.*
33 *Detail from the same rows of voussoirs: Christ and the Apostles.*
34 *The south arm of the transept.*
35 *The nave and the choir.*
36 *The nave seen from the choir.*

From Roman to Romanesque

It would be difficult to classify the churches we are examining according to their antiquity. Many were founded in the first centuries of the Christian era, but the growing requirements of divine worship, the misfortunes consequent upon the Norman invasions, the feudal wars, the intermittent ravages of fire, the changing fashions, induced people to build anew, to develop, or to enlarge a number of originally modest-looking sanctuaries.

One must bear in mind, too, that in practically all ages, architects found it convenient and economical to incorporate as many fragments of previous monuments as they could into their new constructions. A mere glance at the base of the walls at Fenioux reveals the courses of small stones over which the subsequent pre-Romanesque and Romanesque edifices were to be raised.

Under the floor of several other churches one can occasionally discover the plan of the modest paleo-christian or Merovingian *cella* that preceded them. Such is the case at Mornac-sur-Seudre, where the small nave and the hemicycle with the seat of the officiating priest lie buried in sand, as permission was not granted to leave them uncovered.

The church of Thaims is the type of a Christian building raised over the balneary of a Roman villa, with representations of idols re-used and inserted in the masonry : Bacchus, borrowed from the classical Pantheon, or Epona, a rural goddess. The arcades of the original monument were incorporated into the Merovingian and Carolingian walls, and the whole was eventually merged into a Romanesque choir remarkable for the delicacy of its storiated carvings.

Several other monuments in Saintonge are distinguished by an archaic flavour which is surprising at first, but which accounts for the fundamental unity of their architecture and for their highly conventionalized decoration, consisting mainly of classical leaves, with a few animals carved in half flat relief and interlacing bands, as at Bougneau, Saint-Thomas de Conac, and Sémillac. Although these features occur mainly in the Gironde district, they can be found elsewhere with minor differences, in a number of Guyenne villages and on the south border of the Massif Central. As for the small church of Consac, though it dates like the others from a very early period, its architecture is basically different. The cupola consists of flat panels resting on four pillars, whose capitals are composed of two isosceles triangles and three trapeziums; their sides, as well as their abaci and their astragals, are decorated with half-flat geometrical patterns and interlacing bands.

A good scrubbing would be needed to reveal all the beauties of the church of Petit-Niort; one should notice, however, the curious design of the pierced slab of its fenestella.

List of plates

THAIMS

37 *The church, seen from the north-west.*
38 *The south transept.*
39 *The choir.*
40 *Capital in the choir : the Holy Women near Christ's grave.*
41 *Another capital in the choir : leaves.*

BOUGNEAU

42 *General view of the choir.*
43 *Capital in the choir.*

SÉMILLAC

44 *North wall of the choir.*

SAINT-THOMAS DE CONAC

45 *Ornamentation of the window of the apse, south side.*
46 *Ornamentation of the axial window of the chevet.*
47 *Ornamentation of the window of the chevet, north side.*
49 *Capital in the choir : birds.*

CONSAC

50 *to* 58 *Capitals in the crossing of the transept.*

PETIT-NIORT

59 *Window on the north wall consisting of pierced slabs.*

Virtues and Vices

The arresting allegory of the contest of Vices and Virtues described in the sermons of Tertullian or Prudentius, provides the main theme for the decoration of many facades in the province of Saintonge.

The facade of the church at Fenioux offers one of the most striking illustrations of the theme; the five recessed orders of the portal span the whole width of the facade. Those motifs for which there was not enough space on the arch-stones were accommodated along the recessed orders. Alongside the Virtues, – elegant female warriors protected by tall shields, who stab with their spears the Vices writhing at their feet – are found the Wise and the Foolish Virgins, the signs of the Zodiac, and the Labours of the Months.

Near the church is a « lantern of the dead », the finest among the many lanterns still extant in the western provinces. Fenioux is only the most typical among a number of churches whose main decorative theme is the contest of Vices and Virtues, occasionally found in connection with the theme of the Wise and Foolish Virgins, as at Corme-Royal, Pont-l'Abbé-d'Arnoult, Chadenac, Fontaine-d'Ozillac, Varaize, Saint-Symphorien de Broue. These constitute an admirable group of churches with, occasionally, a close kinship in the general design and the sculpture; these churches being close to one another, one may infer that the same teams of workers were employed for the construction of several of them. At Saint-Symphorien de Broue, however, the style is different, and less delicate.

If one considers the lower storey, which is the only one left in many cases, the facades belong to the tripartite type prevailing in the West, with the exception of Saint-Symphorien, where there are no lateral portals, and of Varaize, where the theme appears on one of the sides.

As one might expect, each monument has its peculiar physiognomy, in accordance with the purposes, devotional or other, for which it was built; yet, on the whole, they teach the same moral lessons : the necessity – symbolized by the presence of angels – of praising and worshipping the Creator, and the belief that life is a never-ending struggle, embodied by the Virtues, warlike figures clad in long robes, wearing helmets, and directing their sharp spear-heads towards the Vices, represented as demons who cower and shrink under the triumphant weight of these graceful allegorical figures.

The final lesson is that of the Mystic Bridegroom, who opens the gates of Paradise for the Wise Virgins holding their lamps with the oil untouched; whereas their rash and repentent sisters have wasted the oil of their lamps, which they hold upside down, with a gesture betraying despondency and even anguish. At Corme-Royal, three of the four Foolish Virgins are characterized by the same down-hearted attitude, curiously schematized by a curve that includes the head, the left shoulder and the arm in a strikingly modern foreshortened perspective. The Christian must be made aware of the necessity of remaining watchful all his life, so that at the hour of his death he may be admitted to eternal bliss, and not cast out into outer darkness.

Of course, several of these representations, deriving as they do their inspiration from Aunay, then from Fenioux, lack the balanced proportions of their models, and especially the elegant if slightly effeminate gracefulness that characterizes the latter church. Besides, the dimensions of the arches account for the somewhat dumpy appearance of some of the figures.

List of plates

FENIOUX

60 *West facade.*
61 *and* 62 *Details from the rows of voussoirs of the west portal.*
63 *The north portal.*
64 *A window on the south wall : pierced slabs.*
65 *North wall of the nave.*
66 *The lantern of the dead.*

CORME-ROYAL

67 *Detail from the west facade.*
68 *General view of the west facade.*
69 *and* 70 *Details from the rows of voussoirs of the west portal.*
71 *Ornamentation of the axial window of the west facade : the wise and the foolish virgins.*
72 *Blind arcade on the facade : vices and virtues fighting.*
73 *Capital in the nave, south side : two monsters fighting.*

PONT-L'ABBÉ-D'ARNOULT

74 *Detail from the west facade.*
75 *and* 76 *Details from the rows of voussoirs of the west portal.*
77 *Middle portion of the same rows of voussoirs : parable of the virgins, saints, vices and virtues fighting, angels worshipping the Lamb of God.*
78 *False tympanum on the right : saint Peter's martyrdom.*

CHADENAC

79 *West facade.*
80 *and* 81 *Details from the rows of voussoirs of the west portal.*
82 *Middle portion of the same rows of voussoirs.*
83 *Detail from the facade.*
84 *False tympanum on the left : wrestlers.*
85 *Capital on the south corner of the facade : the Holy Women at Christ's grave.*

FONTAINE-D'OZILLAC

86 *The west facade.*
87 *and* 88 *Details from the rows of voussoirs of the west facade : vices and virtues fighting.*

VARAIZE

89 *Detail from the outermost row of voussoirs of the south portal : angels flying.*
90 *General view of the south portal.*

91 *Middle portion of the rows of voussoirs of the same portal : vices and virtues fighting, angels worshipping the Lamb of God.*
92 *View of the nave.*

SAINT-SYMPHORIEN DE BROUE
93 *West facade.*
94 *Ornamentation of the window of the facade : vices and virtues fighting.*

Various Religious Subjects

We shall attempt here, apart from the main currents already described, to bring ourselves to a realization of the various subjects which nourished the piety of the people of romanesque times and inspired the artists whose aim was to embellish the edifices, to stir the emotions, and to instruct those who came there entrusting their griefs and hopes to God. The visitor must give proof of the feelings of faith and adoration which the figures of the Lamb and the adoring angels will summon up anew in him — figures seen so frequently on a voussoir of an entrance, where the hand raised in blessing is sometimes a complimentary motif or a remplacement.

A subject which has many times been the object of heated discussions is the portrayal of Constantine on horseback paired with the statue of the Church whose cause he championed by bringing attention to its eminent dignity. It is known that this idea, justifiable in most cases, seems to be a vestige from pilgrimages to Rome, where the bronze statue of Marcus Aurelius, taken for that of Constantine, caught the imagination of the masses. In the beginning the horse was trampling a fallen enemy, taken for a symbol of heresy. But in the course of its being moved about before being finally settled on the Capitol, this little part was lost. Nevertheless sculptors took great care not to forget this allegorical compliment. Chadenac and Surgères, along with Saint-Hérie de Matha seem to have taken up the theme again.

As is natural, venerated saints adorn the facades. The sea-spray has made it difficult to recognize the statues at Esnandes and the stoning of Saint Stephen on the facade at Echillais, this latter scene remaining much clearer on the apse at Vaux-sur-Mer.

The legend of Saint George, the liberator of the daughter of the king of Silenus, the righter of wrongs, the slayer of monsters, is right at home in this area crossed by a road to Compostella, where he is called upon in time of peril along with the Archangel and the Matamor.

Several other saints can be seen here and there : Saint Peter on the cross at Pont-l'Abbé, Saint Martin dressed as a bishop in an almond-shaped glory which is paired with the Virgin at prayer at Gensac-la-Pallue. Even though the Virgin as well is situated in a mystic oval which is being supported by non-ascending angels, it is not a question here of the Assumption, for a crown already encircles her head. But it is easy to make this mistake and it was often made at the beginning. At Chenac the Virgin is rising towards heaven while the shroud still hides her face; she is emerging from the shadows of death as if dazzled by the vision of the heaven to which she is going. The Mother of Christ moreover, is not often so represented. On the gable at Rioux, it is the Virgin Mother with the Child — a late portrayal. At Corme-Royal the Visitation is among the subjects portrayed.

There is one exceptional scene : Mary Magdalen at the feet of Christ figured on a capital at Gourvillette. Finally we must cite several themes dear to sculptors and painters : the visit of the Holy Women to the Tomb, and the Weighing of Souls, notably on the capitals at Soujon where the curious salmon fishing has not been omitted — perhaps an allusion to manna or to Providence, nor the scene of Daniel in the lions' den, which is a biblical theme almost as frequent as that of Samson bringing down the monster. Finally, here and there, as at Douhet, there remain a few unrecognizable low-reliefs.

MATHA-MARESTAY

The capitals at the crossing, executed by a sculptor with a powerful chisel and an abrupt and incisive talent, portray monsters with human and animal faces who seem to have emerged from a nightmare. But there are also less sombre subjects such as Samson breaking the jaws of the furious lion or Daniel standing amidst four impassive wild beasts.

THE CHURCH OF MATHA-SAINT-HÉRIE

On the west-front divided into three sections by tall columns, one can see the fragment of an imposing equestrian statue, and the slender statue of a woman wearing a pleated robe with long sleeves which cover her hands.

TALMONT-SUR-GIRONDE

Looking out over the sea from the top of a cliff which is ceaselessly being eroded by the waves, the church of Sainte-Radegonde (where one bay of the nave is missing) offers decorated capitals with remarkable reliefs at the transept crossing; one in particular portrays the legend of Saint George on horseback saving the princess from the monster's jaws.

ÉCHILLAIS

On the voussoirs of the doorway a murder scene is interpreted as being the stoning of Saint Stephen, and a demonic mask gulps the column on the left of the door.

SAUJON

Here in the 19th century church of Saint-John the Baptist are harboured four very fine capitals from the 12th century which illustrate the themes of Daniel in the lions' den, the Holy Women at the Tomb, the Weighing of Souls, and the salmon fishing.

At MACQUEVILLE the capitals at the entrance to the choir (a siren, a man with a wolf) are simple and direct, but more complicated in the nave (running scroll-work with and without figures, acanthus leaves in full bloom). At the doorway there is the Lamb and angels bearing censers.

List of plates

MATHA-MARESTAY

P. 197 *(Colour plate). The chevet, seen from the north.*
95 *The church seen from the north-west.*
96 *Capital in the crossing of the transept : an angel overthrowing a demon.*
97 *Another capital in the transept : Daniel in the lions' den.*
98 *Ornamentation of the window of the apse.*

MATHA-SAINT-HÉRIE

99 *The west facade.*
100 and 101 *Details from the rows of voussoirs of the west portal.*
102 *Details from the rows of voussoirs of the false portal on the left.*
103 *Detail from the ornamentation of a window on the south wall.*
104 *Detail from the ornamentation of the window on the north wall : head of a demon devouring damned souls.*
105 *West facade : figure of a woman.*
106 and 107 *Two of the nave windows, south side.*
108 *Ornamentation of one of the windows of the nave, south side.*
109 *Capital of the window shown on plate 106.*

TALMONT

110 *Capital in the transept.*
111 *The transept and the choir.*
112 *The chevet, seen from the north-east.*
113 *Elevation of the facade of the north transept, with its portal.*
P. 232 *(Colour plate). The church overlooking the Gironde, seen from the south-east.*

ÉCHILLAIS

114 *The west facade.*
115 *Ornamentation of one of the blind arcades in the upper portion of the facade.*
116 *Capital on the facade : head of a monster swallowing the column.*
117 *Detail from the upper portion of the west facade.*
118 *The chevet, seen from the south-west.*
119 and 120 *Two capitals in the choir.*

SAUJON

121 *Capital representing the weighing of souls.*
122 *Capital representing a human figure carrying a huge fish.*

MACQUEVILLE

123 *Capital in the nave : dragon and leaves.*
124 *Capital in the nave : lions caught among foliated scrolls.*
125 *Capital in the nave : human face and leaves.*
126 *Capital in the nave : leaves.*
127 *Capital in the nave : a man overpowering lions.*
128 *General view of the north portal.*

LE DOUHET

129 *Rows of voussoirs of the west portal : angels worshipping the Lamb of God.*
130 *Capital on the facade.*

COLOMBIERS

131 to 134 *Capitals representing unidentified subjects.*
135 *Capital representing the weighing of souls.*
136 *Capital representing a man caught among foliated scrolls.*

GOURVILLETTE

137 *Capital in the nave representing Christ appearing to Mary Magdalene.*

CHENAC

138 *Capital in the choir : Assumption of the Virgin.*

Horses' Heads

There is so vast a number of churches in Saintonge where the architectural characteristics offer very little variety that we are obliged rather to examine them by grouping together the noteworthy decorative and iconographic peculiarities.

We shall try then in this chapter to look at the facades where the curious motif of sculpted horses' heads is found on each of a row of voussoirs. Of course this is only a particular decorative aspect of romanesque churches in the west of France, for being without tympanums except for rare exceptions, they were obliged to express elsewhere the iconographic scenes, theological teachings, or simply the ornamental effect desired by the sculptors.

Nearly everywhere in this manner you find the same subject occupying one or perhaps two voussoirs, and repeated indefinitely; old men of the Apocalypse, human figures, animals, geometrical designs, or leaves.

Since these elements are of necessity framed by a trapezium it was therefore required (to the extent which is possible) to give this same general form to the images to be reproduced. The intelligence as well as the skill of the artist could thus serve to display all his ingenuity, which is already so evident on the corbels of the cornices, on the spandrels, or on any surface defined by interlacings or vegetal scrolls.

Now the idea could have come to the decorators of the churches with which we are here concerned: the elongated drawing of a horse's head, wide at the ears and across the forehead, and narrower at the nostrils. What ideal dimensions for filling up the multiple elements in the rows of voussoirs of our doorways!

This is perhaps the reason which led a small group of churches (the facade of Saint-Fort-sur-Gironde remaining in its whole the most intact) to choose these curious groupings of horses' heads. The other churches likewise endowed with this characteristic motif are Pérignac and Saint-Quantin de Rançannes. They are very close to each other.

At Pérignac we notice the presence of a second arcading superimposed on the first one; this second arcading frames the high central window and the decorative style is different from and certainly later in time than the first arcading. As a matter of fact the lower gallery portrays the twelve Apostles around the Virgin, all contemplating the Ascension of Christ who is rising towards the top of a gable which used to be triangular and adorned with little motifs, lions, and flattened quatrefoils. The upper gallery takes up the later theme of the struggle between the Virtues and the Vices.

List of plates

SAINT-FORT-SUR-GIRONDE

139 *The west facade.*
140 *Detail from a row of voussoirs on the west portal.*
141 *Capitals of the upper row of arcading.*

PÉRIGNAC

142 *Detail from the upper portion of the west facade : Christ's Ascension.*
143 *Another detail from the same portion of the facade.*
144 and 145 *Details from the carvings on the west facade.*

SAINT-QUANTIN DE RANÇANNES

146 *Detail from a capital on the upper row of arcading of the west facade : scallop-shells.*
147 *General view of the west facade.*
148 *Detail from the upper portion of the facade.*
149 *Horses' heads, originally on the rows of voussoirs of the portal.*

Satirical Subjects

When we are accustomed to reading on the images in our churches so much which is there for our meditation and edification, it is surprising to find real parodies of themes treated elsewhere with the habitual seriousness.

The venerable old men of the Apocalypse, wearing crowns, carrying bottles of perfume, and ready to participate in the celestial concerts are, in some places, no more than caricatures meant to enliven and hardly to lead to reflection. These human figures have become mimics and noisy jugglers preferring the squawks of geese to angelic harmonies ! See Avy.

Even more picturesque is Nieul-lès-Saintes, where the old men have got rid of their tunics and are represented engaged in a lively rural dance.

Finally, the running scroll-work at Corme-Écluse, as on the choir-rotunda at Marignac, forms garlands in which no mysticism is to be found; all that remains is a vision of a worldly earth devoted to the gaity of a very pagan Eden, full of good-natured brawling, successful hunting, and cheerful meetings with other human beings, or with dragons who are quite romanesque but still very good-humoured.

Partly dream, partly the critical mind and worldly fantasy, we are far from the mystical combat between the Virtues and the Vices, or from Daniel, the supercilious prophet !

It is true that everywhere, on graceful cornices, you find the most varied corbels : sometimes edifying, sometimes erotic, sometimes reminders of daily life or of the most serious subjects. From this we see to what an extent the human mind, which has not at all changed, is deeply-rooted in the most varied sources, be they sound or suspect.

List of plates

MARIGNAC

150   *The chevet, seen from the north-east.*
151 and 152   *Details from the modillion and métope of the chevet.*
153   *Capital in the transept.*
154   *General view of the vaults of the choir, with the sculptured frieze running along the bottom.*
155   *Frieze and capital in the transept, north side.*
156   *Frieze and capital in the transept, south side.*
157   *Detail from the frieze in the choir.*
158   *Capital in the transept : the adulterous woman.*
159 and 160   *Details from the frieze in the choir.*
161 and 162   *Capitals in the transept; n° 162 represents a stag-hunt.*
163   *Another view of the capital shown on plate 158.*
164   *Detail from a capital in the transept : lion with his tail ending in a foliated scroll.*

AVY

165   *Detail from the rows of voussoirs of the west portal : the old men from the Book of Revelation.*
166   *General view of the west portal.*

CORME-ÉCLUSE

P. 17   *(Colour plate). Detail from the rows of voussoirs of the west portal.*
P. 273   *(Colour plate). The church, seen from the north-west.*
167   *Detail from the west facade.*
168 and 169   *Capitals on the upper row of arcading of the facade : pilgrims and centaurs shooting arrows.*
170 and 171   *Details from the frieze on the west facade.*

NIEUL-LÈS-SAINTES

172   *Detail from a row of voussoirs on the west portal : old men from the Book of Revelation.*

Simple Facades

If the art of Saintonge tends towards very elaborate decoration, it shows sometimes an inclination towards simplification, perhaps influenced by ascetic currents like that of Cîteaux or because of a desire for restraint and calm which comes when one tires of what is complex. Beauty of line harmonizes more often with simplicity than with excess, and leads to a certain emptying of the soul which facilitates meditation and reflection : « My child », said Padre Pio to a seminarian, « Do you think the Gospel was written for complicated people ? » Now this attitude should be strengthened by the atmosphere in which the faithful are to pray. Moreover they like to pray amidst harmonious lines which raise the spirit. These facades decorated for the most part with tall narrow columns or with flowers which the sculptors have arranged around the entrance as at Ecurat or at Sainte-Gemme, satisfy these feelings. In the same way the faithful place bouquets and candles near the altar or before the images of venerated saints.

If a starker aspect appears at the truly admirable church at Geay, beautiful in its very being and in the logic of its architecture, elsewhere a lighter mood prevails. On the festooned windows at Échebrune, among the interlacing bands at Biron, the monotony of the acanthus is relieved by some classical reminiscences. At Échebrune, however, the profusion of the leaves is remarkable, and a devil's head lurks among them, to remind us of the necessity of remaining watchful.

GEAY

Among all the churches of Saintonge which are so varied, so rich, and sometimes burdened with an excess of sculpture, the church at Geay represents the triumph of pure form. The careful construction of this beautiful edifice whose general shape is so typical of Saintonge, dates from the first half of the 12th century.

The plan is as follows : a single nave with a pointed barrel vault on springers. But the determination to construct an oblong transept complicates the arrangement of the church at the crossing and results in a lowered opening between the nave and the choir.

The approach from the nave to the arms of the transept is provided by two semicircular passages : one is set aside between the east corners and the belfry pillars; but on the north side the opening is hidden by a stairway situated at the corner of the nave, which leads to the vaulting.

On the east side of both transept arms a simple chapel opens out. Equally simple is the choir which forms a semicircle on the inside, and is preceded by a straight bay. Throughout the whole interior the decoration of the capitals has been reduced to only the most unassuming waterleaves.

Buttresses strengthen the west front and the very simple semicircular door has no window above it; the two side-aisles are lit by openings flanked by small columns which support the arches. On the south side a door on pilasters demonstrates the austere planning which accounts for the almost total absence of sculpturing in the polygonal apse. The latter's remarkable elegance is due to the perfection of the stone-cutting and to the separation of three superimposed levels of arcading with irregular centering : the windows are at mid-level. This skill of arrangement, this synchronized suitability of orders along the bases as well as the tops, attains the ultimate, simple skill which renders the whole a work worthy of admiration.

Today when we hear so much in praise of « line » and stark simplicity, Geay offers an example of austerity which is in keeping with the respect due to the Divine Majesty.

List of plates

BIRON

173 *Detail from the outermost row of voussoirs of the west portal : animals.*
174 *General view of the west facade.*

ÉCHEBRUNE

175 *General view of the west facade.*

ÉCURAT

176 *The west facade.*

GEAY

177 *The nave, the transept and the choir.*
178 *to* 181 *Details from the ornamentation of the chevet.*
P. 299 *(Colour plate). The chevet, seen from the south-east.*

Baroque Styles

When a school of art succeeds in producing notable works, it attempts to renew itself or to go beyond itself, and if the master-sculptor with no inspiration left, has no longer anything but his technical skill, he overdoes it, and at that moment the baroque tendency appears – the tendency to overload and even to create the extravagant in order to surprise the eye with something new.

In this case decoration is carried to the extreme with no other aim but itself. It is no longer elegant richness, but the exasperated state of a quality pushed beyond what is reasonable to the point of bad taste. The desired effect is no longer sculpture, but jewellery : « You like chiselling, well we've put it everywhere ! » And you end up with disproportionate reliquaries !

Fortunately the beauty of the basic lines of the churches subsists in the apses, in spite of the excess. Even if the attempt to shock sends the columns at Jarnac-Champagne zig-zagging all over the place in contempt of all established order, it doesn't go so far as to knot them together as is frequent in northern Italy and surrounding areas. The sense of restraint characteristic of these western regions did not accept these apparent feats, which in this instance however, did penetrate into the centre of France.

The facades also of these churches remain harmonious and classic, the taste for the unexpected being so rarely encountered.

RIOUX, RÉTAUD... These two churches occupy a choice place among the monuments of Saintonge. No tourist guide would risk omitting them or passing them by lightly.

Close to one another (both situated about eight miles south of Saintes), they remain inseparable because of the profusion and the unparalleled richness of their decoration. Without a doubt this ornamental magnificence justifies the favour which they together enjoy; but how can one fail to see, beyond the precious effects and details, the gratuitous prolixity of a style having reached the outer limit of its evolution and masking the dying breath of its inspiration with excesses, the drying up of its verve with a debauchery of virtuosity, the impotence of its creative power with the setting off of elements sometimes unusual, but more often questionable ? There is in this the obvious decadence of the romanesque style of Saintonge and the quasi-fatal end of any art style in its last stages : the baroque.

In the western regions, these extravagances sometimes remain limited to a certain affectation which is due more to the fact that the proper role of decoration subjected to architecture has been forgotten Skill is confused with a sense of harmony, chiselling with sculpturing. In the apses at Rioux and at Rétaud the very stonework gives no rest to the eye. Just the comparison of these chevets with that of Geay allows one to decide immediately where the real beauty lies.

List of plates

RIOUX
182 *The west facade.*
183 *Detail from the Virgin in glory on the facade.*
184 *A window on the chevet : ornamentation of one of the jambs.*
185 *The chevet, seen from the south-east.*
186 *General view of the choir.*

RÉTAUD
187 *General view of the choir.*
188 *The west facade.*
189 *The chevet, seen from the south-east.*

JARNAC-CHAMPAGNE
190 *Detail from the chevet.*
191 *The chevet, seen from the east.*
192 *Ornamentation of the interior of the choir.*

Cupolas

It is very tempting to put rows of cupolas on churches with timber roofs. The church can thus be vaulted without having to build thick walls which alone are capable of resisting the thrust of a barrel vault, or having to double thin partitions. This is a method brought from Périgord by way of Angoulême. To construct them it is only necessary to support the pendentives or squinches on independent, rather cumbersome pillars. At Marestay we saw one which had gone wrong; the Abbaye aux Dames is the greatest example. But when the plan is envisaged from the beginning of the construction, the monument often takes on a massive and severe aspect, though there is no reason why the facade should be any different from the usual screen-fronts. Moreover, at Notre-Dame de Châtres, the front is pleasantly relieved by arcades which are among the most successful of those which we have seen while studying churches where the decorative element is the prevailing one.

These rows of cupolas are found also at Sablonceaux, Saint-Brice, Saint-Romain de Benet, and Gensac-la-Pallue. A word on this last church where the facade merits our attention. It is very narrow and rises in three tiers whose differing modes contrast and harmonize with one another. The centre semicircular doorway opens out between two arcades which are divided horizontally by a delicately decorated strip at the level of the capitals. The strip continues on the capitals without a break. The latter are decorated with interlacings, small human figures, and fantastic animals, whilst a saw-tooth festoon winds around the three arches up to the abaci. The whole work has a fineness of quality which perhaps does not impress at first sight. Each of the arcades is surmounted by high-reliefs which correspond symmetrically: on the left the Virgin at prayer in an oval-shaped glory; on the right Saint Martin, figured here as the bishop of Tours, wearing a halo and holding a crozier, and likewise in an oval-shaped glory supported by four angels. We should emphasize here just how exceptional sculpture. The second and third tiers, separated by a saw-tooth band, have fives or six semicircular arcades resting on small double columns.

List of plates

GENSAC-LA-PALLUE
193 *The west facade.*
194 *Relief on the facade : saint Martin in an almond-shaped glory carried by angels.*
195 *Another relief on the facade : Virgin in glory.*

NOTRE-DAME DE CHÂTRES
196 *The west portal.*
197 *The church, seen from the south-west.*

SAINT-ROMAIN DE BENET
198 *The church, seen from the north-east.*

Aunis

The tiny province of Aunis tucked in between Saintonge and Poitou shares in the tastes of her two neighbours; less exuberant than the flowery art of the south in spite of the elegant arcades at Surgères, Aunis has a style akin to the habitual sobriety of the north, at Esnandes or Genouillé for example. As for Nuaillé-sur-Boutonne, its late and careful sculpturing of human figures is more similar to that of the Plantagenet monuments, like the Saint Michel door or the little human figures portrayed on the springers of the pointed arches at the cathedral of Poitiers, than the little statues at the Abbaye aux Dames. The iconography in this latter church, devoted chiefly to the Virgin and to the Nativity is not influence by that of Saintonge.

ESNANDES

There no longer remains anything but the facade of the romanesque church at Esnandes which now serves as the front of the massive gothic fortress which encloses, by way of contrast, a bright, flamboyant sanctuary. The arch of the centre door frames on each side, two other blind arches.

Everything except the cornice is soberly sculpted with accurately modelled, almost is the portrayal of this saint in romanesque flattened vegetal motifs. The modillions, as well as the metopes ciselled between them, are no departure from the habitual imagination of Saintonge: faces in caricature, Samson and the lion, a crab, a wheel, interlacings, a long-beaked heron standing dejected before a flat dish, chimera, sagitarii, and other things. However, the south archway frames the tall statue of a standing bishop wearing long garments. Perhaps it is Saint Martin, bishop of Tours and patron-saint of the priory.

SURGÈRES (Notre-Dame)

Admirably situated in a large, shady square in the centre of the village, and within the towered walls of the seignorial castle, this important edifice, a little too generously restored in the 19th century, merits a visit. Its wide two-tiered facade, of unusual breadth, solidly flanked by impressive buttresses of clustered columns, and surmounted by a plain triangular pediment, offers itself first of all in its rigour, from which a certain coldness is perhaps not absent. The central doorway opens out between series of three blind arcades on each side, which are decorated with sawtooth festoons, goffered lozenges, or delicate cruciform motifs. The two arcades closest to the doorway each moreover, have a false tympanum in high relief – of negligible interest, true, because the damage to them is so extreme : on the left there is Christ giving a blessing, it seems; on the right, a rider.

A cornice distinctly separates the ground floor from the first floor. On the close-set modillions which support it a somewhat dishevelled world teeming with life presses together, and the signs of the zodiac alternate with strange, delectable little figures : an acrobat, a bear-leader, winged creatures, monkey-musicians, and sirens. The first floor itself presents a curious lack of symmetry : the central window opens out above the doorway and is flanked on the left by one wide opening with a very low springer, and on the right there are two arcades, the farthest one from the window being blind. On each side of the central opening there are two shallow niches each adorned with a rider, unfortunately headless. Their mounts are face-front. The identification of these riders remains controversial.

A second cornice at the top of the first floor corresponds to the lower one. Here scenes of the labours of the months alternate with an odd bestiary of fantastic animals.

After having examined the facade you must turn to the other end of the building and go around the apse which is encircled with sober, elegant, small paired columns, and whose cornice offers decorated modillions as arresting as those of the facade : here again acrobats and amusing animal-musicians throng together.

An imposing octagonal bell-tower with openings under little semicircular arches, and with clusters of high columns, rises above the transept crossing.

The interior of the church confirms the impression of largeness one got from the facade. Today, the nave has a pointed vault and four bays bounded by heavy quadrangular pillars. The side-aisles as well as the arms of the transept are barrel-vaulted. The bell-tower on squinches occupies the crossing and is followed by a beautiful apse with three windows under arcades. The apse is delicately ornamented around the ambulatory with a frieze of deeply perforated interlacings.

There is a crypt under the apse. At the beginning there were two symmetrically situated ways of access consisting of a stairway and an elbow passage. Only the right entry can be used now – it is under a trapdoor against the wall of the arm of the transept.

GENOUILLÉ (Notre-Dame)

A few miles from Surgères, there is the church of Genouillé, more modest certainly, but where it is clear that the two-tiered facade surmounted by a high triangular pediment was constructed from the same plan.

VANDRÉ (Saint-Vivien)

Also close to Surgères, Vandré offers us a church yet more unpretentious. The facade, flanked by heavy buttresses, is here limited to a doorway with three rows of pointed voussoirs between two blind arcades. The upper row of voussoirs on the doorway is decorated with festooned cusps which are taken up with a little less vigour by the row of voussoirs on the single left arcade.

It is not uninteresting to note to what an extent (as much at Vandré as at Genouillé) the decorative stonework which is employed under the side arcades serves to lighten and liven up these rather austere facades.

The corners of the apse are canted.

NUAILLÉ-SUR-BOUTONNE

The west doorway, which is small in keeping with the size of the building is so detailed and elaborate and contains so many various subjects treated in a style so different from that of Saintonge that one cannot let it pass by without a word.

Essentially, the two rows of voussoirs with their archivolts rest on the capitals and abaci of four columns separated by a fluted pilaster. The lower role with seventeen elements in it, figures Christ giving a blessing and offering the Book; around him are the twelve Apostles with Saint Peter holding the key, and the others holding phylacteries or books. Then there are four other personages who perhaps represent the mission of the Apostles. They have simple haloes.

The upper row of voussoirs is dedicated to the story of the Virgin, from the Annunciation to the Adoration of the Magi. But the scenes are not grouped in chronological order.

List of plates

ESNANDES
199 *Detail from the west facade.*
200 *Ornamentation of the lower portion of the facade, right-hand side.*

SURGÈRES
201 *The tower.*
202 *General view of the west facade.*
203 *The chevet, seen from the north-east.*
204 *The choir.*
205 *The crypt.*

GENOUILLÉ
206 *The west facade.*

VANDRÉ
207 *The west facade.*

NUAILLÉ-SUR-BOUTONNE

208 *The west facade.*
209 *and* 210 *Details from the facade : angels flying, a reclining figure.*
211 *Detail from the middle portion of the rows of voussoirs of the west portal : Adoration of the Magi, Annunciation.*

Miscellany

Almost everywhere there are monuments which have a specialized purpose, or whose original plan rises out of the surroundings. These form the subject of this chapter and to it we have added a word on the bell-towers which differ so greatly from one another.

PONS

L'Hôpital Neuf

This building constructed at the entrance to the town, but still outside of it, was intended to serve as a relay station or as a hospice for pilgrims to Saint James Compostella. This is one of the rare examples of such buildings which still exist on the many roads leading to Galicia, and it is the finest one known. These establishments were maintained by the hospitaller orders. This one spans the road leading to Bordeaux.

A porch with a barrel vault still remains with surbased entrances – the southern entrance is dominated by crescent-shaped windows. The ceilings have been changed at various times and the central section is covered by diagonal ribs supported on carefully sculpted corbels, one of which has given birth to a popular theme.

The sides of this vast hall are filled by wide semicircular doorways with voussoirs and archivolts decorated with summary, but carefully executed sculptures. They rest on assorted abaci and capitals, which are plain on the east side, and decorated with leaves, a demon's head, and a figure in a long robe on the west side. They crown very elegant columns.

In examining the west door one notices that during its reconstruction a series of recesses were destroyed. These recesses formed arcades along the wall and were separated from the road (as on the other side) by a long stone bench, like the bench for the poor which exists at the bottom of the walls of so many romanesque and gothic churches. The design on the archivolts of these arcades, simpler on the west side than on the east side where they are decorated with a running scroll, indicates two stages of construction.

TRIZAY

Benedictine priory dependent on Chaise-Dieu.

The amazing general outlay of Trizay is an astonishing thing and will remain so, certainly for as long as excavations do not permit the establishment of an exact plan. The drilling undertaken a few years ago was abandonned without anything having been learned.

It seems that a vast polygon, of which three sides remain, and the beginnings of two others have been started, comprised on its sides semicircular arches going right up to the moulded cornice which separates the lower sections from the base of a vault which seems to be indicated by a slight overhang.

It is not possible that one and the same cupola covered this vast space without other supports. Must we suppose that a central tower held the thrust of an annular vault as at Neuvy-Saint-Sépulcre (Indre) or at Charroux (Vienne) ? At present we can only make suppositions.

Extending past the ruin towards the south, the monastic buildings of carefully done stonework, repaired during the gothic period, demonstrate by their arcades and polylobed entrances under graceful finely-polylobed archivolts, here again, moorish influence.

BELL-TOWERS

Apart from a few exceptions, the architecture of Saintonge has produced churches of medium size, and their bell-towers have generally been modestly in keeping with the proportions of the buildings.

Many churches therefore, have square belfries which often do nothing more than indicate the position of a not-too-prominent transept. The most common plan for towers with one cupola at the crossing, is, in varying proportions, a first floor, either solid or decorated with arches, and a second level with a gallery, windows, or arcades. So it is at La Vallée, Chaniers, and Champagné. A turret often gives access to the different levels.

Sometimes the belfry is coupled with the church, as is the little square tower of Saint-Denis du Pin which is so elegant in its simple early romanesque style. But there are few bell-towers which diverge from the standard model. One of the most beautiful which is different is the one at Thézac comprising two graded levels above a plain square base; the first level is decorated with narrow arcades (which continue above the columns which finish off the corners) and meets up with the adjoining facade. Up above, three paired windows open out one each side under a tent roof. The first floor of Corme-Écluse is like this. but the top part has been redone.

The heavy proportions of the belfry of Moings are compensated for by the graceful unbroken arcades which ornament the sides and the angles of the corners, whilst the narrow semicircular windows are cut into the wall which is set back.

More elegant still is the bell-tower at Colombiers which has been redone and completed. From the square base, small crowning half-pyramids lead to the octagonal first level. The windows are situated between the half-pyramids, and under a wooden spire.

But surely the most astounding of all was the bell-tower of Fenioux, which unfortunately has been completely redone.

Even more majestic still in the 12th century was the now-destroyed tower of Berneuil. Only its south side seen from the corner of the belfry stairway permits us to imagine its splendour.

Very elegant, and also in Aunis, is the tall, octagonal tower at Surgères, where the column buttresses at the corners and in the centres of the sides separate the sixteen narrow windows which gracefully lighten this heavy mass of stone crowned with a wooden spire.

But of all the buildings in Saintonge having bell-towers the best-known is certainly that of the Abbaye aux Dames at Saintes which has the same plan, only larger, as Notre-Dame de Poitiers.

List of plates

PONS
212 *The former Pilgrims' Hospice.*

TRIZAY
213 *Ruins of the former abbey-church, seen from the north-east.*

SAINT-DENIS-DU-PIN
214 *The tower, seen from the south-east.*

THÉZAC
215 *The tower, seen from the south-east.*

BERNEUIL
216 *The tower, seen from the south-east.*

MOINGS
217 *The tower, seen from the south-east.*

Saintes

SAINT-EUTROPE

Die Kirche des XI. Jahrhunderts, Nachfolgerin mehrerer vom IX. bis zum X. Jahrhundert errichteten Bauwerke, wurde von den Mönchen von Cluny erbaut, um den nach Compostella Pilgernden und den Verehrern des hl. Eutropius ein Denkmal zu bieten, in dem die Volksmengen eine Unterkunft finden würden und die großen Feierlichkeiten sich entfalten könnten. Zu diesem Zwecke zeigt sie ziemlich besondere Anordnungen : ein großer, niedriger Saal, der halb unterirdisch ist, bestehend aus einem Mittelschiff mit Seitenschiffen, einem Chorumgang mit drei Chorkapellen und einem Querhaus mit einer Kapelle an jedem Querhausarm; im ersten Geschoß ein oberes Chor mit den gleichen Anordnungen; in einem dazwischenliegenden Geschoß ein gemeinsames Mittelschiff, aus dem man zum Chor oder zur Krypta über hinauf-oder hinunterführende Treppen gelangte Da dieses Mittelschiff im Zweiten Kaiserreich zerstört wurde, um es durch einen Platz zu ersetzen, bleibt heute nur noch die Krypta und das obere Chor ohne direkte Verbindung übrig.

Die Krypta, oder halb unterirdisches, unteres Heiligtum, umfaßt ein breites Mittelschiff mit vier Jochen, die von den Seitenschiffen durch kurze, gedrungene Pfeiler getrennt sind. Die Kapitelle weisen auf mehr oder weniger üppige Art ein einziges Schema auf : zwei breite Wasserblätter, auf eine Knospe oder eine Volute ausgehend und durch eine Würfel verschiedenartiger Form getrennt. Das Gewölbe ist ein Tonnengewölbe mit Stichkappen, was ihm das Aussehen eines Kreuzgratgewölbes verleiht. In den Seitenschiffen wird ein ähnliches Gewölbe durch viertelkreisförmige Bogen gestützt, die am höchsten Punkt der Mittelschiffarkaden auslaufen.

Im Querhaus, dessen Form durch das Anbringen eines Glockenturms oberhalb des nördlichen Querhausarms verändert wurde, bemerkt man am nordwestlichen Pfeiler einen breiten Fries mit Skulpturen : eine Reihe von nebeneinander stehenden Margaritenblumen oder von dreieckigen Akanthusblättern, durch Verzierungen in S-Form voneinander getrennt, und darüber ein gefaltetes oder gewelltes Band.

Das obere Chor wird in Joche geteilt durch rechteckige Pfeiler, die außer denen am Eingang nur von drei Säulen flankiert sind. Das Gewölbe ist ein gebrochenes Tonnengewölbe, das sich auf Gurtbogen, die auf Säulchen ruhen, stützt; die Säulchen stützen sich auf eine Konsole, die die Deckplatten und die Kapitelle der Säulen fortsetst. Diese Kapitelle zeugen von der Erneuerung der Verfahren, der Formen und der Themen, die im XII. Jahrhundert geschah, aber unmerklich und ohne Bruch. Die Seitenbogen tragen ein viertelkreisförmiges Tonnengewölbe, dessen Gurtbogen auf Kapitellen mit Wasserblättern ruhen.

Die Ausschmückung des Querhauses ist jünger, aus dem zweiten Drittel des XII. Jahrhunderts; die Kapitelle in der Vierung verherrlichen den hl. Eutropius. Es ist eine mehr dekorative als ikonographische Skulptur, denn die Personen spielen nur eine zweitrangige Rolle mitten zwischen üppig wuchernden Lianen, Löwen und Vögeln. Man trifft hier Daniel in der Löwengrube an, Sankt Michael und die Waage des Jüngsten Gerichts, den König von Babylon und die Zeugen des Wunders von Daniel.

Tafel der Abbildungen

1 *Südliche Außenseite des Chorhaupts.*
2 *Krypta : Blick vom Mittelschiff zum südlichen Seitenschiff.*
3 *Krypta : Mittelschiff.*
4 *Krypta : südliches Seitenschiff.*
5 *Ein Pfeiler in der Krypta.*
6-7 *Kapitelle in der Krypta.*
8-9 *Krypta : zwei Friese an den Pfeilern des Querhauses, Westseite.*
10 *Krypta : Kapitell.*
11 *Obere Kirche : Seitenschiff.*
12 *Kapitell im Querhaus und oberer Teil des rechten Joches des Chores, Südseite.*
13 *Kapitell im Querhaus : die Seelenwaage.*
14 *Kapitell im Querhaus : Daniel in der Löwengruhe.*
15-19 *Kapitelle der oberen Kirche.*
20 *Archäologisches Museum : Kapitell aus Saint-Eutrope, drei Apostel und den Löwen des Hl. Lukas darstellend.*

DIE ABBAYE AUX DAMES (FRAUENABTEI)

Für die Benediktinerinnen wurde 1047 eine große Kirche geweiht, die aber im XII. Jahrhundert stark verändert wurde : Verlängerung des Chores und des Mittelschiffes, neue Einwölbung, Errichtung eines prächtigen Glockenturms. Um diesen tragen zu können, verstärkte man das ursprüngliche Gemäuer der Vierung durch Pfeiler mit angelehnten Säulen.

Das Mittelschiff, das zweimal so lang wie breit gemacht wurde, konnte wegen der Schwäche seiner oberen Mauern kein Tonnengewölbe erhalten; man bedeckte es mit zwei Kuppeln auf Zwickeln, die 1648 durch einen Brand zerstört wurdeu.

Das Chor besitzt ein gerades Joch von acht Meter Länge, das ein gebrochenes Tonnengewölbe trägt, und einen mit einer Halbkuppel bedeckten Halbkreis. Das Großquaderwerk in der Vierung bewirkt, daß diese weit entfernt scheint, und verkleinert scheinbar ihre Proportionen.

An der Außenseite läuft eine Bogenstellung an den oberen Wänden. Eine andere Bogenstellung mit Simswerk rahmt ebenfalls die Fenster des Chorhaupts ein zusammen mit Strebesäulen, die bis zum Karnies hinaufsteigen. Der Glockenturm auf einem viereckigen Unterbau umfaßt ein viereckiges Geschoß mit Arkaden, dann den Turm, achteckig an der Basis und oben rund. Er wird großzügig von acht Doppelfenstern erhellt und wird von einer kegelförmigen Spitze gekrönt, die mit Fischschuppen bedeckt ist. Eine geometrische Dekoration : Rauten, Wolfszähne und Scheibenfriese, die kräftig gemeißelt sind, umgibt die Bogenrundungen der Arkaden und der Fenster. Die Kapitelle an den Bogen weisen Blattwerk und Voluten auf, auf denen Chimären und kleine Figuren spielen.

Die von hohen Säulen umrahmte Fassade wird von zwei anderen Säulen in drei Felder geteilt, auf denen zwei Geschosse von Bogenrundungen erscheinen. Im Erdgeschoß stehen um eine Mitteltür zwei Scheintüren; im Obergeschoß erhellt ein einziges Fenster die Kirche. Als Folge mehrerer Verstümmelungen und Restaurierungen ist vom Skulpturenschmuck an der Fassade wenig übriggeblieben : die Bogenrundungen und die sie stützenden Kapitelle. Die Tür zeigt vier Bogenrundungen, auf denen eine, die Eintretenden segnende göttliche Hand erscheint, ebenso das Lamm und das Kreuz zwischen der vier Sinnbildern der Evangelisten, der Mord der Unschuldigen Kinder und die Greise der Apokalypse. Auf den Kapitellen kämpfen Menschen, Löwen und Vögel zwischen Rankenornamenten.

Bemerkenswert ist ebenfalls am südwestlichen Pfeiler des Querhauses ein interessanter, während der Arbeiten wiedergefundener Christuskopf.

Tafel der Abbildungen

S. 67 (Farbtafel). *Das Chorhaupt, von Südosten gesehen.*
21 *Die Kirche, von Nordwesten gesehen.*
22 *Der Glockenturm.*
23 *Durchblick auf das Westportal.*
24 *Kapitelle links am Westportal.*
25 *Sämtliche Bogenrundungen am Westportal.*
26 *Einzelheit aus den Bogenrundungen des Westportals : Greise der Apokalypse und Mord an den Unschuldigen Kindern.*
27 *Kapitell im rechten Scheintympanon.*
28 *Mittelteil der ersten Bogenrundungen des Westportals : Mord an den Unschuldigen Kindern, aus einem Kelch trinkende Vögel, Lamm Gottes und Gottes Hand, von Engeln getragen.*
29-30 *Einzelheiten aus den Kapitellen am Westportal.*
31-32 *Einzelheiten aus den Bogenrundungen des rechten Scheintympanons : das Abendmahl.*
33 *Einzelheit aus den Bogenrundungen des linken Scheintympanons : Christus mit Aposteln.*
34 *Südlicher Querhausarm.*
35 *Mittelschiff und Chor.*
36 *Mittelschiff, vom Chor gesehen.*

Vom Römischen zum Romanischen

Es wäre sehr schwer, die Kirchen nach ihrem Alter zu klassifizieren. Viele wurden in den ersten christlichen Jahrhunderten gegründet, aber die Entwicklung des Kultes die schlimmen Invasionen der Normannen, die feudalen Kriege, die Zufälle der Feuersbrünste, die Mode schließlich veranlaßten dazu, die Ruinen wiederaufzurichten, bescheidene Heiligtümer zu entwickeln oder zu vergrössern.

Auch sollte man daran denken, daß die Architekten fast immer aus Nützlichkeits- oder Sparsamkeitsgründen bemüht waren, diese Teile der Mauern, die für ihre neuen Pläne geeignet waren, zu erhalten. Es genügt dazu, den Unterbau der Mauer von Fenioux zu untersuchen, um zu sehen, daß das Kleinquaderwerk den sich auffolgenden präromanischen und romanischen Bauwerken als Grundmauer gedient hat.

Andere Kirchen bewahren unter ihrem Fußboden den Grundriß der bescheidenen altchristlichen oder merovingischen *cella*. So in Mornac-sur-Seudre, wo wir nur feststellen konnten, daß das kleine Mittelschiff mit dem Sitz des Zelebranten in seinem Halbkreis im Sand begraben wurde, so daß es nicht sichtbar ist.

Die Kirche von Thaims ist das Muster eines christlichen Bauwerks, das im Balnearium einer römischen Villa errichtet wurde und in seinem Mauerwerk die Bilder der heidnischen Gottheiten wiederverwendet und bewahrt hat: Bacchus, ein Gott aus dem klassischen Pantheon, Epona, eine ländliche Gottheit... Die Bogenstellungen des ursprünglichen Bauwerks wurden in das merovingische und karolingische Mauerwerk hineingenommen, und das Ganze wurde ein romanisches Chor mit feinem Figurenschmuck.

In der Saintonge gibt es andere Bauwerke, deren archaischer Eindruck zuerst überrascht; er erklärt dennoch die Grundeinheit ihrer Architektur und ihrer stark stilisierten Ausschmückung, die vor allem vom antiken Blattwerk herkommt mit seltenen halbflachen Tieren oder Rankenornamenten: so Bougneau, Saint-Thomas in Conac und Semillac. Diese Typen, die alle zur Gironde hin liegen, waren nicht nur auf diese Gegend beschränkt, und wir haben mehr oder weniger ähnliche an verschiedenen Orten der Guyenne und südlich des Massif Central wiedergefunden. In ihrer Architektur ziemlich davon abweichend ist die kleine Kirche von Consac, die auch sehr primitiv ist. Die Kapitelle der vier Pfeiler, die die flachförmige Kuppel stützen, zeigen zwei gleichschenklige Dreiecke und drei Trapeze; mit den Deckplatten und Rundstabverzierungen sind sie mit einem halbflachen Schmuck bedeckt, der aus geometrischen Motiven und Rankenornamenten besteht.

Petit-Niort müßte man abbeizen, um seine Reichtümer schätzen zu können, aber man kann schon die phantasievoll zerlegte Fliese seines kleinen Fensters bewundern.

Tafel der Abbildungen

THAIMS

37 *Die Kirche, von Nordosten gesehen.*
38 *Südliches Querhaus.*
39 *Das Chor.*
40 *Kapitell im Chor: die Hl. Frauen am Grabe.*
41 *Anderes Kapitell im Chor mit Pflanzenschmuck.*

BOUGNEAU

42 *Gesamtanblick des Chores.*
43 *Kapitell im Chor.*

SÉMILLAC

44 *Nordwand des Chores.*

SAINT-THOMAS DE CONAC

45 *Ausschmückung des Apsidenfensters, Südseite.*
46 *Ausschmückung des Mittelfensters am Chorhaupt.*
47 *Ausschmückung des Chorhauptfensters, Nordseite.*
48 *Gesamtanblick des Chores.*
49 *Kapitell im Chor, mit Vögeln geschmückt.*

CONSAC

50-58 *Kapitelle in der Vierung.*

PETIT-NIORT

59 *Durchbrochene Steinplatten, das Fenster an der Nordwand abschließend.*

Tugenden und Laster

Die ergreifende Allegorie über den Kampf der Tugenden und der Laster, der in den Predigten des Tertullian und des Prudentius beschrieben wird, bildet das Hauptthema zahlreicher Fassaden in der Saintonge.

In Fenioux finden wir davon eins der schönsten Beispiele; das Portal zeigt es in seiner ganzen Breite und entfaltet fünf zurückgesetzte Bogenrundungen. Da die Themen nicht in einem Keilstein unterzubringen waren, befinden sie sich in den Bogenrundungen. Zu den Tugenden – elegante, durch hohe Schilde geschützte Kriegerinnen die mit ihren Lanzen die zu ihren Füßen zuckenden Laster durchbohren – gesellen sich die klugen und die törichten Jungfrauen, sowie die Zeichen des Tierkreises mit den Monatsarbeiten.

In der Nähe der Kirche steht eine Totenlaterne, die schönste der noch im Westen Frankreichs vorhandenen.

Nach dem ersten bezeichnenden Beispiel von Fenioux erwähnen wir noch die anderen Kirchen, deren hauptsächlichstes Ausschmückungsthema der Kampf der Tugenden und Laster ist: Corme-Royal, Pont-l'Abbé-d'Arnoult, Chadenac, Fontaine-d'Ozillac, Varaize, Saint-Symphorien de Broue. Sie bilden ein wunderbares Ganzes, oft sehr ähnlich, was Eingebung und Skulptur betrifft, was uns glauben läßt, daß dieselben Arbeiter manchmal auf diesen sehr benachbarten Baustellen gearbeitet haben müssen. Saint-Symphorien jedoch ist mit einer gröberen Hand bearbeitet worden.

Wenigstens was das oft als einziges unversehrt gebliebene Erdgeschoß betrifft, sind sie mit den dreiteiligen Fassaden des Westens verwandt außer Saint-Symphorien, wo das Portal allein steht, und Varaize, das dieses Motiv auf der Seite aufweist.

Selbstverständlich besitzt jedes Bauwerk seine eigene Persönlichkeit, besonderen Zwecken oder Kultarten entsprechend, aber die moralische Eingebung ist im allgemeinen identisch. Alle lehren sie die Pflicht der Anbetung des Schöpfers, ausgedrückt durch die Engel; auch weisen sie darauf, daß das Leben nur ein ewiger Kampf ist. Das ist das Beispiel, das uns diese kriegerische Tugenden geben in ihren langen Gewändern, mit ihren Schutzhelmen und scharfen Lanzen, die gegen die Laster gerichtet sind, diese verzerrten Teufel, die sich unter dem siegreichen Gewicht der anmutigen allegorischen Figuren zusammenkrümmen.

Und schließlich zeigt sich das Mysterium des Bräutigams, der die Pforte des Paradieses den Klugen Jungfrauen öffnet, die ihre Lampen in der Hand halten, die sie unangetastet zu bewahren wußten, während ihre unklugen und trostlosen Schwestern mit einer entmutigten, ja schmerzlichen Gebärde die Ölgefässe verschwenderisch haben umfallen lassen. Drei oder vier von ihnen zeigen in Corme-Royal eine niedergeschlagene, seltsam schematisierte Haltung, die in einer einzigen Biegung Kopf, linke Schulter und Arm vereint : eine sehr modern anmutende, verkürzte Zeichnung. Der Christ soll begreifen, daß er das ganze Leben wachsam sein muß, damit er im Augenblick des Todes und des Gerichts zu dem ewigen Glück gelangen kann und nicht den äußeren Finsternissen zur Beute wird.

Gewiß haben diese Themen, die ihre Eingebung von Aunay und Fenioux entleihen, nicht alle die Proportionen ihrer Muster und vor allem nicht die elegante, aber ein wenig süßliche Anmut von Fenioux. Die Figuren sind manchmal wegen der Abmessungen der Bogen gedrungener.

Tafel der Abbildungen

FENIOUX

60 *Die Westfassade.*
61-62 *Einzelheiten aus den Bogenrundungen des Westportals.*
63 *Das Nordportal.*
64 *Durchbrochene Steinplatten als Abschluß eines Fensters an des Südwand.*
65 *Nordwand des Mittelschiffes.*
66 *Die Totenlaterne.*

CORME-ROYAL

67 *Einzelheit aus der Westfassafe.*
68 *Gesamtansicht der Westfassade.*
69-70 *Einzelheit aus den Bogenrundungen des Westportals.*
71 *Ausschmückung des Mittelfensters der Westfassade mit der Parabel der Klugen und Törichten Jungfrauen.*
72 *Bogenstellung an der Fassade mit dem Kampf der Tugenden und der Laster.*
73 *Kapitell im Mittelschiff, Südseite, mit dem Kampf zweier Ungeheuer.*

PONT-L'ABBÉ-D'ARNOULT

74 *Teilansicht der Westfassade.*
75-76 *Einzelheiten aus den Bogenrundungen des Westportals.*
77 *Mittelteil der Bogenrundungen des Westportals mit der Parabel der Jungfrauen, Heiligenfiguren, Kampf der Tugenden und der Laster und Lamm Gottes, von Engeln angebetet.*
78 *Das rechte Scheintympanon : Märtyrertod des Hl. Petrus.*

CHADENAC

79 *Westfassade.*
80-81 *Einzelheiten aus den Bogenrundungen des Westportals.*
82 *Mittelteil der Bogenrundungen des Westportals.*
83 *Einzelheit aus der Fassade.*
84 *Linkes Scheintympanon : Kampfszene.*
85 *Kapitell auf der Südecke der Fassade : die Hl. Frauen am Grabe.*

FONTAINE-D'OZILLAC

86 *Die Westfassade.*
87-88 *Einzelheit aus den Bogenrundungen des Westportals mit dem Kampf der Tugenden gegen die Laster.*

VARAIZE

89 *Einzelheit aus der äußeren Bogenrundung des Südportals : fliegende Engel.*
90 *Gesamtansicht des Südportals.*

91 *Mittelteil der Bogenrundung am Südportal : Tugenden gegen Laster kämpfend und* LAMM GOTTES, *von Engeln angebetet.*
92 *Das Mittelschiff.*

SAINT-SYMPHORIEN DE BROUE
93 *Die Westfassade.*
94 *Ausschmückung des Fensters mit dem Kampf der Tugenden gegen die Laster.*

Verschiedene religiöse Themen

Hier versuchen wir, uns darüber klar zu werden, welche die verschiedenen Themen sind, die die Frommheit der romanischen Völker genährt und die Künstler inspiriert haben, deren Ziel es war, die Bauwerke zu schmücken, diejenigen, die eintraten, um Gott ihre Mühen und ihre Hoffnungen anzuvertrauen, zu rühren und zu belehren. Der Besucher wird Gefühle des Glaubens und der Anbetung zeigen müssen, an die ihn das Lamm und die sich verbeugenden Engel erinnern werden, die so oft an den Bogenrundungen des Eingangs dargestellt sind, wo die segnende Hand als Motiv manchmal ein Ersatz oder eine Ergänzung ist.

Ein Thema, das oft leidenschaftlich diskutiert wurde, ist die Darstellung des Reiters Konstantin, der oft der Darstellung der Kirche gegenübergestellt wird, deren Ritter er war, indem er ihre hervorragende Würde erkennen ließ. Man weiß, daß diese in den meisten Fällen berechtigte Erklärung eine Erinnerung an die Wallfahrten nach Rom zu sein scheint, wo die Bronzestatue des Markus Aurelius, die man für die Konstantins hielt, die Phantasie der Volksmassen erregte. Ursprünglich zertrampelte das Pferd einen besiegten Feind, der für das Sinnbild der Ketzerei gehalten wurde; da aber die Statue oft versetzt wurde, bis sie endgültig auf den Kapitolplatz gestellt wurde, ging das kleine Thema verloren; die Bildhauer vergaßen dennoch diesen allegorischen Teil nicht. Mit Saint-Hérie in Matha scheinen Chadenac und Surgères das Thema wieder aufgenommen zu haben.

Natürlich schmückten die verehrten Heiligen die Fassaden. Die Witterung machte die Statuen von Esnandes und die Steinigung des Hl. Stephan an der Fassade von Échillais schwer erkennbar, während diese Szene an der Apsis von Vaux-sur-Mer besser sichtbar ist.

Die Legende des hl. Georg, befreier der Königstochter von Silène, großer Kämpfer gegen Ungerechtigkeit und Töter von Ungeheuern, ist gut zu Hause in diesem Land, wodurch ein Weg nach Sankt-Jakob läuft, und man wird ihn zusammen mit dem Erzengel und dem Maurentöter in Gefahren anrufen.

Hier und da sind einige andere Heiligen dargestellt : der gekreuzigte Petrus in Pont-l'Abbé, der hl. Martin in Bischofsgewändern in einer Mandorla, um als Gegenstück zu der betenden Jungfrau in Gensac-la-Pallue zu dienen. Obwohl die Jungfrau sich auch in einer mystischen Mandel befindet, wird sie von Engeln gestützt, die sich nicht nach oben bewegen; es handelt sich nicht um die Himmelfahrt Mariä, da sie schon gekrönt ist, aber die Verwechslung ist leicht und geht manchmal auf den Ursprung zurück. In Chenac steigt die Jungfrau gen Himmel mit dem ihr Antlitz verdeckenden Schweißtuch : Sie verläßt die Finsternisse des Todes und ist vom Anblick des Himmels, den sie betritt, wie geblendet. Die Mutter Christi wird übrigens nicht sehr oft dargestellt. Am Giebel von Rioux sehen wir die Jungfrau-Mutter mit dem Kind, eine späte Darstellung. Die Heimsuchung ist eins der Themen von Corme-Royal.

Eine außergewöhnliche Szene : Die Hl. Magdalena zu Füßen Christi auf einem Kapitell in Gourvillette. Schließlich sind einige, den Bildermachern teure Themen zu nennen : Der Besuch der Hl. Frauen am Grabe und das Wiegen der Seelen, und zwar auf den Kapitellen von Saujon, die den seltsamen Lachsfang nicht vergessen; vielleicht eine Anspielung auf das Manna und auf die Vorsehung; auch nicht die Szene mit Daniel in der Löwengrube, biblische Anspielung, die fast so häufig ist wie der das Ungeheuer tötende Simson. Schließlich dann und wann wie in Le Douhet bleiben einige Basreliefs unerkennbar.

MATHA-MARESTAY

Die Kapitelle in der Vierung, die mit einem kräftigen, scharfen und schroffen Meißel ausgeführt wurden, weisen Ungeheuer mit menschlichem oder tierischem Gesicht auf, die aus einem Alptraum herzustammen scheinen, aber auch weniger unheimliche Themen, so wie Simson, das Maul des wütenden Löwen zerreißend, oder Daniel zwischen vier gleichmütigen wilden Tieren.

DIE KIRCHE SAINT-HÉRIE VON MATHA

An ihrer durch hohe Säulen dreigeteilten Fassade kann man ein Bruchstück einer eindrucksvollen Reiterstatue sehen und eine schlanke Frauenstatue in gefaltetem Kleid mit langen, die Hände bedeckenden Ärmeln.

TALMONT-SUR-GIRONDE

Über dem Meer auf einer ewig von den Wellen bedrängten Felsküste stehend und eines Joches ihres Mittelschiffs beraubt, zeigt die Hl. Radegonde-Kirche in der Vierung mit bemerkenswerten Reliefs geschmückte Kapitelle; insbesondere stellt eins davon die Legende des hl. Ritters Georg, die Prinzessin aus dem Maul des Ungeheuers rettend, dar.

ÉCHILLAIS

Eine Mordszene auf den Bogenrundungen des Portals wird als die Steinigung des Hl. Stephan gedeutet, und eine dämonische Maske verschlingt die links von der Tür stehende Säule.

SAUJON

In der im XIX. Jahrhundert errichteten Kirche Johannes-der-Täufer wurden vier sehr schöne Kapitelle aus dem XII. Jahrhundert geborgen. Sie haben als Themen Daniel in der Löwengrube, die Hl. Frauen am Grabe, das Wiegen der Seelen und den Lachsfang.

In MACQUEVILLE weisen die Kapitelle am Choreingang einen einfachen und direkten Stil auf (Sirene, Mann mit Wolf), im Mittelschiff ist der Stil komplizierter (Rankenornamente mit oder ohne Figuren, entfaltetes Akanthusblatt). Am Portal das mystische Lamm mit Weihrauchgefäße schwenkenden Engeln.

Tafel der Abbildungen

MATHA-MARESTAY

S. 197 *(Farbtafel). Das Chorhaupt, von Norden gesehen.*
95 *Die Kirche, von Nordosten gesehen.*
96 *Kapitell in der Vierung : Engel, einen Teufel niederwerfend.*
97 *Anderes Kapitell im Querhaus : Daniel in der Löwengrube.*
98 *Ausschmückung des Apsidenfensters.*

MATHA-SAINT-HÉRIE

99 *Westfassade.*
100-101 *Einzelheiten aus den Bogenrundungen des Westportals.*
102 *Einzelheit aus den Bogenrundungen des linken Scheinportals.*
103 *Einzelheit aus der Ausschmückung eines der Südfenster.*
104 *Einzelheit aus der Ausschmückung des Nordfensters : Höllenkopf, Verdammte verschlingend.*
105 *Frauenfigur an der Fassade.*
106-107 *Zwei Fenster des Mittelschiffs, Südseite.*
108 *Ausschmückung eines Fensters an der Südseite des Mittelschiffs.*
109 *Kapitell am Fenster der Abbildung 106.*

TALMONT

110 *Kapitell im Querhaus.*
111 *Querhaus und Chor.*
112 *Das Chorhaupt, von Nordosten gesehen.*
113 *Obere Wand der Fassade des nördlichen Querhauses mit seinem Portal.*
S. 232 *(Farbtafel). Die Kirche über der Gironde, von Südosten.*

ÉCHILLAIS

114 *Die Westfassade.*
115 *Ausschmückung einer der oberen Bogenstellungen der Fassade.*
116 *Kapitell an der Fassade : Ungeheuerkopf, die Säule verschlingend.*
117 *Einzelheit aus den oberen Teilen der Westfassade.*
118 *Das Chorhaupt, von Südwesten gesehen.*
119-120 *Zwei Kapitelle im Chor.*

SAUJON

121 *Kapitell mit der Seelenwaage.*
122 *Kapitell mit einer Figur, einen ungeheuer großen Fisch tragend.*

MACQUEVILLE

123 *Kapitell im Mittelschiff mit einem Drachen und Blattwerk.*
124 *Kapitell im Mittelschiff mit Löwen, in Rankwerk gefangen.*
125 *Kapitell im Mittelschiff mit einer Maske und Blattwerk.*
126 *Kapitell im Mittelschiff mit Blattwerk.*
127 *Kapitell im Mittelschiff mit einem Löwen bezwingenden Mann.*
128 *Gesamtansicht des Nordportals.*

LE DOUHET

129 *Bogenrundungen am Westportal : Lamm Gottes, von Engeln angebetet.*
130 *Kapitell an der Fassade.*

COLOMBIERS

131-134 *Kapitelle mit rätselhaften Themen.*
135 *Kapitell mie der Seelenwaage.*
136 *Kapitell mit einem in Rankwerk gefangenen Mann.*

GOURVILLETTE

137 *Kapitell im Mittelschiff mit der Erscheinung Christi an Maria-Magdalena.*

CHENAC

138 *Kapitell im Chor : Himmelfahrt Mariä.*

Pferde Köpfe

Die so zahlreichen Kirchen der Saintonge, deren architektonische Merkmale keine wichtigen Unterschiede aufweisen, zwingen uns, sie vielmehr so zu studieren, daß man die bemerkenswerten dekorativen und ikonographischen Besonderheiten gruppiert.

Wir werden also versuchen, in diesem Kapitel die Fassaden zu behandeln, die das seltsame Motiv der Pferdeköpfe aufweisen, die sich auf jedem Keilstein einer der Bogenrundungen befinden. Gewiß ist das nur eine dekorative Besonderheit der romanischen Kirchen Westfrankreichs, die, abgesehen von seltenen Ausnahmen, kein Tympanon besitzen, was sie dann auch zwang, anderswo die ikonographischen Szenen, die theologische Unterrichtung oder ganz einfach die von den Bildhauern erwünschten dekorativen Neigungen auszudrücken.

So bringt man fast überall auf einem oder manchmal zwei Keilsteinen dasselbe, endlos wiederholte Thema an : Greise der Apokalypse, Figuren, Tiere, geometrische Muster oder Blattwerk.

Da diese Elemente notwendigerweise ein Trapez als Einrahmung besitzen, mußte man soviel wie möglich den darzustellenden Bildern diese allgemeine Form verleihen. Daher konnte sowohl die Intelligenz wie auch die Geschicktheit der Künstler ihren ganzen Erfindungsreichtum entfalten, der sich schon so stark bemerkbar gemacht hatte an den Kragsteinen der Karniese, an den Zwickeln, oder auf allen durch die Rankenornamente oder die pflanzlichen Schnörkel bestimmten Flächen.

Nun wird aber den Dekorateuren der uns hier beschäftigenden Kirchen das längliche Muster des Pferdekopfs, breit an Stirn und Ohren, schmaler an den Nüstern, aufgefallen sein. Welch ideale Abmessungen, um die zahlreichen Elemente der Bogenrundungen unserer Portale auszufüllen !

Das ist vielleicht der Grund, der für eine kleine Gruppe von Kirchen, von denen die am wenigsten verstümmelte die Fassade von Saint-Fort-sur-Gironde ist, diese seltsamen Gruppen von Pferdeköpfen hat wählen lassen. Die anderen, ebenfalls mit diesem bezeichnenden Motiv versehenen Kirchen sind Pérignac und Saint-Quantin-de-Rançannes. Sie liegen nahe bei einender.

In Pérignac stellen wir eine zweite, über der ersten liegenden Bogenstellung fest, die das obere Mittelfenster umrahmt und deren dekorativer Stil verschieden und bestimmt späteren Ursprungs ist. In der Tat stellt die untere Galerie die zwölf Apostel dar, um die Jungfrau Maria stehend und die Himmelfahrt Christi betrachtend, der sich oben auf dem früher dreieckigen Giebel, der mit kleinen Motiven, Löwen und halbflachen Vierblättern geschmückt ist, erhebt. Die obere Galerie nimmt das spätere Thema des Kampfes zwischen Tugenden und Lastern wieder auf.

Tafel der Abbildungen

SAINT-FORT-SUR-GIRONDE
139 *Die Westfassade.*
140 *Einzelheit aus einer Bogenrundung des Westportals.*
141 *Kapitell an den oberen Bogenstellungen.*

PÉRIGNAC
142 *Einzelheit aus dem oberen Teil der Westfassade : Himmelfahrt Christi.*
143 *Andere Einzelheit aus dem oberen Teil der Westfassade.*
144-145 *Einzelheiten aus den Skulpturen der Westfassade.*

SAINT-QUANTIN-DE-RANÇANNES
146 *Einzelheit aus einem Kapitell der oberen Bogenstellungen der Westfassade mit Muscheln.*
147 *Gesamtansicht der Westfassade.*
148 *Einzelheit aus den oberen Teilen der Fassade.*
149 *Pferdeköpfe, aus früheren Bogenrundungen des Portals stammend.*

Satirische Themen

Wenn man es gewohnt ist, in den Bildern unserer Kirchen so viele Themen der Meditation und der Erbauung zu finden, ist man erstaunt, echte Parodien der anderswo mit dem üblichen Ernst behandelten Themen anzutreffen. Die ehrwürdigen Greise der Apokalypse, gekrönt, mit Parfümfläschchen versehen und bereit an den himmlischen Konzerten teilzunehmen, sind an einigen Orten nur noch eine belustigende, nicht zum Überlegen zwingende Karikatur. Die Figuren sind Mimen und laute Gaukler geworden, die das Schnattern einer Gans den Harmonien der Engel vorziehen ! Siehe Avy !

Was mehr ist, Nieul-lès-Saintes zeigt einen dörflichen Tanz, in dem die traditionellen Greise ihre Gewänder fortgeworfen haben und nur noch einen lustigen Tanz beleben.

Schließlich bilden die Rankenornamente von Corme-Écluse, sowie der Umgang des Chores in Marignac Girlanden, die völlig ohne Mystik sind; es bleibt nur eine irdische Weltanschauung die sich der Fröhlichkeit eines sehr heidnischen Edens ergibt, voller Kämpfe ohne Bosheit, voller einträglicher Jagde, voller lustiger Begegnungen entweder mit anderen Menschen, oder mit echt romanischen, aber sehr gütigen Drachen.

Teilweise Traum, teilweise kritischer Geist und irdische Phantasie ! Hier sind wir weit vom mystischen Kampf der Tugenden und der Laster, oder von Daniel, dem sorgenvollen Propheten !

Überall an den anmutigen Karniesen begegnet man den verschiedensten Kragsteinen, hier erotischen, dort erbauenden, anderswo Erinnerungen an das tägliche Leben oder an die ernstesten Themen. So sehr taucht der menschliche Geist, der sich nicht geändert hat, seine Wurzeln in verschiedenartige Quellen, gesunde oder trübe.

Tafel der Abbildungen

MARIGNAC

150 Das Chorhaupt, von Nordosten gesehen.

151-152 Einzelheiten vom Kragstein und Metope des Chorhaupts.
153 Kapitell im Querhaus.
154 Gesamtansicht der Gewölbe im Chor mit dem Skulpturenfries an der unteren Seite.
155 Fries und Kapitell im Querhaus, Nordseite.
156 Fries und Kapitell im Querhaus, Südseite.
157 Einzelheit aus dem Fries im Chor.
158 Kapitell im Querhaus : die Ehebrecherin.
159-160 Einzelheiten aus dem Fries im Chor.
161-162 Kapitelle im Querhaus : Das zweite stellt eine Hirschjagd dar.
163 Andere Ansicht des Kapitells aus Abbildung 158.
164 Einzelheit aus einem Kapitell im Querhaus : Löwe mit rankwerkähnlichem Schwanz.

AVY

165 Einzelheit aus den Bogenrundungen des Westportals mit den Greisen der Apokalypse.
166 Gesamtansicht des Westportals.

CORME-ÉCLUSE

S. 17 (Farbtafel). Einzelheit aus den Bogenrundungen des Westportals.
S. 273 (Farbtafel). Die Kirche, von Nordwesten gesehen.
167 Teilansicht der Westfassade.
168-169 Kapitelle an den oberen Bogenstellungen der Fassade : Pilger und Kentaur-Bogenschütze.
170-171 Teilansicht des Frieses der Westfassade.

NIEUL-LÈS-SAINTES

172 Teilansicht einer Bogenrundung des Westportals mit den Greisen der Apokalypse.

Einfache Fassaden

Zwar liebt die Kunst der Saintonge eine sehr weitgehende Ausschmückung, sie zeigt jedoch manchmal eine Tendenz zur Vereinfachung, vielleicht unter dem Einfluß der asketischen Strömungen wie die von Cîteaux, oder aus einer Neigung zum Maß und zur Ruhe, die plötzlich der Kompliziertheit überdrüssig wird. Die Schönheit der Linien paßt oft besser zur Einfachheit als zur Überladenheit und führt zu einer gewissen Entsagung der Seele, die die Meditation und die Überlegung fördert : « Kindchen, sagte Padre Pio zu einem Seminaristen, glaubst du, daß das Evangelium für komplizierte Leute geschrieben wurde ? » Nun, zu diesem Verständnis soll der Rahmen, in dem die Gläubigen beten müssen, verhelfen. Übrigens tun sie dies gerne mitten zwischen harmonischen Linien, die den Geist erheben. Diese Fassaden, von denen die meisten mit hohen Säulchen oder Blumen, die die Bildhauer am Eingang angebracht haben, geschmückt sind wie in Écurat oder in Sainte-Gemme in der Art der duftenden Ruhealtäre von Fronleichnam, entsprechen diesen Gefühlen. Ebenso legen die Gläubigen beim Altar oder vor den von ihnen verehrten Heiligen Blumensträuße oder stellen dort Kerzen auf.

Während ein schlichterer Eindruck von der wunderbaren Kirche von Geay ausgeht, die schön ist durch den Ausdruck selbst und die Logik ihrer Architektur, so deutet sich ein Lächeln an am geschweiften Fenster von Échebrune und an den Bandgesimsen von Biron, wo einige Erinnerungen an das klassische Altertum die Eintönigkeit der Akanthusblätter aufmuntern, die jedoch in Échebrune so üppig sind, wo auch eine teuflische Maske daran erinnert, daß man stets wachsam sein muß.

GEAY

Unter allen Kirchen der Saintonge, die so abwechslungsreich, so üppig, manchmal mit überschwenglichen Skulpturen beladen sind, stellt die Kirche von Geay den Triumph der reinen Form dar. Die gepflegte Bauart dieses schönen Bauwerks, dessen allgemeine Form so typisch für die Saintonge ist, stammt aus der ersten Hälfte des XII. Jahrhunderts.

Der Grundriß ist der eines einzigen Schiffes mit gebrochenem Tonnengewölbe auf Gurtbogen. Nur kompliziert die Entscheidung, im Querhaus eine Vierung mit ungleichmäßig viereckigem Grundriß zu errichten, die Anordnung der Kirche an dieser Stelle und führte dazu, die Öffnung zwischen Schiff und Chor niedriger zu machen.

Der Zugang vom Schiff zum Querhausarm ist durch zwei Durchgänge mit Rundbogen gesichert, die zwischen den Westecken und den Pfeilern des Glockenturms ausgespart sind, aber an der Nordseite verdeckt die zu den Gewölben steigende und in der Ecke des Schiffes ausgesparte Treppe ihre Öffnung.

Auf jeden Querhausarm öffnet sich nach Osten eine einfache Kapelle. Einfach auch ist das innen einen Halbkreis bildende Chor, vor dem ein gerades Joch liegt. Die Ausschmückung der Kapitelle im ganzen Inneren der Kirche ist auf das äußerste, auf die bescheidensten Wasserblätter, beschränkt.

Strebepfeiler verstärken die Westfassade, in der sich eine sehr einfache Rundbogentür ohne irgendwelches Fensterchen befindet, und die Seiten werden durch Öffnungen erhellt, die mit Säulchen flankiert sind, um die Bogen zu stützen; an der Südseite weist eine Tür auf Pilastern eine Schlichtheit, welche die fast vollständige Abwesenheit von Skulpturen an der vieleckigen Apsis erklärt. Sie verdankt ihre bemerkenswerte Eleganz der Vollkommenheit des Steinschnitts und der Vornehmheit ihrer drei Geschosse, oberhalb derer Arkaden mit ungleichen Rundbogen laufen, während die Fenster sich auf halber Höhe befinden. Diese Geschicktheit in den Anordnungen, diese synchronisierte Anpassung der Stile, die an den Sockeln und an den Spitzen angewandt wurde, erreicht eine höchste und einfache Vollendung, die die Kirche bewundernswert macht.

Während man heutzutage nur die Linie und die Armut der Bauwerke rühmt, bietet Geay ein Beispiel strenger Schlichtheit, die sich mit der Ehrfurcht vor der göttlichen Majestät verbündet.

Tafel der Abbildungen

BIRON

173 *Teilansicht der äußeren Bogenrundung des Westportals : Tiere.*
174 *Gesamtansicht der Westfassade.*

ÉCHEBRUNE

175 *Gesamtansicht der Westfassade.*

ÉCURAT

176 *Die Westfassade.*

GEAY

177 *Mittelschiff, Querhaus und Chor.*
178-181 *Teilansichten der Ausschmückung des Chorhaupts.*
S. 299 *(Farbtafel). Das Chorhaupt, von Südosten gesehen.*

Barocke Kirchen

Wenn es einer Schule gelungen ist, bemerkenswerte Werke zu erzeugen, versucht sie sich zu erneuern oder sich zu übertreffen, und wenn der Bildhauer am Ende seiner Eingebung nur noch seine Geschicktheit besitzt, überschreitet er das Maß, und dann erscheint die barocke Tendenz, die Überladenheit und sogar das Extravagante, was zum Überraschenden führt.

Hier wird der Schmuck zum äußersten getrieben und hat nur sich selbst als Zweck. Es ist nicht mehr der elegante Reichtum, sondern die Übertreibung einer Eigenschaft, die jenseits des Vernünftigen und bis zum schlechten Geschmack führt; das, was man zu erreichen sucht, ist keine Skulptur mehr, sondern Juwelierkunst : « Sie lieben gestochene Arbeit, überall gibt es welche ! » und Sie haben eine Art von Schrein, aber ohne Proportionen.

Trotz der Übertreibung bleibt die Schönheit der allgemeinen Linien glücklicherweise an der Kirche erhalten. Auch geht die Sucht, in Erstaunen zu versetzen, selbst wenn sie die Säulen im Chor von Jarnac-Champagne gegen alle festen Regeln im Zickzack verlaufen läßt, nicht so weit, sie zu verknoten, wie es häufig in Norditalien und den benachbarten Ländern der Fall ist. Die für die Westgebiete bezeichnende Neigung zum Maßhalten hat diese scheinbaren Kraftproben, die ausnahmsweise bis zu Mittelfrankreich durchdrangen, nicht übernommen.

Daher bleibt die Fassade dieser Kirchen harmonisch und klassisch, so sehr bleibt die Neigung zum Unvorhergesehenen eine Ausnahme.

RIOUX, RÉTAUD... Diese zwei Kirchen haben einen bevorzugten Platz unter den Denkmälern der Saintonge. Kein Reiseführer würde es wagen, sie nicht zu erwähnen oder sie zu vernachlässigen.

Übrigens sind sie nicht nur benachbart, da sie ja beide nur ungefähr zwölf km südlich von Saintes stehen, sondern auch untrennbar wegen der Ähnlichkeit ihrer berühmten in Felder aufgeteilten Chorhäupter und vor allem wegen der verschwenderischen Pracht ihrer Ausschmückung. Zweifellos begründet diese herrliche Ausschmückung die Gunst, die sie beide genießen; aber wie könnte man, jenseits der kostbaren Eindrücke und Einzelheiten, die unbegründete Weitschweifigkeit eines Stiles übersehen, der die äußerste Grenze seiner Entwicklung erreicht hat und der seine außer Atem geratene Eingebung durch Überladung ersetzt, seine verdörrte Lebhaftigkeit durch eine ausschweifende Virtuosität, die Ohnmacht seiner schöpferischen Kraft durch das Hervorheben von manchmal ungewöhnlichen, meistens zweifelhaften Elementen ? Hier liegt unzweifelhaft eine Dekadenz der Romanik der Saintonge vor und der fast fatale Endpunkt jeder in ihr Spätstadium getretene Kunst : der Barock.

In den Westgebieten bleiben diese Übertreibungen manchmal auf eine Geziertheit beschränkt, die mehr daraus folgt, daß man die eigentliche Rolle der Ausschmückung, die der Architektur unterworfen ist, vergessen hat. Geschicktheit wird mit Sinn für Harmonie verwechselt, gestochene Arbeiten mit Skulpturen. Sogar das Mauerwerk an den Apsiden von Rioux und Rétaud läßt dem Auge keine Ruhe. Schon der Vergleich dieser Chorhäupter mit dem von Geay läßt sofort erkennen, wo die wahre Schönheit sich befindet.

Tafel der Abbildungen

RIOUX

182 *Die Westfassade.*
183 *Westfassade : die Jungfrau in der Mandorla.*
184 *Ausschmückung einer der Gewände an einem Fenster des Chorhaupts.*
185 *Das Chorhaupt, von Südosten gesehen.*
186 *Gesamtansicht des Chores.*

RÉTAUD

187 *Gesamtansicht des Chores.*
188 *Die Westfassade.*
189 *Das Chorhaupt, von Südosten gesehen.*

JARNAC-CHAMPAGNE

190 *Einzelheit aus dem Chorhaupt.*
191 *Das Chorhaupt, von Osten gesehen.*
192 *Ausschmückung der Innenseite des Chores.*

Kuppeln

Die Reihen von Kuppeln, die man sehr gerne auf Kirchen mit Holzgebälk anbringt, weil man sie so einwölben kann ohne schwere Mauern errichten zu müssen, die allein fähig sind, dem Druck der Tonnengewölbe zu widerstehen, oder ohne dünne Wände verdoppeln zu müssen, wurden aus dem Périgord über die Gegend von Angoulême eingeführt. Dieses Verfahren zwingt nur dazu, die Kuppelzwickel oder Trompen durch im Wege stehende, selbständige Pfeiler stützen zu lassen. In Marestay begegneten wir einem mißlungenen Versuch in diese Richtung; die Abbaye aux Dames (Saintes) ist dafür das Hauptbeispiel. Wenn aber diese Anordnung schon ursprünglich vorgesehen war, ist der Anblick der Kirche oft massig und streng, obwohl die Fassade keinen anderen Existenzgrund hat als den der üblichen stirnwandartigen Fassaden; im übrigen ist diese in Notre-Dame de Châtres auf anmutige Weise durch Bogenstellungen erleichtert, die zu den gelungensten gehören unter denjenigen, die wir im Kapitel über die Bauwerke mit ausschließlich dekorativer Eingebung behandelten.

Diese Kuppelpfeiler findet man ebenfalls in Sablonceaux, Saint-Brice, Saint-Romain de Benet und in Gensac-la-Pallue. Die letzte dieser Kirchen besitzt eine Fassade, die unsere Aufmerksamkeit verdient. Sehr schmal, teilt sie sich in drei übereinander liegende Felder, deren verschiedene Rhythmen sich zu einem Einklang verschmelzen. Das Mittelportal in Rundbogenform steht zwischen zwei Bogenstellungen, die ein feines Bandgesims horizontal teilt auf der Höhe der Kapitelle, die sie ohne Unterbrechung forsetzen. Die Kapitelle tragen Rankenornamente, kleine Figuren und Fabeltiere, während eine Girlande von Sägezähnen um die drei Bogen bis zu den Deckplatten läuft. Das Ganze hat eine Feinheit, die vielleicht nicht beim ersten Anblick auffällt.

Jede Bogenstellung wird von sich symmetrisch entsprechenden Hautreliefs überragt : links die betende Jungfrau in einer Mandorla; rechts Sankt Martin, hier als Bischof von Tours dargestellt mit Nimbus und Krummstab in einer Mandorla, die von vier Engeln festgehalten wird. Nebenbei ist zu bemerken, wie selten dieser Heilige in der romanischen Bildhauerkunst dargestellt wird. Das zweite und dritte Feld, die durch ein Bandgesims aus Sagezähnen geteilt sind, weisen fünf oder sechs auf Doppelsäulchen ruhende Arkaden auf.

Tafel der Abbildungen

GENSAC-LA-PALLUE

193 *Die Westfassade.*
194 *Relief an der Fassade : Sankt-Martin in der Mandorla, von Engeln getragen.*
195 *Anderes Relief an der Fassade : die Jungfrau in der Mandorla.*

NOTRE-DAME DE CHÂTRES

196 *Das Westportal.*
197 *Die Kirche, von Südwesten gesehen.*

SAINT-ROMAIN DE BENET

198 *Die Kirche, von Nordosten gesehen.*

Aunis

Die kleine, zwischen der Saintonge und dem Poitou gelegene Provinz Aunis ist dem Geschmack der beiden ihr benachbarten Provinzen verwandt ; weniger üppig als die überladene Kunst des Südens, trotz der eleganten Bogenstellungen von Surgères, steht sie in Esnandes oder Genouillé der üblichen Schlichtheit des Nordens näher. Was Nuaillé-sur-Boutonne betrifft, erinnert die späte und gepflegte Skulptur der Figuren mehr an die der Plantagenêts-Denkmäler, wie das Sankt-Michaelstor an dem Dom von Poitiers oder die kleinen Figuren an den Anfängern der Ogiven, als die der kleinen Statuen in der Abbaye aux Dames. Die vor allem der Jungfrau und der Geburt gewidmete Ikonographie dieser Kirche wurde nicht durch die der Saintonge beeinflußt.

ESNANDES

Von der romanischen Kirche von Esnandes ist nur die Fassade übriggeblieben, die heute nur noch die massige gotische Festung einleitet, die als Kontrast ein leuchtendes, flamboyantes Heiligtum umfaßt. Der Bogen der Mitteltür wird auf den Seiten von zwei Scheintüren umrahmt.

Außer dem Karnies ist das Ganze schlicht mit fast halbflachen Pflanzenmotiven, die genau modelliert sind, geschmückt. Die Kragsteine, sowie die zwischen ihnen gemeißelten Metopen verlassen die übliche Phantasie der Saintonge nicht : Karikaturgesichter, Simson und der Löwe, Krabbe, Rad, Rankenornamente, ein durch eine untiefe Platte enttäuschter Reiher, Chimären, Bogenschützen und andere.

Der südliche Bogen umrahmt jedoch eine hohe Bischofsstatue in langen Gewändern. Vielleicht handelt es sich um Sankt Martin, Bischof von Tours und Schutzheiliger des Priorats.

NOTRE-DAME IN SURGÈRES

Wunderbar auf einem geräumigen und schattigen Platz mitten im Dorf gelegen, innerhalb der turmbewehrten Umwallung des Herrenschlosses, verdient dieses ein wenig zu großmütig im XIX. Jahrhundert restaurierte, wichtige Bauwerk einen Besuch. Seine in zwei Felder geteilte, ungewöhnlich große Fassade wird kräftig flankiert von eindrucksvollen Strebepfeilern, die in Säulenbündeln vorspringen, und wird von einem schlichten, dreieckigen Giebel überragt. Sie drängt sich sofort in ihrer ganzen Strenge hervor und entbehrt vielleicht nicht einer gewissen Dürrheit. Das Mittelportal ist zu jeder Seite von Reihen dreier Blendarkaden umrahmt, mit Girlanden aus Sägezähnen, mit Rauten in Waffelform oder mit feinen kreuztragenden Motiven. Die zwei Bogenstellungen, die dem Portal am nächsten sind, weisen darüber hinaus jede ein Scheintympanon in Hochrelief auf. Diese sind allerdings uninteressant wegen ihrer hochgradigen Verwitterung : links der segnende Christus, wie es scheint, rechts ein Reiter.

Ein Gesims trennt scharf das Erdgeschoß vom Obergeschoß. Auf den nahe beieinander liegenden Kragsteinen, die es stützen, drängt sich eine wimmelnde und ein wenig zerzauste Menge, in der die Zeichen des Tierkreises mit seltsamen und köstlichen kleinen Figuren abwechseln : ein Akrobat, ein Bährenführer, Vögel, musizierende Affen, Sirenen. Das Obergeschoß selbst ist auffallend unsymmetrisch : Das Mittelfenster oberhalb des Portals wird links von einer einzigen großen Öffnung mit sehr niedrigem Anfänger und rechts von zwei Bogenstellungen, deren äußerste eine Blendbogenstellung ist, eingerahmt. Zu jeder Seite des Mittelfensters befinden sich zwei Nischen, jede mit einem leider enthaupteten Reiter, deren Pferde einander gegenüber stehen. Ihre Identifizierung bleibt unsicher.

Ein zweites Gesims oberhalb des Obergeschosses entspricht dem vorherigen : Hier wechseln die Szenen mit den Arbeiten der Monate mit einem eigenartigen Bestiarium von Fabeltieren ab.

Nach der Betrachtung der Fassade sollte man an einem anderen Ende des Gebäudes um die abgerundete Apsis gehen. Sie besitzt schlichte und elegante Doppelsäulchen, und ihr Gesims weist geschmückte Kragsteine auf, die ebenso gefällig sind wie die der Fassade : Auch hier drängen sich Akrobaten und belustigende musizierende Tiere.

Ein eindrucksvoller achteckiger Glockenturm mit Öffnungen unter einem kleinen Rundbogen und mit hohen Säulenbündeln erhebt sich über der Vierung.

An der Innenseite bestätigt die Kirche den Eindruck der Größe, den die Fassade vermittelt. Heute mit einem Spitzbogengewölbe bedeckt und aus vier, durch schwere viereckige Pfeiler abgegrenzten Jochen bestehend, wird das Mittelschiff von Seitenschiffen flankiert, deren Tonnengewölbe man auch in den Querhausarmen wiederfindet. Der auf Trompen ruhende Glockenturm steht über der Vierung, auf die eine schöne Apsis mit drei Fenstern unter Bogenstellungen folgt. Sie ist rundum mit einem Fries von stark durchbrochenen Rankenornamenten fein geschmückt.

Unter der Apsis befindet sich eine Krypta. Ursprünglich hatte sie zwei Eingänge : eine Treppe und ein gebogener Gang. Nur der rechte Eingang ist heute verwendbar. Er befindet sich unter einer Falltür bei der Mauer des Querhausarms.

GENOUILLÉ (Notre-Dame)

Einige Kilometer von Surgères gelegen, besitzt Genouillé eine gewiß schlichtere Kirche, deren in zwei Felder geteilte Fassade unter einem hohen dreieckigen Giebel jedoch dieselbe Auffassung widerspiegelt.

VANDRÉ (Saint-Vivien)

Ebenfalls nahe Surgères gelegen, weist Vandré eine noch schlichtere Kirche auf. Die von schweren Strebepfeilern flankierte Fassade beschränkt sich auf ein Portal mit drei Bogenrundungen in Spitzbogenform zwischen zwei Blendarkaden. Die obere Bogenrundung des Portals ist mit geschweiften Lappen geschmückt, die in der Bogenrundung der einzigen linken Arkade schüchtern wiederholt werden.

Es verdient betont zu werden, wie sehr sowohl in Vandré wie in Genouillé das dekorative Mauerwerk, das man unter den Seitenarkaden verwandte, diese eher strengen Fassaden erleichtert und lustiger macht.

Die Apsis hat abgeschnittene Ecken.

NUAILLÉ-SUR-BOUTONNE

Das Westportal, dessen kleine Mauerwerk dem des Gebäudes entspricht, ist so ausgearbeitet und enthält so viele verschiedene Themen, die in einem Stil bearbeitet wurden, der so sehr von dem der Provinz verschieden ist, daß man es nicht schweigend übergehen kann.

Im wesentlichen ruhen die zwei äußeren Bogenrundungen einer Archivolte auf den Kapitellen und Deckplatten von vier Säulen, die durch einen kannelierten Pfeiler getrennt sind.

Die innere, aus 17 Elementen bestehende Rolle stellt den segnenden und das Buch darbietenden Christus dar; um ihn herum die zwölf Apostel, unter denen Petrus den Schlüssel, die anderen Spruchbänder oder Bücher in der Hand halten. Darauf vier andere Personen, die vielleicht die Sendung der Apostel darstellen. Sie sind von einfachen Nimben umgeben.

Die obere Bogenrundung ist der Geschichte Mariä gewidmet von der Verkündigung bis zur Anbetung der Weisen. Die Szenen sind jedoch nicht chronologisch geordnet.

Tafel der Abbildungen

ESNANDES
199 Teilansicht der Westfassade.
200 Ausschmückung des rechten unteren Teils der Fassade.

SURGÈRES
201 Der Glockenturm.

202 Gesamtansicht der Westfassade.
203 Das Chorhaupt, von Nordosten gesehen.
204 Das Chor.
205 Die Krypta.

GENOUILLÉ
206 Die Westfassade.

VANDRÉ
207 Die Westfassade.

NUAILLÉ-SUR-BOUTONNE
208 Die Westfassade.
209-210 Einzelheiten aus der Fassade : fliegender Engel und liegende Figur.
211 Teilansicht der mittleren Bogenrundungen am Westportal mit der Anbetung der Weisen und der Verkündigung.

Verschiedenes

Ein wenig überall gibt es Bauwerke, deren Zweck ein besonderer ist oder deren ursprünglicher Grundriß vom umgebenden Rahmen abweicht. Diese werden in diesem kurzen Kapitel behandelt, dem wir auch die so voneinander verschiedenen Glockentürme hinzugefügt haben.

PONS

L'Hôpital Neuf (Neues Krankenhaus)

Dieses am Eingang der Stadt, aber außerhalb gelegene Bauwerk war dazu bestimmt, als Zwischenstation, als Hospiz für die Wallfahrer nach Sankt-Jakob von Compostella zu dienen. Es ist eins der seltenen Häuser dieser Art, die an den zahlreichen Straßen nach Galizien erhalten geblieben sind, aber das schönste, das man kennt. Diese Häuser wurden von Hospitalmönchen bedient. Dieses Haus überspannt die Straße nach Bordeaux.

Übriggeblieben ist eine Vorhalle mit Tonnengewölbe mit gedrückten Eingängen; der südliche wird überragt von halbmondförmigen Fenstern. Die Decken wurden wiederholt verändert, und der Mittelteil ist bedeckt mit Kreuzgurten, die sich auf Konsolen stützen, die eine sorgfältige Skulptur aufweisen und von denen eine als folkloristisches Thema gedient hat.

Die Seiten dieses langen Ganges werden von breiten Portalen in Rundbogenform eingenommen. Ihre Bogenrundungen und Archivolten tragen schlichte aber gepflegte Skulpturen und ruhen auf passenden Deckplatten und nackten Kapitellen im Osten; die im Westen zeigen Blattwerk, einen Teufelskopf und eine Figur in langem Gewand oberhalb von eleganten Säulen.

Wenn man die Westtür betrachtet, merkt man, daß sie wiederverwendet wurde und so eine Reihe von Wandnischen zerstört hat, die an der Wand eine Bogenstellung bildeten und, wie gegenüber, von der Straße getrennt waren durch eine lange steinerne Bank, eine Art von Armenbank, die so oft unten an der Mauer sovieler romanischer und gotischer Kirchen anzutreffen ist. Die Linienführung der Archivolten dieser Bogenstellungen, die einfacher an der Westseite als an der Ostseite wo sie Rankenornamente aufweist, ist, verrät zwei Bauperioden.

TRIZAY

Benediktiner Priorat, das von la Chaise-Dieu abhängig war.

Das erstaunliche Trizay überrascht und wird dies weiter tun, solange die Ausgrabungen keinen genauen Grundriß aufgedeckt haben.

Die vor wenigen Jahren unternommenen Untersuchungen wurden ohne Ergebnis aufgegeben.

Anscheinend muß ein ausgedehntes Vieleck, von dem drei Seiten erhalten sind und der Anfang der zwei anderen sich andeutet, auf seinen Seiten Rundbogenarkaden besessen haben, die bis zu dem eine Leiste tragenden Karnies hinaufstiegen. Dieser trennte die unteren Teile von einem Gewölbesockel, den man wegen einer geringen Ausladung dort vermutet.

Es ist unmöglich, daß eine einzige Kuppel ohne andere Stützen diesen großen Raum überspannt habe. Muß man annehmen, daß ein Mittelturm den Druck eines ringförmiges Gewölbes aufgefangen hat wie in Neuvy-Saint-Sépulcre (Indre) oder in Charroux (Vienne)? Heute kann man nur Vermutungen aufstellen.

Die die Ruine nach Süden fortsetzenden Klostergebäude mit ihrem gepflegten Mauerwerk, die in der gotischen Zeit erneuert wurden, weisen durch ihre Bogenstellung und ihre viellappigen Eingänge unter anmutigen, fein viellappig bearbeiteten Archivolten auch hier arabische Einflüsse.

GLOCKENTÜRME

Abgesehen von einigen Ausnahmen brachte die Architektur der Saintonge Kirchen mittlerer Größe hervor. Auch die Glockentürme paßten sich mit Bescheidenheit den Proportionen der Bauwerke, die sie bedienten, an.

Viele Kirchen besitzen also einen viereckigen Turm, der oft nur die Stelle des wenig betonten Querhauses unterstreicht. Ein volles oder mit Bogen geschmücktes Geschoß, ein zweites mit Galerie, Fenstern oder Bogenstellungen sind mit wechselnden Proportionen das übliche Schema der mit einer Kuppel über der Vierung versehenen Türme. So in La Vallée, Chaniers, Champagné. Ein Türmchen erlaubt oft den Zugang zu den Geschossen.

Manchmal ist der Glockenturm an die Kirche angebaut, so das viereckige Türmchen von Saint-Denis-du-Pin, das so elegant ist in seiner Schlichtheit, die dem Anfang der Romanik eigen ist. Aber wenige Glockentürme weichen vom gängigen Muster ab. Einer der schönsten dieser Art ist der von Thézac, der oberhalb der nackten viereckigen Grundmauer zwei Geschosse mit abgestuften Abmessungen besitzt; das untere ist mit einer Bogenstellung mit schmalen Einzelteilen geschmückt, die sich oberhalb der die Ecken abschwächenden Säulen fortsetzt und sich mit der benachbarten Fassade vereint. Darüber befinden sich auf jeder Seite drei Doppelfenster unter einem Zeltdach. Das erste Geschoß von Corme-Écluse ist auch so angeordnet, aber der obere Teil wurde erneuert.

Die schweren Proportionen des Glockenturms von Moings werden durch die anmutige ununterbrochene Bogenstellung ausgeglichen, die um die Seiten läuft und die Ecken abschneidet, während die schmalen Rundbogenfenster sich in der zurückgesetzten Wand befinden.

Eleganter ist der stark erneuerte und ergänzte Glockenturm von Colombiers, der vom Viereck der Grundmauer in das Achteck des Geschosses übergeht über kleine Halbpyramiden, zwischen denen sich die Fenster unter einer Spitze aus Gebälk öffnen.

Aber sicher war der erstaunlichste Glockenturm der von Fenioux, der leider vollständig erneuert wurde.

Noch feierlicher war im XII. Jahrhundert der heute verstümmelte Turm von Berneuil, dessen Südseite, von der Turmtreppe aus gesehen, es erlaubt, sich seine Pracht vorzustellen.

Sehr elegant ist auch im Aunis die hohe achteckige Laterne von Surgères, deren Strebesäulen an den Ecken und auf den Seiten die sechzehn schmalen Fenster trennen, die mit soviel Eleganz diese schwere, mit einer Spitze aus Gebälk bekrönte Steinmasse erleichtern.

Aber unter allen Turmgebäuden der Saintonge ist das bekannteste das der Abbaye aux Dames in Saintes, mit den gleichen, aber größeren Anordnungen wie in Notre-Dame von Poitiers.

Tafel der Abbildungen

PONS
212 *Das ehemalige Pilgerhospiz.*

TRIZAY
213 *Ruinen der ehemaligen Abteikirche, von Nordosten gesehen.*

SAINT-DENIS-DU-PIN
214 *Der Glockenturm, von Südosten gesehen.*

THÉZAC
215 *Der Glockenturm, von Südosten gesehen.*

BERNEUIL
216 *Der Glockenturm, von Südosten gesehen.*

MOINGS
217 *Der Glockenturm, von Südosten gesehen.*

INDEX DES NOMS DES ÉDIFICES ÉTUDIÉS DANS CE VOLUME

Abréviations employées : p. *signifie la page ou les pages du texte;* pl. *le numéro des planches hélio;* pl. coul. p. *renvoie à la page où se trouve une planche en quadrichromie;* plan p. *signale celle où figure le plan d'un édifice.*

A

Agudelle : p. 28.
Allas-Bocage : p. 28.
Annepont : p. 28.
Antezant : p. 28.
Arces-sur-Gironde : p. 28.
Ars-en-Ré : p. 28.
Arthenac : p. 29.
AVY : p. 269-270; pl. 165 et 166.

B

Bagnizeau : p. 29.
BERNEUIL : p. 363; pl. 216.
Beurlay : p. 29.
BIRON : p. 306-307; pl. 173 et 174.
Blanzac-lès-Matha : p. 29.
Bois : p. 29.
Bords : p. 29.
BOUGNEAU : p. 107 à 111, 114; plan p. 108; pl. 42 et 43.
Bourg-Charente : p. 29.
Bresdon : p. 29.
Breuillet : p. 29.

C

CHADENAC : p. 181 à 183, 189, 195; pl. 79 à 85.
CHAMPAGNÉ : p. 362.
Champagnolle : p. 29.
Champdolent : p. 29.
CHANIERS : p. 29, 362.
Châtres, v. Saint-Brice.
Chenac : p. 29; pl. 138.
Cherves : p. 29.
Clam : p. 29.
Clion-sur-Seugne : p. 29.
Clisse (La) : p. 29.
Cognac : p. 30.
COLOMBIERS : p. 243, 362; pl. 131 à 136.
Condéon : p. 30.
CONSAC : p. 113-114; pl. 50 à 58.
CORME-ÉCLUSE : p. 270-271-301, 362; pl. 167 à 171; pl. coul. p. 17 et 273.

CORME-ROYAL : p. 145-146; pl. 67 à 73.
Cressé : p. 30.

D

DOUHET (LE) : p. 242-243; pl. 129 et 130.

E

ÉCHEBRUNE : p. 307; pl. 175.
ÉCHILLAIS : p. 237 à 239; pl. 114 à 120.
ÉCURAT : p. 307-309; pl. 176.
ESNANDES : p. 350-351; pl. 199 et 200.

F

FENIOUX : p. 137 à 142, 362; plan p. 138; pl. 60 à 66.
Fontaine-Chalandray : p. 30.
FONTAINE-D'OZILLAC : p. 183; pl. 86 à 88.

G

GEAY : p. 309-310; plan p. 308; pl. 177 à 181; pl. coul. p. 299.
GENSAC-LA-PALLUE : p. 344; pl. 193 à 195.
GENOUILLÉ : p. 353; pl. 206.
Givrezac : p. 30.
GOURVILLETTE : p. 30, 243-244; pl. 137.
Guitinières : p. 30.

H

Haimps : p. 30.

J

JARNAC-CHAMPAGNE : p. 337; pl. 190 à 192.
Jarne (La) : p. 30.
Jazennes : p. 30.

L

Léoville : p. 30.
Lorignac : p. 30.
Lozay : p. 30.

M

MACQUEVILLE : p. 240 à 242; pl. 123 à 128.
Marestay, v. Matha-Marestay.
MARIGNAC : p. 267 à 269; plan p. 266; pl. 150 à 164.
Massac : p. 31.
MATHA-MARESTAY : p. 191 à 194; plan p. 192; pl. 95 à 98; pl. coul. p. 197.
MATHA-SAINT-HÉRIE : p. 194-195; pl. 99 à 109.
Médis : p. 31.
Meursac : p. 31.
Migron : p. 31.
MOINGS : p. 31, 362; pl. 217.
Montherault : p. 31, 114.
Montils : p. 31.
Montpellier-de-Médillan : p. 31.
Mornac-sur-Seurdre : p. 31.

N

Neuillac : p. 31.
Neuvicq : p. 31.
NIEUL-LÈS-SAINTES : p. 301-302; pl. 172.
Notre-Dame de Châtres, v. Saint-Brice.
Nouillers (Les) : p. 31.
NUAILLÉ-SUR-BOUTONNE : p. 354 à 356; pl. 208 à 211.

P

PÉRIGNAC : p. 257 à 261; pl. 142 à 145.
Petit-Niort (Le) : p. 31, 114; pl. 59.
Plassac : p. 32.
PONS. L'Hôpital-Neuf : p. 360-361; pl. 212.
Saint-Gilles : p. 32.
Saint-Vivien : p. 32.
PONT-L'ABBÉ-D'ARNOULT : p. 146-147-181; pl. 74 à 78.

R

RÉTAUD : p. 315, 333 à 337; plan p. 334; pl. 187 à 189.
RIOUX : p. 315, 333 à 337; plan p. 314; pl. 182 à 186.
Rouffignac : p. 32.

S

SABLONCEAUX : p. 343; plan p. 342.
SAINT-BRICE. N.-D. de Châtres : p. 345; pl. 196 et 197.
SAINT-DENIS-DU-PIN : p. 362; pl. 214.
Saint-Denis-d'Oleron : p. 32.
SAINT-FORT-SUR-GIRONDE : p. 257 à 261; pl. 139 à 141.
Sainte-Gemme : p. 32.
Saint-Georges-des-Agouts : p. 32.
Saint-Georges-d'Oleron : p. 32.
Saint-Hippolyte-de-Biard : p. 32.
Sainte-Marie d'Oleron : p. 240.
Saint-Martin-d'Ary : p. 32.
Saint-Pierre-de-l'Ile : p. 32.
SAINT-QUANTIN DE RANÇANNES : p. 257 à 261; pl. 146 à 149.
SAINT-ROMAIN DE BENET : p. 346; pl. 198.
Saint-Sigismond-de-Clermont. La Tenaille : p. 32.
Saint-Sornin : p. 33.
SAINT-SYMPHORIEN DE BROUE : p. 184 à 186; pl. 93 et 94.
SAINT-THOMAS DE CONAC : p. 111 à 113; pl. 45 à 49.
SAINTES. Abbaye aux Dames : p. 89 à 97, 363; plan p. 90; pl. 21 à 36; pl. couleurs p. 67. Saint-Eutrope : p. 39 à 49, 85 à 88; coupe p. 42; plans p. 44 et 48; pl. 1 à 20.
SAUJON : p. 239-240; pl. 121 et 122.
Sireuil : p. 33.
SÉMILLAC : p. 111; pl. 44.
SURGÈRES : p. 351 à 353, 363; pl. 201 à 205.

T

TALMONT-SUR-GIRONDE : p. 233 à 237; plan p. 234; pl. 110 à 113; pl. coul. p. 232.
Tenaille (La), v. Saint-Sigismond de Clermont.
THAIMS : p. 103 à 106; plan p. 104; pl. 37 à 41.
THÉZAC : p. 362; pl. 215.
TRIZAY : p. 361; pl. 213.

V

VALLÉE (LA) : p. 362.
VANDRÉ : p. 353-354; pl. 207.
VARAIZE : p. 183-184; pl. 89 à 92.
Vaux-sur-Mer : p. 33.

CE VOLUME
TRENTE-TROISIÈME DE LA COLLECTION
"la nuit des temps"

CONSTITUE
LE NUMÉRO SPÉCIAL DE NOËL POUR
L'ANNÉE DE GRACE 1970 DE LA REVUE
D'ART TRIMESTRIELLE " ZODIAQUE ",
CAHIERS DE L'ATELIER DU CŒUR-
MEURTRY, ÉDITÉE A L'ABBAYE SAINTE-
MARIE DE LA PIERRE-QUI-VIRE (YONNE)

TOUS DROITS RÉSERVÉS

LES PHOTOS TANT EN NOIR QU'EN COULEURS SONT DE ZODIAQUE. LES CARTES ET LES PLANS ONT ÉTÉ DESSINÉS PAR DOM NOËL DENEY A L'EXCEPTION DES PLANS DES ÉGLISES DE FENIOUX ET MARIGNAC QUI SONT DUS A LILIANE PILETTE. LES DOCUMENTS POUR LES CARTES ONT ÉTÉ ÉTABLIS PAR PIERRE DUBOURG-NOVES QUE NOUS SOMMES HEUREUX DE REMERCIER ICI. IMPRESSION DU TEXTE ET DES PLANCHES COULEURS PAR LES ATELIERS DE LA PIERRE-QUI-VIRE (YONNE). PLANCHES HÉLIO PAR LES IMPRIMERIES LOOS A SAINT-DIÉ. RELIURE DE J. FAZAN, TROYES. MAQUETTE DE L'ATELIER DU CŒUR-MEURTRY, ATELIER MONASTIQUE DE L'ABBAYE SAINTE-MARIE DE LA PIERRE-QUI-VIRE (YONNE).

Directeur-Gérant : José Surchamp   Dépôt légal : 1223-4-79

BOURGOGNE ROMANE
AUVERGNE ROMANE
VAL DE LOIRE ROMAN
L'ART GAULOIS
POITOU ROMAN
TOURAINE ROMANE
ROUSSILLON ROMAN
SUISSE ROMANE
ANJOU ROMAN
QUERCY ROMAN
LIMOUSIN ROMAN
CATALOGNE ROMANE 1
CATALOGNE ROMANE 2
ANGOUMOIS ROMAN
FOREZ-VELAY ROMAN
L'ART CISTERCIEN 1 et 2
ROUERGUE ROMAN
L'ART IRLANDAIS 1, 2, 3
TERRE SAINTE ROMANE
ALSACE ROMANE
CASTILLE ROMANE 1 et 2
NORMANDIE ROMANE 1
NAVARRE ROMANE
PÉRIGORD ROMAN
L'ART SCANDINAVE 1 et 2
PYRÉNÉES ROMANES
GUYENNE ROMANE
BERRY ROMAN
SAINTONGE ROMANE
ARAGON ROMAN
LEON ROMAN
CORSE ROMANE
L'ART PRÉROMAN
HISPANIQUE 1 et 2
GALICE ROMANE
PROVENCE ROMANE 1 et 2
NORMANDIE ROMANE 2
HAUT-POITOU ROMAN
LANGUEDOC ROMAN
VENDÉE ROMANE
NIVERNAIS-
BOURBONNAIS ROMAN
LOMBARDIE ROMANE
HAUT-LANGUEDOC
GASCOGNE ROMANE

la nuit des temps 33

PIÉMONT-
LIGURIE ROMAN
FRANCHE-COMTÉ